县级融媒体中心建设

How to Establish & Operate a County-Based Media Convergence Center

理论与实践

Theories & Practices

谢新洲 等 著

电子工业出版社·
Publishing House of Electronics Industry
北京·BEIJING

内 容 简 介

加强县级融媒体中心建设是党中央做出的一项重大决策部署,是当前宣传思想文化工作的重点之一。县级融媒体中心究竟是什么、该怎么建是各县普遍反映面临的难题,各级人员迫切希望有专业著作从理论和实践两个方面对此做出解答。针对这一现实难题和社会呼声,本书立足于在具体调研中所积累和掌握的一手数据资料和媒体融合发展研究积淀,系统分析和完整勾勒了县级融媒体中心建设的背景和意义、发展现状和面临的战略机遇,廓清了县级融媒体中心建设的历史渊源与现实图景,深入剖析了县级融媒体中心发展过程中面临的一系列关键理论问题。并以此为基础,从操作层面对县级融媒体中心建设的目标定位、架构设计、功能设计和评价体系等做了详细阐述,介绍了不同地区四个县的融媒体中心建设实践案例,力图为具体建设工作提供思路和参考。

本书内容面向从事县级融媒体中心建设工作的党政主管部门、一线工作人员,媒体融合实践的相关从业人员,从事或关注媒体融合研究的研究者,关注媒体融合理论发展和实践操作的普通大众等。

图书在版编目(CIP)数据

县级融媒体中心建设理论与实践 / 谢新洲等著. —北京:电子工业出版社,2019.7
ISBN 978-7-121-36626-0

Ⅰ. ①县… Ⅱ. ①谢… Ⅲ. ①县—传播媒介—建设—研究—中国 Ⅳ. ①G206.2

中国版本图书馆 CIP 数据核字(2019)第 100457 号

策划编辑:齐 岳
责任编辑:刘真平   文字编辑:孙丽明
印   刷:北京捷迅佳彩印刷有限公司
装   订:北京捷迅佳彩印刷有限公司
出版发行:电子工业出版社
                北京市海淀区万寿路 173 信箱   邮编:100036
开   本:720×1000   1/16   印张:18   字数:316.8 千字
版   次:2019 年 7 月第 1 版
印   次:2023 年 9 月第 2 次印刷
定   价:119.00 元

本书编写组成员

谢新洲　　徐运红　　黄　杨　　柏小林

朱垚颖　　石　林　　宋　琢

代　序

扎实抓好县级融媒体中心建设

谢新洲

习近平同志在全国宣传思想工作会议上强调，要扎实抓好县级融媒体中心建设，更好引导群众、服务群众。贯彻落实这一重要要求，对于做好新形势下的宣传思想工作具有重大意义。我们要深入学习贯彻习近平同志在全国宣传思想工作会议上的重要讲话精神，深刻认识县级融媒体中心建设的重大意义，找准当前县级融媒体发展存在的突出问题，加强顶层设计与路径规划，切实抓好县级融媒体中心建设。

抓好县级融媒体中心建设具有重大意义

信息革命带来了信息生产和传播方式的革命性转变，对宣传思想工作产生了重大影响。当前，蓬勃发展的互联网日益成为信息集散地、舆论策源地与思想交锋主阵地，是党长期执政面临的最大变量。习近平同志提出要扎实抓好县级融媒体中心建设，凸显了县级融媒体中心建设在宣传思想工作大局中的重要地位。

巩固舆论阵地的迫切要求。宣传思想工作的根本任务就是巩固马克思主义在意识形态领域的指导地位，巩固全党全国人民团结奋斗的共同思想基础。实现"两个巩固"根本任务，必须建好、用好、守好各种舆论阵地。自2003年县级报纸清理整顿以来，县级媒体以网站、"两微一端"平台为主要形式，迎来了快速发展期。但在实际调研中我们发现，县级融媒体发展普遍存在数量庞杂、内容不精、难以满足群众需求等突出问题。新形势下，只有抓好县级融媒体中心建设，提升其对基层干部群众的吸引力和感染力，更好发挥其统一思想认识、凝聚社会共识的重要作用，才能进一步巩固舆论阵地。

提升基层媒体传播力、引导力、影响力、公信力的迫切要求。县级融媒体是基层网络传播的重要载体，具有贴近基层、贴近群众的优势，是做好党的新闻舆论工作的重要依托。要使党和政府的声音及时传播到基层群众之中，县级融媒体就必须跟上时代的变化、技术的变迁，着力解决内容同质化严重、原创内容偏少、报道方式陈旧、表现手法单一等问题。县级融媒体只有创新内容生产方式，再造生产流程，丰富表达方式，切实增强群众认同度、信任度、喜爱度，才能不断提升传播力、引导力、影响力、公信力，在基层舆论引导中真正发挥主导性、关键性作用。

更好服务群众、满足群众美好生活需要的迫切要求。中国特色社会主义进入新时代，我国社会主要矛盾已经转化为人民日益增长的美好生活需要和不平衡不充分的发展之间的矛盾。随着互联网的深入发展特别是移动互联网的全面兴起，互联网在传播信息之余也承担起电子商务、政务服务、文化娱乐、社会交往等功能，日益成为人们学习、工作、生活的新空间和获取公共服务的新平台，对于满足人民日益增长的美好生活需要具有重要作用。目前，很多县级融媒体的主要职能局限在信息传播方面，政务服务、公共服务、文化娱乐等功能基本缺失。县级融媒体只有及时整合基层政务资源、社会资源，增强公共服务及其他方面的功能，更好满足人民群众的美好生活需要，才能提升基层群众对其的使用率，迎来更大的发展空间。

当前县级融媒体发展存在的突出问题

近年来，县级融媒体建设根据中共中央办公厅、国务院办公厅印发的《关于推动传统媒体和新兴媒体融合发展的指导意见》扎实推进，发展速度超出预期。调研结果显示，县级融媒体建设已在全国范围铺开，涌现出一批各具特色的县级融媒体中心。但是，由于各地经济社会发展状况存在一定差异，融媒体建设水平和层次也各不相同，出现了一些不容忽视的突出问题。这些问题如果不能及时解决，将严重制约县级融媒体健康发展，并在一定程度上影响县级党政机关的执政能力。

部分县（市）对融媒体建设重视程度不够，实际进展有限。部分县（市）没有充分认识到融媒体在传播信息、凝聚共识、汇聚民心、服务群众方面的重要作用，完全是因为"上级命令"而开始建立融媒体平台。认识上的不足直接导致重视程度不够，资金投入有限、资源整合不力。从资金投入看，一些县（市）的财政投入比较有限，对融媒体建设的支持力度比较小，甚至将本该用于融媒体建设的资金投向传统媒体。从资源整合看，缺乏统一规划和统一领导，缺乏必要的平台联动与内容整合，降低了信息共享的效率，难以形成传播合力，实际作用大打折扣。

内容生产简单"相加"，缺乏优质原创内容。优质内容是融媒体建设的关键，但不少县级融媒体缺乏优质原创内容。比如，一些县级新闻网站的主要内容都转载自传统媒体，一些县级新闻网站主要由党政机关各部门供稿，自身原创内容不足。一些县级融媒体平台在界面友好度、用户体验、产品活力、内容丰富性和趣味性等方面都缺乏吸引力，加上不注重互动性、传播策略比较简单，导致其在整个信息传播过程中处于被动地位，平台影响力和传播效果有限。

技术支撑不足，参与人员分散且专业化程度较低。融媒体建设在内容生产上要求具备图片处理、视频剪辑、数据可视化等多样化技术。一些县级融媒体在运行机制、薪酬体系、人员引进培养等方面缺乏灵活性和竞争力，对优秀信息技术人才吸引力不足，致使发展中的技术支撑明显不足。同时，县级融媒体建设中兼职、兼岗的多，非专业、非在编人员多，流动性大，稳定性差，专业化程度低。

抓好县级融媒体中心建设要加强顶层设计与路径规划

抓好县级融媒体中心建设，需要加强顶层设计和路径规划，整合优势资源、推动集约发展、强化服务功能，以更好引导群众、服务群众。具体来说，可以考虑重点在以下几方面下功夫。

在顶层设计上下功夫，以政策扶持县级融媒体中心建设。县级融媒体在全国宣传思想工作中、在基层政权建设中都具有不可忽视的基础作用，基层党委和政府的决策部署需要由县级融媒体传播出去，基层群众的声音需要由县级融媒体汇集上来。各级领导干部特别是县级主要领导应从思想上高度重视县级融媒体中心建设，强化战略统筹，纳入中心工作，加强绩效考核。要加强县级融媒体中心建设的顶层设计，有针对性地出台指导方案、扶持政策，从牵头负责部门、机构编制、人员配置、建设标准、资金扶持等各个层面提供有力支撑。

在体制机制创新上下功夫，不断提升灵活性、协调性、实效性。县级融媒体中心建设应坚持创新发展，紧扣引导群众、服务群众这两大功能定位，在相关主管部门的统一规划协调下，打破部门壁垒，创新工作机制，重塑内容生产流程，摒弃传统生产和传播模式，推动传统媒体和新兴媒体互为流量导入口，搭建灵活机动的工作平台，促进各种报道资源充分共享、各种媒体互联互通、各种服务互相支撑。打破管理界限和媒体分隔，坚持效果导向，守住安全底线，横向上破除媒体机构壁垒，纵向上进行开放式、扁平化管理，使县级融媒体工作人员能够紧密联系、多向互动、灵活组合、协同运作，切实提高工作效率和传播效果。

在丰富服务功能上下功夫，在服务群众中吸引群众、引导群众、赢得群众。传统媒体相对单一的新闻信息传播功能，已经不能满足群众的工作生活需要。县级融媒体中心建设迫切需要转变思路，在丰富服务功能上加强设计，紧密结合当地经济社会发展实际，把握群众实际需求，以服务本地群众为重要目标确定融媒体的具体服务功能。可以纳入县级单位政务服务功能，方便群众办事，并不断拓展便民服务项目；引入本地电子商务、在线教育、在线医疗、在线网络文化活动等服务功能，提升服务质量和水平。通过丰富县级融媒体的服务功能，让群众真正用起来、离不开。

在选用育留人才上下功夫，建设高水平人才队伍。人才资源是第一资源。人才紧缺是制约县级融媒体发展的重要因素。各级领导干部特别是县级主要领导要高度重视融媒体发展人才队伍建设，在选用育留各个方面发力，吸引人才、激励人才积极投身融媒体中心建设，大胆干事创业。拓宽引才渠道，与上级部门、周边区县、互联网公司等加强沟通合作，通过多种方式引进并用好各类人才。根据融媒体发展实际确定人员编制，引导鼓励优秀人才成为县级融媒体中心建设中的项目带头人、骨干成员，形成稳定的工作队伍。建立完善正向激励机制，解决"干好干坏一个样"问题，让优秀人才脱颖而出。

在经营管理模式创新上下功夫，根据各地实际完善运行机制。县级融媒体中心建设不能强求一个模式。各县（市）需要综合考虑资金、技术和人才等方面的条件，因地制宜形成融媒体中心经营管理模式。资金、技术、人才实力比较雄厚的县（市）可以采用"自办"模式，对传统媒体和新媒体平台进行集约化、统一化管理，形成融媒体中心。资金、技术、人才实力较弱的县（市）可以采取"合办"模式，实现资源共享、技术共用、人才共建、数据共通。

在资金保障上下功夫，坚持政府"输血"和平台"造血"双管齐下。资金支持不足是当前县级融媒体中心建设中的重要制约因素。从实践来看，有必要从增加财政资金投入和增强融媒体中心自身"造血"功能两方面入手，共同解决建设资金不足问题。一方面，可以考虑设立县级融媒体建设专项资金，保证融媒体中心运转的基本开支，使其运营无后顾之忧，能专心于内容生产。另一方面，也要在坚持采编经营两分开的基础上增强融媒体中心自身的"造血"功能，使融媒体中心通过市场化运营实现价值变现，提高整体实力。

（本文发表于 2018 年 11 月 8 日《人民日报》第八版）

目　录

第一章　县级融媒体中心建设的背景与含义

　　县级媒体是我国数量最多、遍布范围最广的基层主流媒体，肩负传播政治、经济政策方针与宣传喉舌的双重功能，是连接中央、省、市与县级基层宣传组织战线的"最后一公里"。1983 年第十一次全国广播工作会议提出"四级办台，混合覆盖"的方针政策，旨在通过建设县级媒体快速提升媒体机构在基层的普及率，给人民群众构建更加通畅的信息获取渠道，建立与我国四级行政区划相符的大众媒体传播层次。这一具有集约化特征的政策广泛适用于电视、报纸、广播等大众媒体，在短时间内获得显著效果。多数县级广播电视台、报纸抛弃由中央媒体"独家办台"或中央媒体与省级媒体"两级办台"的模式，立足县城，围绕本县党和政府的工作活动展开，在统一资金资助下打通与中央、省市媒体的内容传播渠道，建成数量庞大、分支稠密的县级媒体站点，既能将第一手国家政策、新闻报道带入基层寻常百姓家，又能帮助县一级政府更好地联系群众、指导工作。

　　"四级办台，混合覆盖"政策集中解决了当时我国信息不畅、宣传上行下不效的问题，确实收到了一定效果。但由于我国行政区域划分以点状分布，整体较为分散，在每个县级单位配置全套报纸、广播、电视台，导致大量媒体资源散落在各个地区单打独斗，无法进行统一调配，难以组织规模性的信息传播，整体形成"多而散"的局面[1]。除此之外，数量过于庞杂的县级媒体机构日常运营需要大量经济、人力成本，县级政府或宣传部门对此基本无力承担。我国于 1999 年出台了相关文件着手解决上述问题，以停止"四级办台"为核心，实行网台分离，将县、市电视广播合并等措施，并于 2003 年进行全国报业整顿，将原有近 3000 家县级报纸直接减至 40 余家。

---

1 姜志明，朱君健. 实施多元化战略，实现可持续发展——县级广播电视台多元化经营的实践和思考[J]. 视听纵横，2005(05):83-84.

　　与此同时，随着互联网在我国的快速发展，媒介技术日新月异，媒介形态多元发展，新媒体对大众媒体从根本上形成颠覆态势。新媒体具备丰富的内容展示形式与交互模式，尤其在社交媒体出现后，网民获取内容的方式不再仅仅依靠过去大众媒体的单向传播，网络空间中人际交互愈发频繁，网民利用互联网内容平台进行内容创造也十分普遍，传统媒体发展式微已是必然。而处于我国媒体发展层次最末端的县级媒体，在内容、资金、人力均缺乏的大背景下，受到来自互联网等新媒体的巨大冲击。中国广视索福瑞媒介研究（CSM）《2018 年上半年全国电视收视市场回顾》报告显示，2018 年上半年，在一些经济发展相对落后的西部省份，地面频道的市场占有率只有 5%左右；全国市级频道整体平均份额从 13.4%下滑到 12.2%，有 3 个地区的城市台晚间份额下降超过了 10 个百分点[1]。诸如此类的发展情况也存在于全国各个县级报纸、广播机构，县级媒体在多次媒体机制改革后失去政策支持与经济支持，在县级范围内传播力、影响力不足，并未起到引导舆论的作用。

　　移动互联网的崛起与智能手机的普及使得以移动设备为终端的线上信息服务成为基层群众生活常态。根据《第 43 次中国互联网络发展状态统计报告》，截至 2018 年 12 月，通过手机接入互联网的网民数量达到 8.17 亿，使用手机上网的比例提升到 98.6%[2]，网络媒体与自媒体以微信公众号等移动手机 APP 为内容呈现平台，生产较大众媒体更为生动、更具本地特色的内容迅速占据媒体市场，收获大批用户。短视频的出现为我国基层群众提供了多元化的娱乐方式，以"小镇青年"为代表的基层年轻网民利用短视频 APP，以原创内容充分表达自我，完成基层文化向城市文化的反向输出，并联系电子商务等其他互联网活动获得商业价值。可以说，移动互联网与移动智能设备在我国基层的普及，帮助基层群众在互联网各类平台自发集聚有地方特色、规模性的基层网络文化，极大地促进了基层群众在我国社会发展进程中的参与度与认同感，是帮助建设我国基层信息化、数字化的重要举措。

1　中国广视索福瑞媒介研究(CSM). 2018 年上半年全国电视收视市场回顾[EB/OL]. 2018-11-26，http://www.199it.com/archives/ 799090.html.

2　中国互联网络信息中心(CNNIC). 第 43 次中国互联网络发展状态统计报告[EB/OL]. 2019-02-28，http://www.cnnic.net.cn/hlwfzyj/ hlwxzbg/hlwtjbg/201902/P020190318523029756345.pdf.

一、县级融媒体中心建设的背景

基于上述背景，可以发现，目前我国以县级为单位所进行的媒体部署并未发挥应有的功能，数次改革对县级媒体逐步僵化的体制机制并未产生明显作用，代表主流声音与官方话语体系的县级媒体的公信力、传播力与影响力持续下滑；反之，新媒体充分调动基层群众在网络空间的表达热情，促进群众参与社会生活，体现了较强的凝聚力。如何在互联网时代加强主流媒体舆论引导的重要功能，在虚假新闻、低俗信息频发的网络内容中树立清朗风气，结合县级媒体的政策优势与新媒体技术支持，以县级媒体为核心开展融合工作势在必行。

（一）推动媒体融合发展是党和政府全面深化媒体改革的战略部署

媒体融合是我国媒体转型的重要方针政策。自 2014 年推行以来，媒体融合实践一直充分体现中央关于推动传统媒体在内容、渠道、平台、经营、管理等方面向新兴媒体深度融合的部署要求，朝着形成立体多样、融合发展的现代传播体系的宏伟目标不断前进。这一政策不仅仅要求媒体机构要积极跟进技术发展，改善生产流程，其核心还在于如何满足用户信息服务需求，建设具有传播力、引导力、影响力与公信力的内容载体，增强话语权与社会影响力。

1. 媒体融合对我国新闻传播事业具有重要战略意义

2013 年 1 月，国家广播电视总局曾出台《关于促进主流媒体发展网络广播电视台的意见》，指出"推动电台电视台发展新媒体具有战略意义，推动电台电视台与新媒体融合发展是必然趋势"[1]。支持中央广播电视播出机构和一

---

[1] 国家广播电视总局. 关于促进主流媒体发展网络广播电视台的意见[EB/OL]. 2013，http://www.gapp.gov.cn/news/1135/21419.shtml.

些相对有实力、有创意、有进取精神的地方广播电视台先行试建网络广播电视台，提升技术能力，加强内容建设，完善运营、人才等体制机制，对我国媒体融合发展做了很好的政策铺垫。

2014 年 8 月 18 日，中央全面深化改革领导小组第四次会议审议通过了《关于推动传统媒体和新兴媒体融合发展的指导意见》[1]。习近平总书记明确提出，要着力打造一批形态多样、手段先进、具有竞争力的新型主流媒体，建成几家拥有强大实力和传播力、公信力、影响力的新型媒体集团，形成立体多样、融合发展的现代传播体系。这标志着传统媒体和新兴媒体融合发展成为国家战略，对于全面深化改革、推进宣传文化领域改革创新具有重要指导意义。

互联网技术的发展日新月异，如何在新媒体时代增强主流媒体的传播力、引导力、影响力、公信力？如何实现主流媒体宣传效果的最大化和最优化？习近平总书记时刻关注媒体融合，就我国媒体融合发展的定位、方向、策略在不同场合分别进行部署，提纲挈领地对我国新闻传播事业的发展做出指导：（1）针对当前主流媒体用户数量下降、在舆论场被边缘化的问题，我国主流媒体应积极研究、把握现代新闻传播规律和新兴媒体发展规律，强化互联网思维，运用各类文化形式，生产生动具体的高质量、高水平的内容产品[2]。（2）媒体融合在我国的实践应抓紧做好顶层设计，打造新型传播平台，建成新型主流媒体，尽快从简单的大众媒体与新媒体"相加"，迈向"相融"阶段，从分离的"你是你，我是我"，最终成为融合状体"你就是我，我就是你"[3]。（3）坚持一体化发展方向，通过流程优化、平台再造，实现各种媒介资源、生产要素的有效整合，实现信息内容、技术应用、平台终端、管理手段的共同互融，催化融合质变，放大一体效能，打造一批具有强大影响力、竞争力的新型主流媒体[4]。

1 国家新闻出版广电总局. 关于推动传统媒体和新兴媒体融合发展的指导意见[EB/OL]. 2014-08-20，http://www.gapp.gov.cn/news/1656/223719.shtml.
2 习近平主持中央全面深化改革领导小组第二十四次会议[EB/OL]. 新华网，2016-05-20，http://www.xinhuanet.com/politics/2016-05/20/c_1118904441.htm.
3 习近平. 坚持正确方向创新方法手段 提高新闻舆论传播力引导力[EB/OL]. 新华网，2016-02-19，http://www.xinhuanet.com//politics/ 2016-02/19/c_1118102868.htm.
4 习近平视察解放军报社[EB/OL]. 新华网，2015-12-26，http://www.xinhuanet.com/politics/2015/12/26/c_1117588434.htm.

面对以互联网为代表的新技术对我国媒体格局、舆论生态、受众等要素产生深刻影响的鲜明现实背景，媒体融合已成为我国发展新闻传播事业，扩大主流媒体影响力，做大做强主流舆论的重要途径。

2. 互联网发展为媒体融合提供了技术平台与管理经验

互联网作为新媒介，全面影响了用户获取和传播信息的路径，接触他人、与外部联通的方式，乃至工作与生活的形式。用户使用互联网的背后，实质上是互联网技术对社会的全面整合与重构。互联网媒介属性所带来的显著特征包括超文本、交互性与多媒体趋势，对已固定为单向传播模式的传统新闻业带来融合趋势，提供全新的技术平台与先进的管理经验。

互联网发展首先以其媒介属性建设技术平台，改变传统媒体的单一传播模式。以计算机技术、通信技术、网络技术为代表的信息技术的发展，催生了网络媒体[1]。网络媒体起初被定义为是以互联网为基础，以计算机为媒介传播数字化信息的新型传播媒体[2]。随着技术的不断发展，网络媒体的表现形式不仅限于网站，基于智能移动设备的交互型 APP 也可以被认为是网络媒体。

网络媒体既囊括了传统媒体的表现形态，又拓展了原有媒介限于大众传播的传播类型。20 世纪 90 年代，雅虎、搜狐、新浪等门户网站兴起，普通民众获取信息的方式不再局限于以报纸、电视、广播为途径的传统媒体，网络媒体的聚合功能与即时性功能使网民获取信息更加便捷。门户网站充分利用互联网即时性与多媒体呈现的特点，第一时间发布重要资讯，整合多方媒体呈现各类形式的新闻内容，同时利用 BBS 等用户互动工具，方便网民交换信源。门户网站作为我国互联网早期内容平台在各类重大社会事件中发挥重大作用，其媒体属性对传统媒体行业的冲击不断显现，传统媒体"建网站"在当时成为风潮，数字化与网络化趋势日益显现。而后传统媒体紧跟技术发展脚步，应对互联网对传统媒体产业的冲击不断做出在内容、运营与组织架构上的调整，这些都成为我国媒体融合发展的重要经验。

网络媒体这一概念从出现到深入人心，实际上是互联网技术对传统媒体的全面整合，这一模式后来随着社交媒体的发展被进一步完善。互联网以其媒介属性为传统媒体转型为新媒体提供了发展平台与实践经验。

---

1 谢新洲. 网络传播理论与实践[M]. 北京：北京大学出版社，2004(1):25-26.
2 谢新洲. 网络媒体竞争态势分析（下）[J]. 国际新闻界，2003(2):64-70.

另外，互联网重视连接用户，巩固与用户的关系。最直接的体现如今日头条、天天快报为代表的互联网媒体依靠人工智能，以数据挖掘、算法推荐等技术使内容和用户得以精准匹配，根据用户需求分发新闻内容，实现个性化定制。其数据是由用户使用资讯 APP、社交网络等平台浏览信息的习惯产生的，并由爬虫技术抓取。除此之外，LBS（基于地理位置的服务）技术的引入，也让内容分发更加场景化、智能化与精准化。构建新媒体与用户的连接，可以从微信、微博开始，再到客户端与人工智能等应用。最为关键的是，发展新媒体的根本不是要了解转型中的形态与技术，而是要重新建立与用户的关系。

3. 媒体融合是传统媒体发展的必经之路

"媒体融合"是一个具有深刻技术内涵的必然趋势，又是一条承载市场期望的改革路径，成为我国传统媒体改革过程中备受瞩目与争论的热点话题[1]。1995 年 1 月《神州学人》期刊将其内容数字化，建成联通国际互联网的站点，完成我国媒体机构的首次"触网"尝试。自此之后，随着互联网技术在我国的快速发展，我国以报纸、广播、电视为主的传统媒体不断探索，积极运用互联网新技术改革和再造内容生产流程，逐步推动媒体产业结构深刻调整。媒体融合逐渐成为基于新媒体技术，以大众媒体为主导的媒体机构在内容生产、传播过程中改变原先功能结构、形态模式的变化趋势，其最终目标是建立具有现代企业组织性质的传播机构，占据市场份额，增强自身影响力。

传统媒体和新兴媒体之间不是一个简单的此消彼长的关系。我国新闻传播学界在关于媒体融合的讨论中形成几类观点：一些学者从媒体融合的适用范围出发，在我国的媒体语境下，媒体融合的适用范围在于传统媒体的"新媒体化"，即传统媒体的数字化延伸，指的是信息技术对于传统传播方式的改造。"就媒体融合的目的而言，主要是传媒企业为传播效果最大化而寻求媒介的新业态，这样媒体融合的演化方向和结果自然是要诞生新质态的媒介。但是，新媒介应吸纳传统媒体优长而不能横空出世，即使新业态的媒体诞生也应与传统媒体并存发展。"[2]有些学者对媒体融合的内容进行分类，认为媒体融合包括工具融合、操作融合和理念融合[3]；或者是媒介内容融合、传播渠道

1 谢新洲. 我国媒体融合的困境与出路[J]. 新闻与写作，2017(1):32-35.
2 南长森，石义彬. 媒介融合的中国释义及其本土化致思与评骘[J]. 陕西师范大学学报（哲学社会科学版），2012, 41(03):159-166.
3 丁柏铨. 媒介融合：概念、动因及利弊[J]. 南京社会科学，2011(11):92-99.

融合和媒介终端融合[1]。还有学者认为，应该跳出媒体的圈子，将宏观政策规制作为媒体融合的核心议题，其价值取向与目标应该体现中国的现实与未来发展要求[2]。

我国的媒体融合实践呈现出由表及里的渐进式推进特征，主要包含三个层次。第一个层次，媒体融合首先表现为传统媒体在数字化时代的"抢滩登陆"，实现内容的数字化与网络化，对传播渠道进行物理性的搭建与扩张。第二个层次，传统媒体通过媒体融合，借助新型技术手段，在形式上实现新旧平稳过渡，同时发挥传统媒体的资源优势和专业优势，在网络时代塑造传统媒体的影响力与公信力。第三个层次，面向用户需求，建立内容共享平台与机制，将传统媒体的新闻属性转换为信息与服务属性，扩大传播规模与效果，最终实现整体的新媒体转型。根据自身的特点与优势，不同的媒体在媒体融合创新的实践中形成了不同的融合模式，有的侧重于媒体平台拓展、作业流程重组，如人民日报"中央厨房式"的内容生产流程整合；有的着重进行资本运作和跨产权融合，如浙江日报报业集团借助资本力量在数字娱乐与智慧服务等垂直领域发力；有的选择项目合作、跨业态融合，如北京电视台和360公司曾合作成立北京时间网络内容服务平台；还有同类媒体之间进行合作，进行跨地域融合，如不同地区交通台的联盟。

无论我国媒体机构以何种形式实践融合发展，新媒体时代，信息技术所主导的数字化发展已不可避免地席卷传统媒体行业，媒体不仅在功能上应实现多元化，其经营、机制的多方向、扁平化也是发展必然。

（二）已有媒体融合实践为深化发展提供经验指导

近十年来，我国媒体融合发展以中央媒体机构、地方传媒集团为主体，着力于新媒体前沿技术与内容产品结合的横向发展[3]。媒体融合一直是党和国家的工作重点，各级媒体机构以省级报业集团、广播电视集团为代表，前期以"上网"为重，后期着重"两微一端一号"的新媒体平台建设，因而在传统媒体旗下诞生了大量的新媒体形态。这些实践为我国传统媒体向新兴媒体融合提供了宝贵的经验教训，主要体现在以下几个方面：

---

1 蔡雯，王学文. 角度·视野·轨迹——试析有关"媒介融合"的研究[J]. 国际新闻界，2009(11):87-91.
2 朱春阳. 媒介融合规制研究的反思：中国面向与核心议题[J]. 国际新闻界，2009(06):24-27.
3 谢新洲，黄杨. 当理想照进现实——媒介融合的问题、原因及路径研究[J]. 出版发行研究，2018(4):14-18.

1. 平台融合体现我国传统媒体的技术能力

大众媒体利用互联网技术建设内容平台，由最初建设网络版、新闻网站等单一内容呈现平台向以用户需求为中心的内容互动平台逐步转型。当前大多通过"两微一端一号"的方式进行平台融合。

平台融合以社会化媒体为基础，一方面结合技术手段搭建媒体机构内容聚合平台，另一方面以用户生产内容为核心，建设基于媒体机构议程设置的互动平台。当前媒体机构平台融合主要在移动互联网的技术条件下，呈现以实名注册并运营微博、微信、今日头条等社会化媒体账号，并开发手机新闻客户端，即"两微一端一号"的发展路径。《中国媒体融合发展报告（2016）》显示，2015年我国媒体机构进驻各类社交媒体平台的比例高达85%[1]，在社会化媒体平台的数量已颇具规模。还有媒体机构就现有庞大的"两微一端一号"平台资源做出二次整合，如浙江日报报业集团在借助社会化媒体平台的同时，针对本身媒体产品的不同影响力，搭建名为"三圈环流"的新媒体布局。

媒体机构所建设的"两微一端一号"是当下媒体机构最主要和最具规模性的平台融合实践，这表明媒体机构已具备在新媒体时代掌握话语权的意识，并通过微博、微信公众号等平台作为用户设置议程。其目标是希冀媒体机构借助技术手段，积极在社会化媒体构建以用户需求为核心的内容平台，并保持各个平台间的相互照应，增强媒体机构在互联网中的话语权，由此达成平台融合的状态。

2. 经营模式融合体现我国传统媒体的市场运营能力

面对以互联网为基础的新媒体产业快速发展的现状，自2009年起，我国媒体机构尝试转向现代企业制度，实行股份制改造从未停歇，意图运用上市融资等经济手段，增强市场竞争力与媒体影响力。经营模式融合改变了我国媒体行业一直以来由政府资助的局面，体现了我国传统媒体的市场运营能力。

门户网站与社交媒体的出现从不同历史阶段挤压媒体机构的发展空间，其盈利能力受到巨大影响。过去媒体机构主要经营模式是以广告收入为主的"二次售卖"模式，即利用优质内容面向受众吸引其注意力，再利用这一影

---

1 梅宁华，宋建武. 中国媒体融合发展报告(2015)[M]. 北京：社会科学文献出版社，2017:121-122.

响力面向广告主销售广告位，以此获得盈利。随着互联网技术的快速发展，新的传播手段不断出现，受众的"注意力资源"更多地转向以人际关系为基础、重视受众体验的新媒体中；除此之外，拥有海量用户数据的互联网公司可以为广告主提供更为精准的投放服务，客户大规模旁移。固守单一经营模式，对广告收益依赖度极高的媒体机构在这两方面的冲击下传播影响力逐步下降，盈利模式自然受到冲击。

媒体机构一直针对这一困境积极寻求解决之道，2006年新闻出版总署报纸期刊管理司部署传统报业经营模式转型的重要策略，要求其广泛开展内容增值服务迎合市场需求[1]。电视业与广播业也紧随其后逐步转型。2009年全国重点新闻网站也纳入经营模式改革范围内，转企改制试点工作正式启动[2]。截至目前，媒体机构进行转企改制的实践依然在继续，从中央逐步推广至地方，覆盖全国。

转企改制在媒体融合的整体布局中承担帮助资本积累的重要角色，这也是达成媒体融合最终目标的必经路径。过去媒体机构依靠政府拨款与广告收益维持生计，在面对以市场为主导的互联网内容产品时缺乏相应的竞争力，转企改制的主要目的是扭转媒体机构单一盈利模式，通过股份制企业改革，发行股票进行直接融资获得长期稳定的资本性资金[3]；同时将重新获得的资金投入至内容产品研发中，增加市场竞争力，从而形成资本积累的良性循环，改善媒体机构的经营模式。

3. 机构融合体现我国传统媒体已初步解决与新媒体的关系问题

媒体机构为适应互联网技术，改变原有按日发布信息、单一版面制作的新闻生产方式，试图将获得的一手内容经过统一平台的分工协作后，延伸为多种传播形态的新闻产品，以求达到"一次采集，多个出口"的理想状态，实现传播效果的最优状态。这类高度协作的内容生产方式要求媒体机构行政结构趋向机构融合的企业化发展，当下以建设名为"中央厨房"的多功能内容协同平台模式正在被逐步推广。机构融合是基于平台融合与经营模式融合，

---

1 全国报纸出版业"十一五"发展纲要（2006—2010年）[M]/中国报业发展报告(2007). 北京：社会科学文献出版社，2007:146-178.
2 十家重点新闻网站试点转企改制[EB/OL]. 2006，http://media.people.com.cn/GB/22114/198081/.
3 喻国明. 媒介的一体化经营平台的构建[J]. 新闻与写作，2011(07):59-62.

结合传统媒体优势，最终形成的融合成果。这一成果是我国传统媒体初步解决与新媒体的关系问题的最终体现。

自 2005 年起，媒体机构就建设信息共享平台的设想不断在实践中探索，如南方报业传媒集团提出"新闻数码港"概念；广州日报社成立"滚动新闻部"跨媒体平台实现报纸、手机报与新闻网站的内容联动。2008 年国家新闻出版总署倡导建设"全媒体数字采编发布系统工程"，烟台日报联合技术团队对此进行了开发，在当时已初步完成了初步信息—多次加工—信息成品的"中央厨房"式流程。

人民日报社、浙江日报报业集团、光明日报社都已建成较为完备的"中央厨房"平台，并依次不断推出较为成熟的内容产品，如人民日报社的 HTML5 系列，每一次发布都成为话题热点[1]。其他媒体机构集团也在试图搭建类似的信息云平台，如江苏广电集团的"荔枝云服务"与湖南日报社成立的"新湖南云"，都将信息共享、部门协同合作纳入内容传播的流程之中，使其成为媒体机构新闻生产过程中的常态化步骤。联合过去各自为政的报纸、新闻网站、微博与微信公众平台、新闻客户端等内容呈现终端，新旧媒体从业人员一道组成工作团队，统一对进入平台的信息进行分类、加工与分发。采用"中央厨房"式的新闻生产方式是为了适应互联网对信息传播快速、准确、多元化的新要求，并在系统的帮助下改变原有媒体机构编辑部的组织结构，呈现出扁平化、协同化的特征。这一模式目前在对大型新闻事件的实时报道中发挥了重要作用，并逐步在媒体机构中推广。

我国传统媒体在融合方面的实践伴随着互联网技术的不断进步，与平台、市场、机制体制结合实现创新，由表及里地积累融合经验，在当下社交媒体繁荣发展的新媒体时代获得话语权。

（三）移动互联网是我国基层信息化建设的重要环节

随着我国移动互联网向基层深入发展，无论是政府部门还是普通民众，以移动设备为终端的线上信息服务已成为生活常态。与此同时，以县域为单位的电子商务事业在近年蓬勃发展，"政府+服务商"模式以县级政府为主体

---

1 樊坤，贺群. 基于 HTML5 的人民网移动应用改进方案[EB/OL]. 2014-03-21，http://media.people.com.cn/n/2014/0321/c225470-24701002.html.

向市场购买公共服务，电子商务服务商以陪伴式服务为主要推广形式，有效配置公共资源，二者共同推动县域电子商务形成新型商业模式。可以发现，县域社会发展逐渐与技术发展密不可分，移动互联网与移动设备的普及更需要提高对信息生产、分发、获取的要求；县域电子商务的繁荣标志着基层政府服务职能的拓展，移动互联网是我国基层群众参与信息化的重要渠道。

1. 移动互联网在我国基层发展具有优势

《中国移动互联网 2018 年度大报告》数据显示，我国移动互联网三四线及以下城市月度活跃设备达到 6.18 亿，占整体的 54.6%[1]；手机应用来自三四线及以下地域增量均大于一二线城市。快手、拼多多、趣头条在基层获取新的流量，被称为"下沉三巨头"。手机设备购入成本逐渐降低，我国网络基础设施不断优化升级，移动互联网成为我国基层建设的重要途径，移动支付手段在我国三四线城市、农村的广泛应用，是帮助我国基层电子商务市场开拓、互联网消费深化的关键举措。

移动互联网在我国基层社会快速发展得益于以下几个因素：首先，我国4G 网络基本覆盖全国。根据工业与信息化部的报告数据，我国行政村通光纤比例已从 70% 不到提升至目前的 96%，行政村 4G 网络覆盖率目前也已达到95%[2]，极大提升了我国农村及偏远地区宽带网络基础设施能力。其次，智能手机等移动设备价格更加亲民，更加方便普通民众使用。随着各大品牌对中下游市场需求的关注，功能完备、价格相对亲民的智能手机在我国三四线城市及县域地区迅速普及，安卓等开放 APP 平台在操作上不设门槛，方便各年龄段用户使用。最后，短视频这一媒介形式在县域及农村迅速火爆，其重要载体就是智能手机，手机可以帮助用户主动参与短视频 APP 的内容生产、社交关系搭建等一系列活动，手机与短视频已天然绑定在一起。

因此，我国县域背靠优秀资源，给发展电子商务产业链提供良机；移动互联网的覆盖为基层群众提供更多阅读内容、生产内容，建立社交关系的节点。

---

1 QuestMobile中国移动互联网 2018 半年大报告 [EB/OL]. 2018-07-18，http://www.questmobile.com.cn/research/report-new/33.

2 "互联网+"助力创新普惠农村[EB/OL]. 中共中央网络安全和信息化委员会办公室，2019-02-24，http://www.cac.gov.cn/ 2019-02/24/c_1124155682.html.

2. 县域移动互联网用户是新媒体的使用主力

随着我国一二线城市消费市场的逐渐饱和，在移动互联网与线上支付技术的支持下，三四线城市及向下的区域成为当下高速增长的消费市场。业界广泛关注这些市场上的消费人群，认为这一新兴群体在未来我国互联网发展中将会发挥重要作用。

极光大数据发布的《2018 年 8 月小镇青年消费研究报告》[1]显示，在我国三四线城市及以下，年龄处于 18～30 岁区间的青年群体正在成为区域经济的主力，这一群体的互联网消费以移动互联网为主，覆盖短视频、游戏、网络阅读、直播等新媒体范畴。根据企鹅智酷《2017 小镇青年泛娱乐白皮书》，我国基层移动互联网用户每天花费在网络阅读的时间超过 2 小时，其中网络阅读以微信公众号、今日头条等资讯类 APP 为主；短视频使用也在这一消费群体中占主流，用户积极参与短视频的生产与分发，停留时长均超过全国平均水平[2]。

可以看到，县域移动互联网用户是当地新媒体使用的重要参与者，使用产品与使用范围随着互联网新技术的不断更迭而增加，信息获取量愈发丰富，网络空间的参与度也逐步上升。在一定程度上，我国县域移动互联网用户群体在区域内成为互联网空间中的意见领袖，通过新媒体创造具有地域特色、群体特色的内容，制造新话题，并由此带动互联网消费，增加变现渠道，对我国基层市场凸显重要的变革作用。

二、媒体融合概念发展探究

任何关于媒体融合的实践首先应基于含义出发，在了解媒体融合概念的内涵、外延后，再根据媒体机构发展的需要，因地制宜确定相关的执行方案。与此同时，媒体融合本身含义的不断丰富，也依赖于具体媒体机构实践过程的不断完善，它既代表了技术视角出发的媒体融合本意，也包含了我国媒体

---

1 极光大数据. 2018 年 8 月小镇青年消费研究报告[EB/OL]. 2018-08-29, https://www.jiguang.cn/reports/331.
2 企鹅智酷. 2017 小镇青年泛娱乐白皮书[EB/OL]. 2017-11-21, http://tech.qq.com/a/20171121/015703.htm#p=1.

机构探索适合自身特点发展道路的经验。理解媒体融合的核心概念如何发展与完善，可以进一步对我国贯彻媒体融合发展战略做出指导。综合上述内容，本章就媒体融合概念发展进行探究，并由此延伸至县级融媒体中心的相关定义。

（一）媒体融合概念的发展

媒体融合概念在变化中不断演进，在实践中寻求路径。想要就媒体融合建设问题做出解答，必须对媒体融合概念追根溯源，从概念本身理解媒体融合的真正含义及其内涵、外延。

1. 媒体融合概念的提出

媒体融合概念自 1983 年提出至今，在研究或实践领域已有近 30 年的发展历程。Ithiel De Sola Pool 在其 1983 年出版的《自由的科技》[1]（*Technologies of Freedom*）一书中，以先验性的眼光提出，一种被称为"各种模式融合"的现象正在模糊媒体间的界限。在美国报纸与电视订阅量下滑的大背景下，这一定义基本囊括了 20 世纪 90 年代国外学术界与媒体行业对"融合"一词的讨论范畴：主要重点是通过数字化将迄今为止分离的技术平台合并在一起。Gunther 等人[2]在 1991 年以数字新闻系统 EDUCOM 为例，详细介绍其实现计算机、电视与互联网间交互的功能，并利用图解说明在这一系统中，同一终端利用多种工具分发不同内容。作者进一步说明这类系统可以帮助新闻从业者更快地追逐热点，打破过去大众媒体较为迟缓的内容更新节奏。这类研究以数字化为核心，将 Pool 关于媒介技术界限的模糊化带入实践中，并设想这一技术平台合并的运作机制与功能作用。

除报纸、广播、电视行业外，部分具有媒介属性的传播技术也被众多学者纳入研究中，如 Baldwin 等人[3]对电影内容进入互联网这一流程进行考察，

1　Lasswell H D, Lerner D, Pool I D S. The comparative study of symbols: an introduction [M]. Stanford University Press, 1952:232-233.

2　Gunther J, Eames B, Nelson D. Description of EduCOM: A graphical modeling and programming language for teaching and learning digital communication systems [J]. Computer Applications in Engineering Education, 2011, 19(4):697-707.

3　Baldwin T F, McVoy D S, Steinfield C. Convergence: Integrating Media, Information & Communication[J]. Journalism and Mass Communication Quaterly.Thousand Oaks, CA: Sage, 1997, 74(1): 201.

肯定其传播范围的扩大；Chan-Olmsted 等人[1]就 DVD 播放技术的发展探究融合现象在其中的体现。此类研究均在对各类媒介的合并进行尝试，并以此为一种新型传播介质进行详细介绍。

当大量媒体机构以自身实践证明多种技术合并在同一平台的可行性时，已有学者[2]意识到合并所带来的技术影响势必蔓延至媒体从内容生产、分发到市场经营，甚至产业规则制定的各个方面。尼葛洛庞帝[3]曾在 20 世纪 80 年代以"数字融合的三个圆"预测未来 20 年内电视、出版与计算机将在产业范围内实现重叠（Overlapped）。媒体融合的含义基于合并的技术视角不断外延，对媒体产业的各个环节均有不同程度的影响。

1997 年欧盟通过《电信、媒体与信息技术整合及其规制议题绿皮书》[4]，其中对融合这一现象进行如下定义：一种发生在任何用户、网络与服务间的通信，电视与个人计算机间的无缝汇流（coming together）。基于媒介技术的服务与用户、新闻机构三者的互动关系在这一阶段已被纳入考察范畴中，更多学者在考虑这一问题时也在不断反思，当强调技术主导视角的融合时，媒体或媒介成为问题中心，而"传播"作为媒体融合过程中的重要环节反而被忽略。有学者提出融合带来的改变不仅限于媒体机构自主转型，在 Web 2.0 的参与下，用户利用新媒体完成内容在各个平台的迁移[5]，这实际上暗含更多社会因素在背后发挥影响，投射在媒体产业、媒体规制、用户创造各个方面。

2. 媒体融合概念的讨论与演变

媒体融合在文化层面被赋予了更加复杂的含义，并受到质疑："融合是否真的可以被完成？"在文化概念层面，媒体融合被学者们更多地阐释为一种在过程中形塑社会的效果。

2006 年，亨利·詹金斯在《融合文化》[6]一书中批判性地对带有技术主导

---

1 Chan-Olmsted, S. M, Mergers, acquisitions and convergence: The strategic alliances of broad-casting, cable television and telephone services[J]. Journal of Media Economics,1998, 11(3):33-46.
2 Kennedy G E, Bero L A. Print media coverage of research on passive smoking [J]. Tobacco Control, 1999, 8(3):254-260.
3 Negroponte N M. Being Digital [M]. Alfred A Knopf.1995, 4(2):110-112.
4 戴双兴. 英国电信业的规制改革及其启示[J]. 产经评论，2004(5):33-36.
5 Jenkins H. Convergence Culture: Where Old and New Media Collide [M]. New York University Press.2006, 2(1):81-85.
6 Jenkins H. Convergence Culture: Where Old and New Media Collide[J]. Journal of Popular Culture, 2007, 40(4):731–733.

性质的媒体融合概念进行解构，强调普通网民在利用新媒体技术时利用内容完成多平台的合并，媒体融合不再是终点，而是真正参与传播并达成效果的重要部分。新媒介与旧媒介的碰撞不仅限于介质改变，在詹金斯的理解中，融合首先带来内容生产主体逐渐开放、多元化，普通"草根"用户充分参与内容生产的各个环节，他们不再使用专业媒体生产内容的规范，过去媒体机构垄断内容从生产到传播的特权被打破；跨媒介叙事成为媒体融合在网民层面的一种体现方式：一方面，媒介使用者的迁移行为本身是一种跨媒介、跨平台的叙事性建构；另一方面，跨媒介叙事的存在是媒介使用者在不同平台之间迁移、穿梭的前提和基础。

2003 年，里奇·戈登（Rich Gordon）归纳美国已出现的五种"媒介融合"[1]（"新闻业融合"）类型，具体包括：（1）所有权融合（Ownership Convergence），即大型传媒集团自建平台，并在其中设立不同类型的媒介，以此保证这些媒介间相互的内容推荐与资源共享。这一融合类型跨越了媒介机构的限制，以地区为单位，将不同媒介收归于统一平台中。（2）策略性融合（Tactical Convergence），指机构不同、所有权不同的媒介在内容上实现共享，如不同媒介集团的报社与电视台之间以合作的形式共享新闻资源。（3）结构性融合（Structural Convergence），主要指媒介机构内部新闻采集流程融合，新闻内容在这一融合类型中被认为是一种产品，经过专业团队打造后，以打包形式出售给其他媒体机构。（4）信息采集融合（Information-gathering Convergence），主要指在新闻生产层面的技术融合体现，指从业者以使用多种媒体的方式完成新闻采编工作，这也是目前多数媒体机构在实践层面的一种融合形态。（5）新闻表达融合（Storytelling or Presentation Convergence），则是指新闻生产完成后的分发层面，认为从业者会运用多种媒体平台将内容向公众表达。

戈登的分类是基于美国新闻业媒体融合实践而总结的，从技术融合的视角出发，强调融合对新闻业的改造。蔡雯认为戈登的划分标准前后不一致，前三类从"媒介组织行为"角度进行划分，后两类则是以从业人员实际工作流程为标准进行划分[2]。但戈登的这一研究基本自上而下地指出了媒体融合所包含的广阔范围，即无论是媒体单位还是从业者单位，都应进行以新媒体技术为导向的融合发展。

---

1 蔡雯. 媒介融合前景下的新闻传播变革——试论"融合新闻"及其挑战[J]. 国际新闻界，2006(5):31-35.
2 蔡雯. 媒介融合前景下的新闻传播变革——试论"融合新闻"及其挑战[J]. 国际新闻界，2006(5):31-35.

由此我们可以断定，媒体融合的提出是出于多种媒介技术和功能融合发展的内在驱动。正如菲德勒所说："传播媒体的形态变化，通常是由于可感知的需要、竞争和政治的压力，以及社会和技术革新的复杂相互作用引起的。"[1] 2006 年，BBC 时任总裁的马克·汤普森（Mark Thompson）提出了"马提尼媒体"的概念，即 BBC 要超越传统的"广播电视机构"的定位，使受众可以在任何时间、任何地点，通过任何可上网的设备消费 BBC 的内容，在此基础上 BBC 建立了超级媒体编辑部，成为媒体融合的典型案例[2]。

3. 媒体融合发展中的几个关键描述

媒体融合是互联网对传统媒体改革创新的产物之一。为准确理解媒体融合政策在我国的顶层设计意图，我们认为有必要遵从互联网发展和媒体融合发展两个维度交替演进的思路，分析中国从 1994 年全面接入互联网到现在，传统媒体与新兴媒体的融合发展节点。这一过程大致可分为以下四个阶段。

第一个阶段，以传统媒体为主推动报台网络化，国家政策导向主要鼓励传统媒体进行网络化、电子化探索。第二个阶段，传统媒体与新兴媒体并行发展，国家政策导向鼓励支持新兴媒体自主探索发展道路。第三个阶段，以新媒体建设为主，推动传统媒体与新兴媒体融合发展。第四个阶段，以县级融媒体中心建设为抓手，推动媒体融合向基层纵深发展，国家政策导向鼓励融合创新、强调引导服务并重。

媒体融合的时代背景不同，发展阶段就不同，发展着力点、政策侧重点和支持力度也不同。但相同的是，无论是传统媒体还是新兴媒体，无论是独立发展还是融合发展，网络信息技术发展和应用程度都是重要的政策考虑因素，国家通过政策引导，鼓励各类媒体运用现代网络信息技术提升传播力、影响力、引导力、公信力的总体要求也没有改变。

（1）传统媒体数字化

从 1994 年到 1999 年，这一阶段是中国传统媒体特别是报纸上网的启蒙期，主要特点是报纸内容的电子化、网络化。互联网自诞生以来，注定给媒

---

1 南长森，石义彬. 媒介融合的中国释义及其本土化致思与评骘[J]. 陕西师范大学学报（哲学社会科学版），2012(5):110-111.
2 谢新洲. 我国媒体融合的困境与出路[J]. 新闻与写作，2017(1):32-35.

体行业带来颠覆性变革。1989 年，欧洲核物理实验室的工程师蒂姆·伯纳斯·李研究开发万维网，通过超链接（Hyperlink）技术，使文字、图形、声音及音像资料均可利用一致接口[1]。互联网开放、快速、全天候等特性使得每个人，无论在哪里，在任何时候，只要能够接触和链接上网络，都能够通过网络传送、分享经验和知识，发表意见和见解。

我国 1994 年全面接入国际互联网，网络技术整体处于较低水平。在当时的网速下，文字消息比图片、视频传播得更快，因此，互联网对我国媒体的改变首先是从报纸开始的，报纸跟互联网的联姻比广播电视早得多[2]。报纸网络化的主导思路是以纸版为基础，借鉴和使用网络新技术的各种传播优势，扩大报纸内容覆盖范围，加快和扩展新闻信息报道的速度和深度[3]。报纸网络化的主要目的是将内容移植到网络，提供给网络读者，扩大用户覆盖面，同时也作为弥补纸版读者流失、发行量下降的手段。这一时期，互联网还不是内容生产的平台，而只是内容传播的一个新增渠道。报纸内容的生产仍然遵循传统模式，而没有根据互联网特点进行内容生产创新。

报纸上网初期，由于网络速度较慢、网民数量较少、自身技术及人才欠缺等原因，各大报业集团普遍只是把传统的纸质版电子化，单一复制报纸的内容放到网站上，广播电台、电视台、通讯社的网站也大多如此，就是简单地将传统媒体传播渠道的内容放在网络上传播，很少根据网络的特性进行编辑和分发，与网民的互动几乎没有。尽管如此，在 Web 1.0 时代，报纸仍然成功地实现了读者群的拓展和内容形式的丰富，报纸网络化获得了一定的成功。

（2）传统媒体与互联网联姻

随着报纸上网的破局，与互联网信息服务关系更紧密的商业网站开始陆续诞生。1997 年 1 月，中国互联网第一家商业网站 Chinabyte 开通；同年 6 月，丁磊创立网易公司；1998 年 2 月，搜狐公司成立，并推出当时中国第一个搜索引擎；同年 11 月，腾讯公司成立；12 月，四方利通公司与美国华渊资讯公司合并成立新浪网，定位为门户网站。商业网站从成立伊始就把快速

---

1 李剑，金蓓弘. Web 链接结构信息研究综述[J]. 计算机科学，2003，30(4):95-98.
2 王建. 建设网络新媒体促进广播电视与网络联姻[J]. 中国有线电视，2001(18):79-80.
3 李辞. 关于报纸网络化的几点思考[J]. 湖南社会科学，2001(5):124-125.

的新闻信息发布作为立身之本，以争夺赖以生存的广告用户，也由此成为传统媒体广告用户的强大竞争对手[1]。

商业网站诞生之后，我国的互联网新闻信息服务分为两类渠道，第一类是传统媒体将原媒介内容放到网上，第二类是商业网站将传统媒体的新闻报道进行整合上网后再次传播。这两种服务方式后来演变为新闻信息采编权与互联网新闻传播权之争，这种竞争促进和推动了我国互联网信息服务产业的蓬勃发展。从用户数量和对社会舆论影响力来看，传统媒体虽然与新兴媒体进行了融合发展，但与商业新媒体的整体规模和实力相比，差距仍然较大。概括来讲，传统媒体与商业网站的竞争，本质上是先行者的全功能新闻采访报道权利与后来者的互联网传播技术之争。这也是县级融媒体建设中需要吸取的一个重要经验教训，拥抱先进的信息技术，比守着传统的采访权利更重要。

（3）媒体产品多元化

随着互联网技术的不断更新与智能设备的层出迭代，我国媒体产业也随之尝试各类新形式以此更好地吸引读者。SP（Service Provider，服务提供商）业务的兴起带动传统媒体以手机报的形式向读者实时更新内容；以微博账号、微信公众号为主的社交媒体平台的崛起也给传统媒体提供了新的机遇，在保证传播流程的同时也与用户有更多的互动；新闻客户端则是通过移动互联网技术为传统媒体提供内容生产流程的自主平台。上述四类形式在不同时间段，展现了我国传统媒体不同的媒介产品类型。

①手机报。互联网 SP 业务在当时主要指门户网站在收集信息后，通过短信即时向用户发送新闻内容，最初以文字版为主。随着服务运营商放宽短信篇幅限制，增加彩信功能后，中国传统媒体也加入向用户手机推送短信新闻的阵容，并附有精美的排版、分栏，当时有人认为这类推送可以称为"短信/彩信型手机报"。这类模式的优点在于信息时效性好，用户阅读便捷，不再设置时间与地点。当时随着 2G 网络的逐步推广，也产生了另一种模式即"网站型手机报"，采用 WAP 网络，在手机浏览器中浏览报纸内容。

②微博。微博作为社交媒体，具有一对多的传播特征，其节点式、嵌套性传播模式，使用户连接极为紧密。传统媒体依托微博平台开设官方认证账号，在网络空间中继续维持主流媒体品牌效益，充分与互联网融合成为另一

---

1 林军. 沸腾十五年[M]. 北京：中信出版社，2009:95-96.

新产品。传统媒体在微博此类公共空间建立账号，在进一步弥补传统媒体时效性不足的同时，利用社交媒体帮助用户创造内容的功能，使微博平台的参与用户与传统媒体互为信源，为媒体机构提供新闻信息和线索。

③微信公众号。微信公众号利用微信具有点对点传播的功能，可以向具体用户精准推送信息，并突破微博 140 字的界限，在足够的版面内实现更多的内容。微信公众号可以保存阅读文章，方便用户即时和延时阅读。另外，微信公众号内容篇幅较长，符合传统媒体对内容品质的要求。

④新闻客户端。客户端类产品依托移动终端的快速发展，成为当下重要的媒介产品，新闻客户端是传统媒体脱离商业内容平台，建设自主内容终端的新尝试。新闻客户端一方面可以帮助传统媒体以新媒体的内容生产流程完成全步骤，另一方面由于拥有更高的自主性，可以联系更多第三方实现联动，吸引更多读者。

（4）用户生产内容改变传统媒体内容生产流程

用户创造内容（User-Created Content，UCC）通常又称为用户生产内容（User-Generated Content，UGC）。它是与专业媒体机构内容生产相对的一个概念，主要指由网民通过非专业渠道生产含有一定创造性的内容，并在社交媒体等互联网渠道进行传播[1]。

"用户创造内容"在 Web 2.0 时代被大量讨论，它代表了互动性、双向型、去中心化的传播网络，联系用户汇聚强大的网民力量。它依赖于受众的原创和自主建设。对 UGC 定义的讨论主要包括两个方面：一是创作主体是不是非专业人员；二是创造内容是否应有一定创新性。UGC 方式具有以下特点：一是行为主体自主性；二是内容的非专业化原创度；三是内容发布的随机性。

丹·吉尔默（Dan Gillmo）指出，在 UGC 层面，网民既可以被动地接受传播者"发送"的信息，也可以变成主动的传播者[2]。2002 年，他提出了一个概括性词语："We Media"（自媒体），可以理解为"人人都是媒体"。当网民个体拥有社交媒体账号后，可以自主发布内容，其身份完成从"受众"到"传播者"的转换。因而，网民只要使用具备 UGC 模式的媒介工具，就可以主动介入内容生产环节，扮演内容传播者、生产者等多种角色。

---

1 Vickery G, Wunsch-Vincent S. Participative Web And User-Created Content: Web 2.0 Wikis and Social Networking[M]. Organization for Economic Cooperation and Development (OECD) Paris, 2007: 128-129.

2 Dan G. We the Media: Grassroots Journalism by the People, for the People[M]. O'Reilly Media, 2006: 68-70.

UGC 应用于播客（Podcasting）、博客（Blog）、微博、社会网络服务（SNS）、聚合内容（RSS）、维基（Wiki）等多种社会化媒体中，是凸显个人力量，个体深度参与互联网的重要体现。UGC 模式赋予网民在表达层面更多的主导权利。过去传统媒体多进行议程设置掌握话语权，UGC 则打破"过去人们只能依靠主流、保守媒体之眼看世界"[1]的格局。首先，UGC 模式结合多种媒体手段，帮助网民在舆论事件中生产有效内容，并利用社会关系网络产生多元途径，使普通事件在短时间内转为"公众议题"，从而引起公众对社会事件的关注，网民进而成为议程设置的主体。其次，UGC 的双向互动改变原有信息传播的单向输出模式，传统媒体因传受角色之间的转换，面临着因 UGC 模式兴盛而"被渠道化"的现状，公共事件议程由公民新闻来设置。目前，许多社会突发事件首先进入 UGC 模式下网民大规模的内容生产、交流渠道中，在网络空间中引起关注后，随后出现传统媒体开展进一步的新闻挖掘与深度报道。

（二）县级融媒体中心建设的核心：新媒体化是必然趋势

作为现代传播体系的基础一环、重要一环，县级融媒体中心的建设工作成为媒体融合领域的新热点和新难点。习近平总书记在 2018 年 8 月 21 日的全国宣传思想工作会议上明确提出"要扎实抓好县级融媒体中心建设，更好引导群众、服务群众"[2]，这是习近平总书记首次对"县级融媒体中心"的建设工作做出重要指示。一个月后，中宣部在浙江省长兴传媒集团召开的县级融媒体中心建设现场推进会上，提出 2018 年 600 个县级融媒体中心建设、2020 年年底全国基本覆盖的工作安排[3]。2018 年 11 月 14 日，习近平总书记主持召开中央全面深化改革委员会第五次会议，审议通过了《关于加强县级融媒体中心建设的意见》[4]，提出"要深化机构、人事、财政、薪酬等方面改革，调整优化媒体布局，推进融合发展，不断提高县级媒体传播力、引导力、影响力"。由此，县级融媒体中心建设工作迎来发展关键期和机遇期。

---

1 Joyce M. The Citizen Journalism Web Site'OhmyNews'and the 2002 South Korean Presidential Election[J]. SSRN Electronic Journal, 2007: 10(2139).

2 习近平出席全国宣传思想工作会议并发表讲话[EB/OL]. 新华网，2018-08-23，http://www.xinhuanet.com/2018-08/23/c_129938245.htm.

3 县级融媒体中心建设全面启动[EB/OL]. 新华网，2018-09-26，http://www.xinhuanet.com/zgjx/2018-09/26/c_137493178.htm.

4 习近平主持召开中央全面深化改革委员会第五次会议[EB/OL]. 新华网，2018-11-14，http://www.xinhuanet.com/politics/2018-11/14/c_1123714393.htm.

尽管在如何建设县级融媒体中心这一问题上已有相关政策解读，但在现实中如何更好地联系县域政府、媒体与群众三者，使发展适应新时代互联网的规律与新变化，必须明确新媒体化是县级融媒体中心建设的核心，在此前提下以新媒体为主要发展方向，整合县域媒体资源，建设让群众满意的县级融媒体中心。

1. "新媒体"的内涵

伴随着技术应用的不断发展，互联网以多种面貌、多种形式渗透到人类的社会生活中。为了将这些媒介形式与传统的报纸、广播、电视等区分开来，我们将其统称为"新媒体"。[1]

目前学界对于新媒体还没有统一的定义。我国新闻传播学界在探讨新媒体概念的过程中达成了两点共识：一是新媒体本身不是一个严谨的学术语汇，而是一个相对松散的能指，也即新媒体是一个相对的概念；二是将计算机技术作为技术基础，使用几种具体的技术形态或者媒体形态来解构"新媒体"本身。

从时间维度的媒介发展史来看，新媒体是相对的，而在某一特定的历史时期，新媒体又是一个时间的概念。"新媒体"理应是一个具有历史感的概念，尽管在当下它已经高度特指化。目前，人们对于新媒体已经具有了稳定的认同和理解，这是我们再一次明确新媒体定义的基础，将新媒体定义如下：新媒体是一个发展中的概念与领域，它是计算机技术和通信技术相结合的产物，是通过数字技术、通信技术、多样化的输入输出设备和终端处理、传播和使用的媒介形态及信息服务平台，它实现了信息内容的数字化、传播的网络化、服务的个性化和个人化。

2. 县级新媒体快速发展

县级媒体是一种基层媒体形态，在发展道路上"复制了中央、省、市三级的媒体管理体制和资源配置方式，作为县域空间大众传播资源的垄断者而深嵌于区县行政体系"[2]。县级媒体由于地域优势，也是现代传播体系的基础

---

1 谢新洲，李冰. 新媒体研究的困境及发展[J]. 新闻与写作，2016(2): 29-32.
2 朱春阳. 县级融媒体中心建设：经验坐标、发展机遇与路径创新[J]. 新闻界，2018(09):21-27.

环节，承担着联系和服务基层群众的职能。但是县级媒体由于资源短缺及前期政策的忽视，在新媒体时代面临着巨大的生存危机，如何推动县级媒体融合，为县级媒体在新时期开拓发展道路，实现自身的独特价值，逐渐进入了研究视野。

随着我国移动互联网深入基层，县域新媒体快速发展，手机成为连接政府服务工作、日常生活与信息获取的重要纽带。2017 年 5 月，国务院办公厅印发《政府网站发展指引》，指出"政府网站应通过统一标准体系、集中管理信息数据、集中提供内容服务，以及县级政府网站逐步整合至地市级政府网站等方式，实现政府网站资源优化融合，平台安全，数据共享，服务更加高效便捷"[1]。目前基层电子政务以政府网站为主要形式，同时辅以微信公众号、服务号、微博官方账号等进行具体的落实工作。

《第 43 次中国互联网络发展状况统计报告》数据显示，截至 2018 年 12 月，市级及以下行政单位共有 14872 个政府网站，占比为 82.9%，各行政级别政府网站数量均有下降。县级网站的信息公开栏目有 46337 个，网上办事栏目有 9794 个，政务动态栏目有 8488 个。从 2017 年 12 月到 2018 年 6 月，县级政府网站首页文章更新量也在下降。县级网站数量从 5240 个降至 3260 个，县级政务微信与头条号数量均稳步上升。县处级及以下政务机构微博数量共超过 12 万个，地方政务信息线上化工作成效显著[2]。

如何在移动互联网快速发展的当下，更好地将党的声音向基层传播，自下而上地建立主流舆论传播秩序，成为目前我国肩负宣传工作的媒体机构需要思考的重要问题。建设县级融媒体中心，意图解决上述问题，由县域政府牵头完成互联网优质内容的生产、分发，建立自主平台为基层群众提供社会服务，将政府工作与平台建设相结合，是我国媒体融合发展的又一新实践。

3. 县级融媒体中心建设的核心内涵

县级媒体跟随技术发展不断变迁，符合媒体融合概念中技术发展对媒体产业影响的呈现。技术不仅改变了媒体基础形态，还彻底改革了内容生产、

---

1 国务院办公厅关于印发政府网站发展指引的通知[EB/OL]. 2017-06-08，http://www.gov.cn/zhengce/content/ 2017-06/08/content_5200760.htm.
2 中国互联网络信息中心(CNNIC). 第 43 次中国互联网络发展状况统计报告[EB/OL]. 2019-02-28，http://www.cnnic.net.cn/ hlwfzyj/hlwxzbg/ hlwtjbg/201808/P020180820630889299840.pdf.

分发流程，"一次生成，多次分发"成为当下新媒体环境下媒体机构转型的大方向。

根据媒体融合发展理论，总结基层实践经验，我们认为，县级融媒体中心是指以互联网为平台，以信息技术为支撑，以新媒体化为方向，以融合创新为手段，以舆论引导为主责，以服务群众为宗旨，负责统筹县域时政要闻、政务信息、公共信息、服务信息等生产、汇集、交互、分发流程的机构[1]。县级融媒体中心的建设将有助于解决当前基层媒体发展的困境，为媒体融合、信息沟通、社情传递打通"最后一公里"，积极推动政府转型和社会公共服务的完善。

县级融媒体平台主要有五个方面的特征属性：一是政府主导性，县级新媒体平台都是由政府部门或者国有媒体主管主办的，充分发挥基层党委政府的喉舌作用，严格落实党管媒体原则，严格落实意识形态责任制。二是鲜明地域性，县级融媒体平台是基层政权治理的重要手段，与县域特点结合紧密，本地化程度高。三是双向互动性，县级融媒体的"用户"取代传统媒体观念中的"受众"，具有信息的发布与获取双重功能，新媒体平台成为双向、互动信息传播渠道。在这一过程中，用户对于信息的需求、对于内容产品的双向反馈成为媒体内容发展的关键，闭门造车，一味向用户"倾倒"内容的经验已不再适用。四是体现群众性，县级融媒体需要扎根基层群众，内容生产、信息服务贴近基层、贴近实际、贴近群众。五是突出服务性，面向群众需求拓展服务项目，提升服务质量和水平，在服务群众中引导群众。因此，建设县级融媒体中心应加快融合型服务体系建设，发挥原有传统媒体在基层的公信力优势，依托数据云平台开展基层综合信息服务，将媒体传播优势积极融入现代服务业。努力寻求县域媒体机构与当地政务、商务、教育、医疗、旅游、农业、环保等相关行业合作的有效路径，积极参与"智慧城市"系列建设，推动当地融合型服务业务协同共进。

---

1 谢新洲. 县级融媒体中心建设的四梁八柱——融合、创新、引导、服务[J]. 新闻战线，2019(03):45-47.

第二章　县级融媒体中心建设的意义与价值

从我国接入互联网以来的 25 年里，互联网从科研领域逐步向经济、政治、文化、社会等领域扩散，逐步渗透到社会生活的方方面面。先从大中城市开始，如今已经全面覆盖中小城市，延伸到乡镇农村，走向田间地头。正是认识到互联网对县域基层经济社会发展的影响，习近平总书记在 2018 年的全国宣传思想工作会议上提出了抓好县级融媒体中心建设的命题。可以说，党中央将县级融媒体中心建设上升到国家战略布局层面，这种重视程度是前所未有的。无论是作为落实中央决策部署的主管部门，还是具体的执行者、操盘手，都有必要去研究、分析和领会中央做出这个决策部署的意义和价值，才有可能将县级融媒体中心建设落到实处。

一、加强县级融媒体中心建设的深远意义

2013 年 8 月 19 日，习近平总书记主持召开了党的十八大之后的第一次全国宣传思想工作会议，明确提出要将网上舆论工作作为宣传思想工作的重中之重来抓。在这之后的五年时间里，网上舆论工作成为全国宣传系统的一项重点中心工作广泛展开，坚持管得住是硬道理，正能量是总要求，加强网络内容建设，制定执行网络管理政策法规，依法集中查处违法网站、网络账号、网络直播平台等，各项有力有效的工作举措让网络生态日渐清朗。可以说，从国家层面看，网上舆论状况已经有了实质性的改变，变得更加积极健康。党的十九大后，中央要求抓好县级融媒体中心建设，就是要将党的十八大以来互联网发展与管理经验延伸到县一级，具有深远意义。

（一）理论意义

对于县级融媒体中心的作用，习近平总书记强调了两个方面，一个是引导群众，另一个是服务群众。对县级融媒体必须具备引导群众与服务群众两种功能作用的强调，充分体现了习近平总书记对于互联网性质的准确认识与深刻思考，对县级融媒体中心建设具体实践有很强的理论指导意义。

1. 拓展了媒体融合的内涵与外延

媒体融合概念本身随着媒体发展的具体实践不断丰富，其含义既覆盖了以技术融合为核心的多媒体呈现在同一平台的初级概念，也包含了新闻生产流程融合、媒体经营体制融合等延伸概念。自 2014 年媒体融合作为国家政策在各级媒体机构实行以来，我国媒体机构转型呈现出自上而下的显著特点，中央媒体、省级媒体率先探索媒体融合发展道路，积极实践平台建设、转企改制、"中央厨房"等一系列适应互联网发展规律的融合尝试。上述融合实践均基于我国社会情况，分阶段、针对性地解决了我国传统媒体发展过程中面临的各类问题。

县级媒体属于我国整体媒体结构中的基础性层级，无论是学术界还是业界，一直都缺乏对这一媒体层级的关注。但县级媒体紧贴大众生活，与基层社会联系紧密，是稳固基层发展的重要传播阵地与舆论阵地。在移动互联网发展的时代背景下，建设县级融媒体中心的要求顺势推出，对县级媒体如何开展媒体融合工作的研究一方面有利于从基层用户视角丰富媒体机构传播效果相关研究，另一方面填补了我国媒体基础架构相关的空白。

2. 强调媒体融合研究的问题意识导向

日新月异的信息技术为传播带来深刻革命，更为丰富的媒体形式与媒介现象显现出信息技术、内容相关的研究对象、研究范式正在发生重大变化，以用户为核心的内容生产、分发、营销流程逐渐替代传统媒体单向设置议程，研究议题也由宏观视角转为以用户为主的各细分门类。其中，传统媒体如何适应新媒体带来的深远影响是重要研究问题之一。

建设县级融媒体中心的提出有其现实社会背景。互联网环境日益纷繁复杂，基层社会变化因素日益增多，党和国家政府领导人正是认识到了这种现状而提出了"县级融媒体中心建设"这一战略，着力解决打通与县域群众沟通的"最后一公里"。建设县级融媒体中心基于问题产生，也围绕问题解决发展，因此对县级媒体融合的研究应重视问题意识导向，因地制宜地解决各县域媒体发展过程中的实际问题。

对县级融媒体中心建设的研究是当下这一议题的延伸思考，县级媒体长期依托我国基层社会逐步发展，如何将党的声音在不同时代真正传播到群众中去，如何在移动互联网时代利用新媒体技术达成更好的传播效果，是新的时代要求下对县级融媒体中心建设相关实践探索提出的新问题。对这些新问题的研究将补充我国目前县域新媒体建设的案例，同时为学术研究提供了多样化的视角。

（二）政治意义

习近平总书记多次指出，互联网已经成为党长期执政所要面对的"最大变量"。过不了互联网这一关，就过不了长期执政这一关。在 2016 年 4 月 19 日的网络安全与信息化工作座谈会上，习近平总书记提出了"领导干部要学会通过网络走群众路线"的重要论述[1]。可以看到，在互联网时代，要做好群众工作，就要利用好互联网这个工具。

1. 走好网上群众路线

"受众接受政治讯息的方式，有可能因媒介富足而改变，虽然往什么方向改变尚待研究。在新的条件下，一方面是更多的选择自由，另一方面是越来越多难以回避的信息。于是，面对如此多的唾手可得的传播渠道和形式，人们显然更容易找到并享用他们感兴趣的东西，而避开他们所不喜欢的东西。"[2]怎么宣传和传播党的路线方针政策，渠道很多，但一定要用群众更容易找到

---

1 习近平在网信工作座谈会上的讲话全文发表[EB/OL]. 新华网，2016-04-25，http://www.xinhuanet.com//politics/2016-04/25/c_1118731175.htm.
2 杰伊·G. 布拉勒姆，米切尔·古尔维奇. 对政治传播研究的再思考[M]. //詹姆斯·库兰，米切尔·古尔维奇编. 杨击译. 大众媒介与社会. 北京：华夏出版社，2006:153.

的渠道，现在就是互联网渠道；要用群众感兴趣的东西，那就是要把群众关心的居住、就业、环保、医疗、教育、税收等方面相关的政策解释清楚，讲给他们听，以他们喜欢听、听得懂的方式告诉他们。对于基层党政领导干部来说，加强县级融媒体中心建设有一个非常重要的作用，就是可以搭建一个领导干部和人民群众直接沟通联系的桥梁，可以帮助领导更迅速、更全面、更直接地了解群众关心的问题、面临的困难、提出的意见建议，并及时对群众关切做出回应。群众路线也是与时俱进的，互联网时代就需要走好网上群众路线，用群众习惯的方式去接触群众、接近群众、联系群众、了解群众，才能赢得群众支持。

2. 利用互联网做青年一代的思想政治工作

在 2019 年 1 月 21 日的省部级主要领导干部防范化解重大风险专题研讨班上，习近平总书记指出，维护政治安全要持续巩固壮大主流舆论强势，加快建立网络综合治理体系。要高度重视对青年一代的思想政治工作，不断创新思想政治工作内容和形式，教育引导广大青年形成正确的世界观、人生观、价值观，确保青年一代成为社会主义建设者和接班人[1]。这一段话阐明了加强网络舆论工作对维护国家政治安全的重要意义，是对加强县级融媒体中心建设政治意义的重要注解。很显然，中央充分认识到，青年一代的学习、工作、生活跟互联网关系密切，思想动态也容易受互联网的影响，网络生态如何对青少年能否健康成长具有重要影响。截至 2018 年 12 月，10～39 岁群体占整体网民的 67.8%[2]。这一年龄段的人群意味着一个国家的青春和未来，意味着一个国家的未来将交到什么样的人手上。这一群人大多从小就开始上网，是忠实的网络生活者。有学者称，"90 后被称为网络原住民，网络就像他们一个离不开的器官，他们生下来就不是伴着报纸、广播、电视长大的，而是伴随着网络长大的。"[3]因而，要想做好年轻人的思想政治工作，培养党的合格的接班人，就必须用好互联网这个渠道。

---

1 习近平. 提高防控能力着力防范化解重大风险保持经济持续健康发展社会大局稳定[EB/OL]. 新华网，2019-01-21，http://www.xinhuanet.com/politics/leaders/2019-01/21/c_1124021712.htm.

2 中国互联网络信息中心(CNNIC). 第 43 次中国互联网络发展状况统计报告[EB/OL]. 2019-02-28，http://www.cnnic.net.cn/ hlwfzyj/hlwxzbg/hlwtjbg/201808/P020180820630889299840.pdf.

3 李宇明. 关注网络原住民（文化世象）[EB/OL]. 人民网，2015-09-15，http://sz.people.com.cn/n2/2016/0915/c202846-29007874.html.

（三）经济意义

2008 年以来，中国互联网发展进入了黄金时期，腾讯、阿里巴巴、百度、京东等一批中国互联网企业进入了世界前十，诞生了今日头条、美团、拼多多、快手等一批迅速成长起来的独角兽企业。当前，随着互联网的日益普及，基于中国所拥有的庞大人口基数，围绕互联网开发的服务和产品不断涌现、迭代创新。2015 年国务院出台关于积极推进"互联网+"行动的指导意见，催生了独具中国特色的"互联网+"现象，出行、餐饮、支付、零售等许多传统行业借力互联网实现弯道超车。互联网行业具有绿色环保、促进就业、服务民生、便利生活等特点，得到的社会认可和官方支持越来越多，国家各部委和不少省区市县等地方政府纷纷出台互联网+、工业互联网、人工智能、大数据等发展战略和计划，旨在加快推动数字经济发展。

1. 数字经济为经济增长注入新动能

习近平总书记高度重视发展数字经济，多次强调要加快推动数字产业化，依靠信息技术创新驱动，不断催生新产业新业态新模式，用新动能推动新发展；要推动产业数字化，利用互联网等新技术新应用对传统产业进行改造提升，提高全要素生产率，释放数字技术对经济发展的放大、叠加、倍增作用[1]。这一段话是习近平总书记关于数字经济发展的重要而全面的阐释，充分阐明了数字经济对推动我国经济发展的重要意义，给全国互联网企业加快发展吃了定心丸，也坚定了全国各地加快数字经济发展的信心和决心。从实践来看，近年来我国各行各业越来越认识到互联网等新兴技术对提升经济效率、降低生产成本的重要作用，不断推动数字技术与实体经济的深度融合发展，催生了很多新模式新业态新应用，推动数字经济日益成为经济增长的新动能。

---

1 新华社. 习近平出席全国网络安全和信息化工作会议并发表重要讲话[EB/OL]. 中华人民共和国中央人民政府网，2018-04-21，http://www.gov.cn/xinwen/2018-04/21/content_5284783.htm.

2. 新兴技术对县域经济转型升级具有重要支撑作用

县域经济的发展对促进乡村振兴、提高城乡居民收入、提高群众生活水平具有重要的基础性作用。当前，我国县域经济发展面临一二三产业比例相平衡、经济增长与生态环境保护相平衡、城乡发展与区域发展相平衡等问题，需要充分利用互联网、大数据、云计算、人工智能等新兴技术改造提升传统农业，提高农业生产效率和产品质量，提高农产品附加值，加快发展绿色生态产业、乡村旅游业等。加强县级融媒体中心建设，就能以此为契机将"互联网+"革命向县域基层延伸，推动县域基层加快融入信息时代，释放数字红利、人口红利，促进县域经济结构优化升级、绿色发展。

二、加强县级融媒体中心建设的重要价值

县级融媒体中心是基层顺应媒体融合发展趋势，推进基层宣传思想文化工作创新的重要成果。中央将县级融媒体中心这个基层工作创新成果上升为由国家主导推动的战略，是因为其对县域基层的经济社会发展具有十分重要的现实价值。

（一）巩固基层的思想政治基础

实现党的十九大提出的"两个一百年"奋斗目标，需要全党全国各族人民统一思想、团结一致、共同努力。习近平新时代中国特色社会主义思想作为党的理论创新的最新成果，作为当代中国马克思主义、21世纪的马克思主义创新理论，要在实践中真正发挥思想理论指导作用，需要进入寻常百姓家，走到群众心里去。这就需要加强理论传播手段和话语方式的创新，让党的创新理论深入人心，保有长久的生命力。县级融媒体中心作为最贴近基层干部群众的宣传媒介，可以通过整合县级媒体资源、网站资源、信息资源等方式，从整体功能设计、技术路线、报道内容等方面加强互联网宣传渠道建设，丰富理论武装的内容和形式，提高理论武装的贴近性和吸引力，用通俗易懂的、

形象生动的，基层老百姓易于接受的、熟悉的语言来宣传党的创新理论，增强其对基层干部群众的吸引力和感染力，引导干部群众学理论、懂理论、用理论。

（二）解决县级媒体的生存与发展问题

2012 年以来，县级新媒体平台建设实现了从单一平台向多元平台的转变，县级网站、"两微一端"等新媒体成为新型的基层媒体形态。一方面，县级新媒体平台是官民交流的重要渠道，不仅是县级各单位发布政策、新闻公告的平台，同时也是党政领导干部了解民意、体察民情、汇聚民智，并接受群众监督的重要渠道。另一方面，县级新媒体平台作为基层信息传播载体，是现代传播体系构建中不可或缺的一环。虽然县级新媒体平台具有如此重要的地位与作用，但受体制、资金、人才等各种因素的限制，县级新媒体的发展前景并不乐观。进入互联网时代，县级媒体融合发展不仅是县级媒体走出困境的破局之举，也是基层媒体利用贴近民生、贴近用户、贴近生活的优势做草根的、接地气的报道和服务，疏通社会的毛细血管，呈现个体丰富性的契机。这也恰恰成为县级媒体独特的魅力所在，不仅能够解决县级媒体的生存问题，而且可以打开一片新的广阔发展空间。

（三）打通中央和地方信息传递"最后一公里"

随着"互联网+政务服务"的深入推进，互联网对加快服务型政府建设、提高政府公信力和执行力的作用越来越突出。2018 年 12 月 27 日，国务院办公厅颁布《关于推进政务新媒体健康有序发展的意见》，从渠道、手段、阵地、途径四个方面对政府新媒体做了阐述，阐明了政务新媒体对政府联系群众、转变职能、引导网上舆论、推动社会治理的作用和意义，要求大力推进政务新媒体工作，努力建设人民满意的"指尖上的网上政府"[1]。在此情况下，县级融媒体中心建设的任务显得更加重要而紧迫，有必要对县级政府部门的政

---

1 国务院办公厅关于推进政务新媒体健康有序发展的意见[EB/OL]. 中华人民共和国中央人民政府网，2018-12-27，http://www.gov.cn/zhengce/content/2018/12/27/content_5352666.htm.

务新媒体的健康有序发展做出统筹和规划，承担起落实县域网络意识形态责任制的主体责任，一方面推进县级互联网+政务服务建设，另一方面维护好基层网络舆论阵地。

（四）为数字乡村建设提供切入口

党的十九大报告明确提出，要推进数字中国建设。在未来一段时间里，数字中国的建设进程必将逐步推进到县域乡村，这意味着县域互联网发展将迎来重大契机。

1. 城乡"数字鸿沟"持续扩大

截至 2018 年 12 月，我国网民规模为 8.29 亿，互联网普及率达 59.6%。农村网民规模为 2.22 亿，农村地区互联网普及率为 38.4%；城镇网民规模为 6.07 亿，城镇地区互联网普及率为 74.6%，城乡互联网普及率差距为 36.2%[1]。尽管互联网在城乡地区的普及率都有提升，但提升程度是不一样的。2010 年，我国城镇网民 3.32 亿，城市互联网普及率为 49.8%；农村网民 1.25 亿，农村互联网普及率为 18.6%，城乡互联网普及率差距为 31.2%[2]。对比 2018 年与 2010 年的城乡互联网普及率之间的差距，8 年时间城乡"数字鸿沟"非但没有缩小，反而有所扩大，从 31.2%的差距扩大到 36.2%。

2. 农村人口互联网普及率低原因多样

截至 2018 年 12 月，我国非网民规模为 5.62 亿。不懂计算机或不具备网络技能、不懂拼音等文化程度限制是不上网的主要原因，年龄过大或过小也是一个重要原因[3]。此外，没有计算机或智能手机、没有网络信号等也是不能上网的一大因素。

---

1 中国互联网络信息中心(CNNIC). 第 43 次中国互联网络发展状况统计报告[EB/OL]. 2018-02-28，http://www.cnnic.net.cn/hlwfzyj/ hlwxzbg/hlwtjbg/201808/P020180820630889299840.pdf.
2 中国互联网络信息中心(CNNIC). 第 27 次中国互联网络发展状况统计报告[EB/OL]. 2011-01-18，http://www.cac.gov.cn/2014-05/ 26/c_126548718.htm.
3 中国互联网络信息中心(CNNIC). 第 43 次中国互联网络发展状况统计报告[EB/OL]. 2019-02-28，http://www.cnnic.net.cn/hlwfzyj/ hlwxzbg/hlwtjbg/201808/P020180820630889299840.pdf.

3. 推进"数字乡村"建设需要切入口

2016 年 1 月，世界银行发布《数字红利》发展报告，报告显示，数字技术虽在全球快速扩散，但仍有 40 亿人未接入互联网，缩小数字鸿沟应成为全球首要任务[1]。过去 20 多年数字技术迅速扩散，在提高生产率、促进经济社会发展、创造新的发展机遇等方面发挥了重要作用，但这种作用为不同的国家和人群带来的效果是不一样的，也是不平衡的。这也导致喜欢互联网的年轻人不断逃离县域乡村和三四线城市，使得县域乡村越发空心化和缺乏活力，而一二线大中城市则越发拥挤、资源紧张，城乡和城际发展不充分不平衡问题显得更加突出。尤其对我国而言，还有 3.56 亿农民[2]没有享受到数字技术发展红利，他们将会因其他人不断进步而变得日益落后。因此，县级政府迫切需要以加强县级融媒体中心建设为切入口，抓住国家加快数字中国、智慧社会建设重大契机，扎实推进本地"数字乡村"建设，加快推进县域乡村信息基础设施建设，加快提升基层干部群众的信息素养，提升运用新技术新应用改善工作与生活的能力，让数字技术助力乡村振兴战略，让数字红利造福更多基层群众。

---

1 周武英. 世行：全球数字红利未被广泛分享[N/OL]. 经济参考报，2016-01-14，http://dz.jjckb.cn/www/pages/
webpage2009/html/2016-01/14/content_14367.htm.
2 根据中国互联网络信息中心（CNNIC）发布的《第 43 次中国互联网络发展状况统计报告》，截至 2018 年
12 月，我国农村网民为 2.22 亿，普及率为 38.4%，可以据此计算出未接入互联网的农村人口约为 3.56 亿。

第三章　县级融媒体中心建设的现状调查分析

县级融媒体中心建设是以新媒体为中心的。事实上，从 20 世纪 90 年代开始，县级广播、电视台已经通过建设网站开始进行网络化探索。到 2012 年前后，县级"两微一端"新媒体平台在政策扶持下全面铺开，为建设县级融媒体中心提供了经验指导，奠定了平台基础。从 2017 年到 2018 年，受国家互联网信息办公室委托，北京大学新媒体研究院谢新洲教授带领课题组先后两次采用问卷调查和实地调研相结合的方法，以全国各县负责新媒体平台建设的政府机构或机关单位为调查对象，分别对全国县级新媒体发展和融媒体中心建设现状进行调研。

两次问卷调查的主题、主体、对象和重点有所不同，也存在着联系。2017 年 3 月至 5 月开展的第一次全国性问卷调查《全国县级新媒体平台建设情况》，旨在对全国县级新媒体平台建设情况进行摸底，从整体上把握其发展现状。该调研围绕"新媒体"这一媒体融合建设的核心关键词，强调平台搭建，关注"两微一端一网"等不同类型新媒体的建设差异。2018 年 10 月至 12 月开展的第二次抽样调查《县级融媒体中心建设情况》，围绕"融媒体中心"这一关键词展开，强调"融合发展"与"统一管理"，而不再区分不同类型新媒体存在的平台差异。第二次调研将县级新媒体平台建设视为融媒体中心建设的核心基础，关注县级新媒体平台发展情况与融媒体中心建设之间的关系。

本章将基于两次问卷调查数据，分别系统梳理全国县级新媒体发展情况和融媒体中心建设现状。然后，在综合两次调研数据的基础上概括县级融媒体中心建设中存在的新媒体趋势特征，并剖析县级融媒体中心建设存在的问题，为加快推进县级融媒体中心建设工作提供工作思路和参考。

一、县级新媒体平台建设情况基本分析

2017 年 3 月至 5 月，课题组以全国 2851 个县为调查总体，通过电子邮件向全国 31 个省共 2741 个县发放《全国县级新媒体平台建设情况》调查问卷，覆盖率达 96.1%[1]。最终回收问卷 2312 份，回收率为 87.48%；有效问卷为 1870 份，有效回收率为 80.9%。覆盖率、回收率和有效回收率均较高，有效问卷覆盖了除港澳台地区以外的所有省级行政单位。其中，34.9%的被调查县分布在西部地区，30.1%分布在东部地区，26.9%分布在中部地区，东北地区最少，只占 8.1%[2]。样本的地区分布与全国所有县的总体区域分布基本一致。因此，样本情况基本上可以反映全国新媒体建设的整体情况和存在的地区差异[3]。

此次调查尚未出现"县级融媒体中心"这一概念，因此，问卷围绕以"两微一端一网"为代表的新媒体平台，重点考察了县级新媒体的平台搭建、平台功能与内容建设、经营管理、人才队伍建设四方面的情况。

（一）平台搭建基本情况

我国县级媒体数字化起步于世纪之交，在中国互联网发展浪潮的裹挟下经历了从网站到社交媒体平台、从桌面端到移动端的转变。调查问卷以自填式问题的方式分别调查了各县"两微一端一网"及其他新媒体新业态平台的搭建和入驻情况。

整体而言，被调查县的新媒体平台普及率[4]较高。各县拥有新媒体平台类型统计图如图 3-1 所示。93.9%的县（1756 个县）[5]至少拥有一种新媒体平台

---

1 国家统计局"年度数据"显示，2017 年，全国共有 2851 个县级行政区划单位，详情可见国家统计局数据 http://data.stats.gov.cn/easyquery.htm?cn=C01。
2 依据国家统计局的经济区域划分标准，东部包括北京、天津、河北、上海、江苏、浙江、福建、山东、广东和海南；中部包括山西、安徽、江西、河南、湖北和湖南；西部包括内蒙古、广西、重庆、四川、贵州、云南、西藏、陕西、甘肃、青海、宁夏和新疆；东北包括辽宁、吉林和黑龙江。
3 该部分研究成果已经形成论文《全国县级新媒体发展调查分析》，发表于《出版发行研究》2018 年第 12 期。
4 新媒体平台普及率=至少有一种新媒体平台的县的数量/有效问卷数量。
5 如图 3-1 所示，93.9%为整体 100%减去没有任何新媒体平台的县所占比重 6.1%。

并开展相关的信息服务工作。覆盖平台类型多元，66%的县[1]已经建立或进驻至少三种新媒体平台，21.1%的县同时拥有网站和"两微一端"平台。9.9%的县还拥有"两微一端一网"以外的其他第三方平台账号，这些县集中分布在东部和西部地区，以江苏、浙江、广东、湖北、湖南、贵州、四川、重庆市及内蒙古自治区等省市最多。尚有6.1%的县未建立任何新媒体平台，这些县集中在山西、陕西、山东、广东和黑龙江等几个省。其中，21.7%来自黑龙江省，整个东北地区尚未建立任何新媒体平台的县占比接近三成（27.8%）。

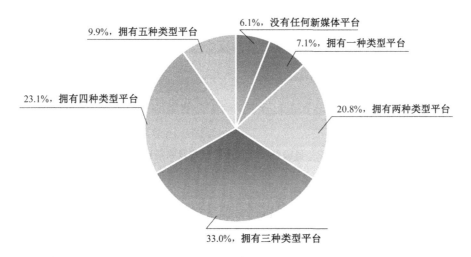

图3-1　各县拥有新媒体平台类型统计图

从平台类型分布来看（如图3-2所示），微信公众平台普及率最高，达到87.5%，其次是网站（73.6%）和微博平台（67.7%）。移动互联网普及推动社交媒体平台成为网民获取信息的主要渠道之一，再加上在第三方平台上注册账号十分便捷且成本极低，开通微信公众账号和微博账号成为县级新媒体平台搭建的着力点。反观网站和客户端，因前期的网站搭建、客户端开发需投入大量人力、物力、财力，门槛较高，发展速度较慢。县级网站建设起步早，已有近20年的发展历史，普及率相对较高，达到73.6%，但仍有近三成的被调查县尚未建立网站。县级客户端的普及率不到三成（31.0%）。近几年，以今日头条为代表的新闻资讯聚合平台发展迅猛，并与各级政府部门开展合作，

---

1 如图3-1所示，66%为拥有三种类型平台的县所占比重、拥有四种类型平台的县所占比重和拥有五种类型平台的县所占比重的总和。

掀起各级党政机关部门的进驻高潮。超过四分之一的被调查县（25.8%）在第三方平台上开设了官方账号，比如今日头条、一点资讯、网易新闻等，作为已有传播平台的补充。其中，36.3%的县甚至在多个第三方平台上开设"政务号"或官方账号，形成"两微一端一网+N"的多元传播矩阵，为县级融媒体中心的建设奠定了良好的平台和渠道基础。

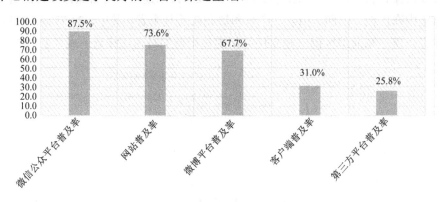

图 3-2　县级各类新媒体平台普及率统计图

从地区分布来看（如表 3-1 所示），不同地区的新媒体平台建设水平存在显著差异，东部、中部和西部地区的县级新媒体平台建设相对较好，地区整体普及率均超过 90%，东北地区的普及率相对较低（76.5%）。中东部地区县经济发展水平较高，媒体资源相对丰富，背靠浙江广电集团、上海报业集团、湖南广电集团等有影响力的、在媒体融合上做出有益探索的媒体集团，网站和客户端建设情况相对较好。西部地区以微信公众账号建设为抓手，集中搭建第三方平台账号，实现地区整体新媒体平台普及率的赶超态势。东北地区各类新媒体平台/账号建设不均衡，微信公众平台建设相对较好，其他平台搭建远低于平均水平。此外，东北地区覆盖的平台类型也相对单一，超过一半的县（56.6%）的平台搭建只覆盖到两种或者三种平台。

表 3-1　不同地区的县各平台普及率统计表

地区	新媒体平台整体普及率	网站普及率	微信公众平台普及率	微博平台普及率	客户端普及率	第三方平台普及率
东部地区	92.1%	76.7%	84.7%	65.8%	38%	28.4%
中部地区	95.3%	77.7%	90.2%	68.5%	29.7%	24.8%
东北地区	76.5%	47.9%	69.4%	46.2%	10.6%	14.1%
西部地区	97.4%	76.0%	94.4%	76.6%	23.3%	27.6%

值得注意的是，虽然县级新媒体平台的普及率较高，覆盖平台类型丰富多样，但各平台整体上用户规模小，平台影响力十分有限。调查显示，被调查的县级新闻网站平均月访问量为 12.16 万人次，县级微博账号的平均粉丝数为 2.74 万人次，县级微信公众账号的平均粉丝数为 2.38 万人次，县级客户端的平均下载量则为 2.82 万人次，有限的覆盖范围极大地影响了县级新媒体平台的传播力和影响力。

（二）功能与内容建设情况

内容建设是县级新媒体建设的关键，其优劣直接决定了县级新媒体平台是否能够真正贴近群众，发挥其引导群众、服务群众的作用。问卷以李克特五级量表为主要测量方法，分别考察了各平台在内容选择、更新及时性、内容原创性及互动分享性等方面的建设情况。

在内容选择方面，县级网站和微博侧重党政动态和资讯。本地新闻和公告公示是县级网站建设最完善的两个栏目，党政部门动态和发布方针政策是县级微博上发布最多的两类信息（量表得分分别为 4.08 分和 3.90 分，满分为 5 分，得分越高意味着所占比例越高）。但是，不同平台的内容形式、覆盖用户和使用场景各不相同，微信公众账号、客户端在内容选择上各有特色，在一定程度上弥补了县级新媒体平台的服务功能。县级微信公众平台经常推送当地文化活动、生活常识、正能量故事等信息（3.95 分），侧重文化和知识传播；县级客户端则承担了更多的政务功能，接入出入境大厅、公安部、交通局等电子政务功能，以及充话费、缴水电气费等便民服务功能（4.22 分），将网上政务和便民服务移动化，服务性更强。

在内容更新速度[1]方面，移动平台的内容更新更为及时。县级微信公众账号的更新速度最快（4.55 分），县级客户端的内容更新速度仅次于微信公众平台（4.47 分），县级微博账号紧随其后（4.40 分）。县级网站的内容更新速度最慢（4.23 分），且有 22% 的县级网站存在超过一个月未更新的栏目。分别有 11.4%、10.7% 和 9.4% 的县级微博平台账号、客户端和微信公众账号不能及时更新或推送信息。

---

1 以李克特五级量表对及时性进行测量，得分越高表示更新速度越快。

在内容原创性[1]方面，内容原创性不足是各平台普遍面临的问题。调查显示，县级网站、微博平台账号和微信公众账号在原创性上的平均得分均不超过 3 分[2]，党政机关供稿和转载其他平台上的内容是最主要的信息来源。

在互动分享[3]方面，县级网站的互动功能不完善，互动性整体较差。如图 3-3 所示，当前县级网站设置的互动功能较为传统，"联系编辑（联系我们）"功能设置率最高，占比也仅为 57.7%。互动性更强的评论、分享与转发、点赞、网站论坛等功能设置率较低。在"两微一端"平台中，客户端和微信公众平台的互动性相对较好（得分分别为 3.94 分和 3.35 分），主要以设置互动功能为手段来提升互动性，如设置自动回复、意见反馈和跨平台分享等功能。具体到互动方式，以发起讨论话题、投票或征求意见、抽奖活动等活动类手段来提升互动性的做法较少，微博和微信公众平台的相关得分均不超过 3 分。

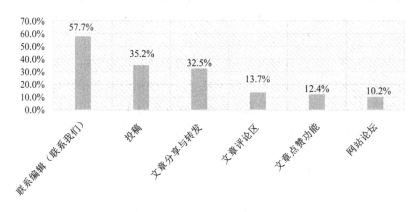

图 3-3　县级网站互动功能设置统计图

此外，针对需投入大量资源进行后期维护的县级网站和客户端，问卷专门调查了基础维护工作的开展情况。调查显示，县级网站的基础维护情况较为良好，在拥有县级网站的 1376 个被调查县中，99.4%的县级网站能够成功打开网站，92.7%的县级网站能够打开所有链接，站点和链接的可用性普遍较高。县级客户端以 Android 版本和 iOS 版本为主，适配系统完整性总体较差。在拥有县级客户端的 580 个县中，仅有 7.3%的县同时拥有适配 Android、iOS、

---

1 以李克特五级量表对原创性进行测量，得分越高表示原创性越高。
2 县级网站原创性得分 2.68 分，微博平台账号原创性得分 3.00 分，微信公众账号原创性得分 2.68 分，县级客户端未评测原创性。
3 县级网站的互动性通过考察互动功能设置情况来衡量，县级"两微一端"的互动性则主要以李克特五级量表来测量利用平台进行互动分享的情况，得分越高表示平台的互动分享性越强。

Windows Mobile 三个系统的客户端，57.2%的县拥有适配其中两个系统的客户端。但是，客户端定期的系统更新升级工作完成较好，80.9%的县能够定期更新升级系统。

（三）人才队伍建设情况

人才是制约县级新媒体建设发展的重要因素。"盘活存量，做足增量"是加强县级新媒体人才队伍建设的两条路径。因此，问卷将从事县级各新媒体平台运营工作的工作人员视为一个整体，重点对这些在岗运营人员的基本人口统计学特征、激励机制、人才引进与技能培训等进行了调查。

当前，县级新媒体平台的运营团队规模小，以兼职为主，团队结构呈现出"小而美"的特点。东部地区的运营人员相对较多，平均每个县也只有 16人。在年龄上，运营人员以 30～49 岁的中青年为主（如图 3-4 所示）；整体接受过良好教育，学历较高，75%的运营人员均为本科学历（如图 3-5 所示）。在编制构成上，非全职人员占比高，只有 39%的运营人员为在编全职（如图 3-6 所示），其中，40.4%集中在东部地区，中西部和东北地区均以非全职人员为主，部分县整个运营团队均为兼职。

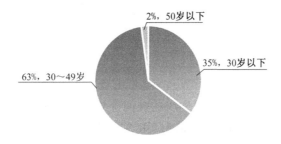

图 3-4　县级新媒体平台运营人员年龄分布图

在激励机制建设方面，问卷考察了薪资水平和竞聘机制设立两方面。各县新媒体平台运营人员薪资差异极大（人均年收入标准差为 26301.3 元），最低人均年收入为 1000 元（如河南省濮阳市清丰县），最高人均年收入超过 10万元。各县平均人均年收入为 38000 元，略高于 2017 年我国城镇居民人均可支配收入（36396 元）[1]。49.6%的县的人均年收入均低于整体平均水平，但有77.2%的县新媒体运营人员年均收入高于当地人年均收入。从竞聘机制来看，仅有 24.4%的县制定了相应的竞聘机制，为新媒体平台运营人员打通了择优转正或晋升提拔的发展通道。

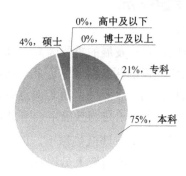

图 3-5　县级新媒体平台运营人员学历分布图

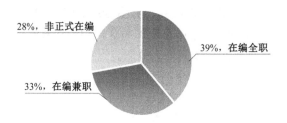

图 3-6　县级新媒体平台运营人员编制构成图

在人才引进方面，仅有 16.4%的被调查县制定了新媒体运营管理人才引进机制。其中，72.9%的县曾根据相关机制引进过新媒体运营管理人才。东部和中部地区更加重视人才引进工作，分别有 23%和 21.3%的县建立了较为成熟和完善的人才引进机制。

在新媒体技能培训方面，44.2%的被调查县制定了新媒体运营管理人员培训制度，但培训频率较低，大部分被调查县的平均培训频率低于一个季度一次（如图 3-7 所示）。集中授课培训、专题讲座是最常用的两种培训方式（如图 3-8 所示）。9.3%的被调查县（集中在东部地区）还采用了诸如轮岗学习、

---

1 国家统计局. 2017 年居民收入和消费支出情况[EB/OL]. 2018-01-08，http://www.stats.gov.cn/tjsj/ zxfb/201801/ t20180118_1574931.html.

长期派出学习、"一对一"指导等多元化方式来提高运营人员的整体水平和素质。

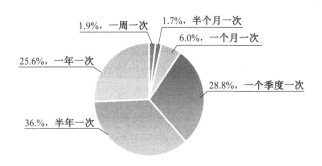

图 3-7 县级新媒体人才业务培训频率分布图

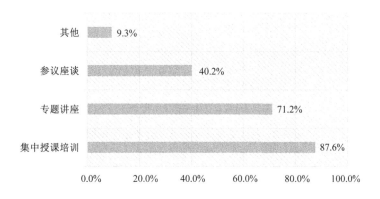

图 3-8 县级新媒体人才培训形式分布图

（四）经营管理情况

与大众媒体的媒体融合发展相比，县级媒体向新媒体平台转型、发展尤具特殊性。县级各新媒体平台的建设发展背靠县级政府或党政机关单位，具有鲜明的政府背景和政务特色。因此，调查问卷主要从经费来源和财政投入及投入变化情况来勾勒县级新媒体平台的经营状况，从统一管理机构设置、各类规章制度建设情况两个维度来反映其管理状况。

在经营上，大部分县级新媒体平台处于初创阶段，尚未实现"自主经营，自负盈亏"。政府拨款（61.4%）和单位拨款（41.5%）是县级新媒体平台运营经费的主要来源（如图 3-9 所示）。只有 1.5%的县（主要分布在中东部地区）同时尝试通过投融资的市场化运作来获取部分经费。由于运营团队分散，22.7%的县采用政府拨款和单位拨款相结合的方式来维持不同类型平台的日常运维，通常是"两微"平台由党政机关出资运营，县新闻网站和县客户端则由县政府直接拨款支持。具体到各县的年财政投入，调查显示，2016 年各县平均财政投入约为 23.6 万元，76.9%的被调查县财政投入均低于平均水平，整体上财政投入较少。其中，投入超过 50 万元的县占比 63.2%，主要分布在东部和中部地区。

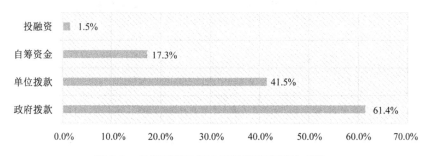

图 3-9　县级新媒体平台运营经费来源构成图

在管理上，接近一半的被调查县（42.8%）设置了统一管理部门。由于人员短缺，很多县并未专门设立管理机构，而是采取"一套班子，两块牌子"的做法，将县级新媒体平台的管理工作纳入县新闻中心、县广播电视台或者县委宣传部。

在规章制度建设上，问卷调查了县级"一网两微一端"的平台管理制度、内容管理制度和评估督查制度的建设情况。平台的发展程度影响了平台的相关制度建设，因此，不同平台的制度建设也存在较大差异。相较而言，县级网站和微信公众账号的管理制度相对完善，分别有 61.7%和 55.2%的县建立了一套完整的针对网站和微信公众账号的平台、内容、评估督查管理制度。县级微信公众平台和客户端的管理制度建设相对不足，近一半的县（49.5%）没有建立任何县级客户端运营管理制度，近三分之一的县（30.8%）没有设立任何针对县级网站的运营管理制度。

县级新媒体平台的规章制度建设呈现出"以内容管理为重，轻效果评估"的形式主义特征。如图 3-10 所示，各类平台的平台管理和内容管理规范相对健全，针对建设效果的评估和督查制度相对匮乏，定期的落实评估督查则更为不足。对于县级基层单位而言，严格把关上网内容是宣传舆论工作中最为重要的环节，也是减少网络舆情危机的有效办法之一。因此，他们大多重视内容审查制度的制定与执行，忽视对传播效果、建设质量的督查与评估。

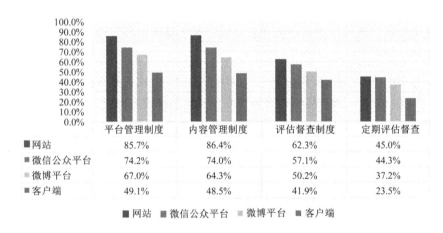

	平台管理制度	内容管理制度	评估督查制度	定期评估督查
■网站	85.7%	86.4%	62.3%	45.0%
■微信公众平台	74.2%	74.0%	57.1%	44.3%
■微博平台	67.0%	64.3%	50.2%	37.2%
■客户端	49.1%	48.5%	41.9%	23.5%

■网站　■微信公众平台　■微博平台　■客户端

图 3-10 县级新媒体平台的规章制度建设情况统计图

二、县级融媒体中心建设情况基本分析

受国家互联网信息办公室委托，2018 年 5 月至 10 月，课题组先后赴吉林省农安县、甘肃省玉门县、江西省分宜县和浙江省长兴县进行县级融媒体中心建设实地调研。在 2018 年 8 月的全国宣传思想工作会之后，加快推进县级融媒体中心建设成为各级政府开展媒体融合工作的重点，县级融媒体中心建设由此在全国范围内推行开来。为了更全面地了解全国各地县级融媒体中心建设现状，2018 年 10 月至 12 月，课题组以实地调研为参考，在"全国县级新媒体平台建设情况"调查的基础上，围绕"县级融媒体中心"这一关键概念设计《县级融媒体中心建设情况》调查问卷。此次调查以全国所有县为抽样框，采用随机抽样选取了 600 个县作为调查样本，通过电子邮件的方式发放给样本县相关工作负责单位。

此次问卷调查回收问卷 463 份，均为有效问卷，回收率和有效回收率较高，均为 77.2%。有效样本主要分布在除香港、澳门、台湾地区及福建省、云南省外的 29 个省级行政区和直辖市。其中，东部地区县占 26.6%，中部地区县占 27.6%，西部地区县占 36.5%，东北地区县占 9.3%。有效样本的省市分布、地区分布与全国所有县的整体分布基本吻合，因此，基于样本数据的分析可以在一定程度上反映和代表全国县级融媒体中心建设的整体情况和地区差异。

与 2017 年针对"新媒体平台"的调查不同，此次调查聚焦"县级融媒体中心"这一概念，围绕县级融媒体中心建设的基础设施建设、技术支持建设、内容建设、人才队伍建设、经营管理情况五个维度展开，以此概览当前县级融媒体中心建设的现状。

（一）融媒体中心搭建情况

当前，我国县级融媒体中心建设处于快速发展的起步阶段，调查数据显示，截至 2018 年 12 月，被调查的 463 个县中已有 57 个县建立了县级融媒体中心，建设比例为 12.3%。在尚未建立县级融媒体中心的县中，87.4%的县（共 355 个）表示正在积极筹建中。

调查问卷统计了各县建立县级融媒体中心的时间（如图 3-11 所示），可以看到，县级融媒体中心建设相关探索工作远远走在政策出台之前。早在 2005 年 12 月，四川省成都市温江区就已经建立了县级融媒体中心。在 2014 年《关于推动传统媒体和新兴媒体融合发展的指导意见》颁布之前，浙江省金华市婺城县、舟山市定海区及宁波市镇海区也分别于 2007 年 1 月、2008 年 7 月和 2010 年 1 月建立了融媒体中心，开始融媒体实践探索。整体而言，从 2005 年到 2016 年，县级融媒体中心建设仅是星星之火之态。但到了 2017 年年底，党的十九大胜利召开，习近平总书记在《决胜全面建成小康社会夺取新时代中国特色社会主义伟大胜利》的报告中再次强调把握意识形态工作领导权的重要性，指出要"高度重视手段建设和创新，提高新闻舆论的传播力、引导力、影响力、公信力"[1]。对县级基层单位而言，县级媒体传播是我国现代化传播体系的重要基础，建立县级融媒体中心成为创新传播手段、汇聚民心、凝聚共识的重要手段和渠道。此后，县级融媒体中心建设渐成燎原之势，更是在 2018 年 8 月全国思想宣传工作会后迎来了发展的重要机遇，形成阶段性建设高峰。

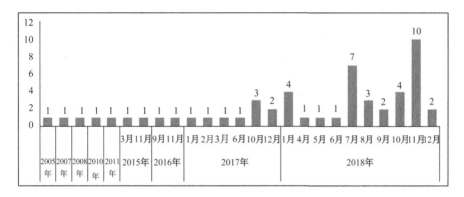

图 3-11 被调查县级融媒体中心建成时间统计图

开展县级融媒体中心建设工作并非完全另起炉灶，整合已有县级媒体资源是融媒体建设的重要一步。问卷以自填式问题详细调查了被调查县所拥有的各类媒体资源。调查显示，被调查的县级融媒体中心并没有完全覆盖任一传统媒体或新媒体平台[2]，但各融媒体中心所拥有的媒体资源类型较为丰富：所有的融媒体中心都拥有至少两种媒体资源，绝大部分（91.2%）[3]县级融媒体中心拥有四种及以上媒体资源（如图 3-12 所示），只有江西省上饶市德兴县在尚未拥有任何新媒体平台资源的情况下于 2018 年 7 月率先挂牌成立了融媒体中心，目前只拥有 1 家电台和 1 家电视台共两种传统媒体资源。其中，7.0%的县级融媒体中心[4]已经完全抛弃了传统媒体，专注建设新媒体平台（如图 3-13 所示）。仍有 28.1%的县级融媒体中心拥有电台、电视台、报纸三种传

1 习近平：决胜全面建成小康社会夺取新时代中国特色社会主义伟大胜利——在中国共产党第十九次全国代表大会上的报告[EB/OL]. 新华网, 2017-10-27, http://www.xinhuanet.com/2017-10/27/c_1121867529.htm.
2 整体而言，在 57 家县级融媒体中心中，没有广播电台的占 38.6%，没有电视台的占 21.1%，没有报纸的占 45.6%，没有县级新闻网站的占 14%，没有县级微信公众账号的占 5.3%，没有县级微博账号的占 1.8%，没有县级新闻客户端的占 45.6%，没有入驻任何其他第三方新媒体平台的占 64.9%。
3 如图 3-12 所示，91.2%为拥有四种、五种、六种、七种、八种媒体资源的县所占比重的加总。
4 具体指浙江省舟山市定海区、江苏省无锡市梁溪区、湖南省长沙市雨花区、宁夏回族自治区银川市兴庆区四个区县。

统媒体资源。36.8%的县级融媒体中心拥有完整的"两微一端一网"新媒体矩阵。35.1%的县级融媒体中心积极拓宽传播渠道，建立了"两微"以外的其他第三方平台账号，所依附的平台包括今日头条、一点资讯等新闻聚合类平台，新华社客户端、人民日报客户端等中央媒体的新媒体平台，以及广西云等省级媒体平台。

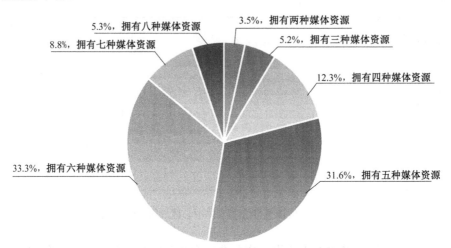

图 3-12　被调查的县级融媒体中心拥有媒体资源情况统计图[1]

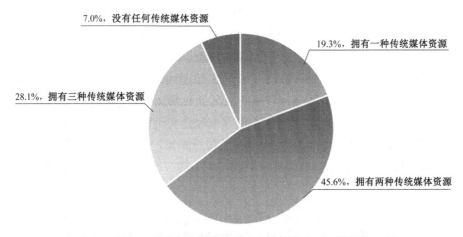

图 3-13　被调查的县级融媒体中心拥有传统媒体资源情况统计图

---

1 在问卷中，将媒体资源种类划分为传统媒体资源和新媒体平台资源两大类。其中，传统媒体资源分为县级电台、电视台和报纸三类；新媒体平台资源分为县级微信公众账号、微博账号、新闻网站、新闻客户端和其他第三方平台五类。

从地区分布上来看，整体来说，中部、东部和西部地区的融媒体中心建设比例均超过10%[1]，东北地区的县级融媒体中心建设最为落后，建设比例只有2.4%。在被调查的57家县级融媒体中心中，35.1%分布在中部地区县，33.3%来自东部地区县，29.8%分布在西部地区县，只有1家位于东北地区。

（二）技术支持建设情况

平台技术是建设县级融媒体中心的基础支撑，其支持力度和强度代表了县级融媒体中心建设和发展的基本水平。问卷从硬件和软件两个角度出发考察了县级融媒体中心的技术支持建设情况。

对县级基层单位或县级媒体而言，保证县级融媒体中心建设所需的一般硬件设施相对容易。进行融媒体实践活动的物理空间（即融媒体指挥中心）及各种采编设备一定程度上可以沿用县级媒体已有的办公场所及设备，94%的县级融媒体中心拥有自己的采编设备，73%的县级融媒体中心拥有实体指挥中心。指挥大屏的建设比率相对较低，为70%。但是，当前县级融媒体中心的硬件设施建设依然停留在传统媒体时代，真正能够服务于多媒体内容生产的、技术水平更为先进的直播室、录音室、多功能路演厅等硬件设施并未普及开来，只有极少数东部融媒体中心拥有，成为影响县级融媒体中心内容生产与建设的重要因素之一。

在软件方面，开发或者使用服务于融媒体实践的专门的技术系统是衡量县级融媒体中心软件建设水平的重要指标。相较硬件设施的高实现率，软件建设相对弱势，仅有58%的县级融媒体中心使用了专门的技术系统。这些技术系统的提供方主要是科技公司、所在省级媒体主导的技术系统或者中央媒体所有的技术支持平台。其中，以索贝公司为代表的科技公司的市场份额约为29.8%，所在省媒体主导系统的市场份额约为22.8%。各县结合自身具体情况选择不同的技术支持方。例如，东部地区的长兴县和西部地区的玉门市采用了第三方技术公司开发的系统，江西分宜县则采用本省省级报社自主搭建的系统，吉林省农安县则采用新华社吉林分社下属的技术公司提供的技术系统。从县级融媒体中心建设的长远发展来看，技术提供方的不集中和多样

---

1 中部地区融媒体中心建设比例最高，为15.6%，东部地区为15.4%，西部地区为11.1%。

化导致各县级融媒体中心所采用的技术标准不统一，未来容易出现各县"各自为战"的现象，难以实现数据共享和统一响应。

具体到技术系统的功能实现上，县级融媒体中心应是集新闻资讯、文化传播、电子政务与服务、舆论引导与监督多功能于一体的综合信息资讯服务平台。调查显示（如图 3-14 所示），当前县级融媒体中心所采用的技术系统能实现的功能主要集中在新闻信息采编分发及数据分析和舆情监测上，能实现多端分发、素材共享的县占比超过 90%，移动采编功能的实现率也接近 90%（87.9%），舆情监测功能的实现率为 66.7%。此外，服务于新闻采编业务的大屏指挥和数据分析功能的实现率超过 60%。电子政务与服务功能和文化传播功能则相对被忽视，能实现社会服务功能的县级融媒体中心不到一半，能实现智慧城市和电子政务功能的县级融媒体中心则均只有三分之一左右。

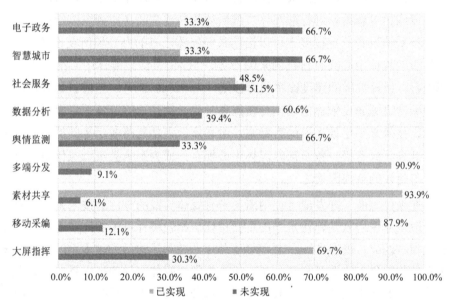

图 3-14   被调查县级融媒体中心技术系统功能实现情况

技术系统所体现的这种功能定位与发展的不平衡同样体现在支持与使用效果的评价上。在使用效果上，技术系统的整体使用效果评价较为良好（评价得分为 4.12 分，满分为 5 分），87.9% 的县级融媒体中心认为现有技术系统总体上能够支持融媒体中心的工作。其中，对采编报道工作的支持效果最好，评价得分为 4.24 分，对其他工作的支持效果评分均低于 3 分。

　　对技术系统的使用进行培训同样是软件设施建设的重要内容。在设立专门技术系统的县级融媒体中，只有不到一半的县级融媒体中心进行过相关的技术培训。其中，33.0%的县级融媒体中心只在系统投入使用后进行过一次培训，37.0%的县级融媒体中心能保证较高的培训频率，为使用技术系统打下良好基础（如图 3-15 所示）。

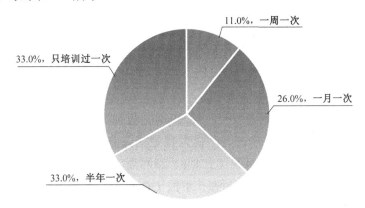

图 3-15　被调查县级融媒体中心技术系统培训频率统计图

　　总体而言，县级融媒体中心的技术支持建设工作发展极不平衡，硬件建设优于软件建设，在硬件建设中，一般设备建设优于新技术设备建设；在软件建设中，采编功能建设优于服务与文化功能建设。从县级媒体及新媒体平台的发展历程来看，这种发展上的不平衡在很大程度上缘于相关部门建设与管理理念的陈旧。从上文的分析中可以看到，无论是硬件设施的筹备搭建，还是软件系统的开发使用，都呈现出一种"从传统媒体延伸到新媒体"的拿来主义思想，中心挂牌、硬件设施建设主要依赖县级传统媒体的基础，软件系统的开发也以实现简单的采写编评为主，将县级融媒体中心建设视为一种"新瓶装旧酒"的媒体"改良"，而不是彻头彻尾的以新媒体为核心的思想宣传工作和基层社会治理的转型。

（三）内容建设情况

　　随着各种网络媒体的基础设施建设日益完善，融媒体中心之间的竞争更多地演变为运营间的竞争，内容建设成为决定融媒体中心运营成败的关键因素。在实际的运营中，县级融媒体中心的内容生产工作十分复杂，涉及新闻线索来源、新闻选题、报道团队建设、新闻素材共享、新闻内容的多台发布、舆情引导等方方面面。

在新闻线索来源和新闻选题上，融媒体中心内部策划是最主要的新闻线索来源，98.2%的融媒体中心都采用了这种方式。其他主要的新闻线索来源还包括上级任务安排（96.4%）、基层通讯员投稿（96.4%），转载县外咨讯和融媒体系统抓取这两种新闻线索来源采用得相对较少，分别只有60.7%和48.2%的融媒体中心选择这两种方式来获得新闻线索来源。除此之外，91.1%的县级融媒体中心都建立了选题会制度，而大多数（67.9%）融媒体中心都保持着一周召开一次选题会的频率。

在新闻素材共享机制建设上，92.9%的县级融媒体中心都已建立了该制度。在新闻素材的共享方式上，较为普遍的共享方式主要还是电子邮箱（55.4%），其次是融媒体系统（51.8%）和网盘（26.8%）。另外，也有极少数的县级融媒体中心选择了通过微信群或 QQ 群来共享新闻素材，但是选择微信群和 QQ 群的共享方式在素材的记录和存储等方面都存在很大的缺陷，很容易导致最后素材的丢失等问题。

在新闻报道团队的组织建设上，绝大多数的县级融媒体中心都已建立统一调度的新闻报道团队。在团队人数上，各县融媒体中心新闻报道团队平均人数为13人，最多的达65人，最少的仅有1人。由此可以看出，各县新闻报道团队的组织建设发展得并不平衡。在人员构成上，其成员主要来自融媒体中心，其次是电视台，再次是报纸，来自网信部门的成员则相对较少。在各团队收集的新闻素材的类型上，各个团队并没有太大的差别，所有团队都会收集文字和图片资料，98%的团队收集视频资料，84%的团队收集音频资料。

在融媒体报道模式上，绝大多数的县级融媒体中心都采用了一则新闻多平台联动发布的发布方式。发布的内容主要是党政动态（98.2%）和社会民生（98.2%）两方面，其次才是新闻资讯（91.1%）和文化娱乐（71.4%）等题材的内容。在发布渠道上，使用最多的是微信公众号，其次是网站，再次是微博，也有超过半数的融媒体中心会选择第三方平台和融媒体 APP。另外，有80.4%的县级融媒体中心针对融媒体报道模式建立了明确的规章制度。

在舆情监测上，各个县级融媒体中心通常采用多种方式来收集舆情，主要包括舆情监测系统、人工收集、网信办收集等多种方式。其中，73%的融媒体中心采用了借助舆情监测系统收集舆情的方式，75%的融媒体中心采用了人工收集舆情的方式，也有5.36%的融媒体中心采用网信办收集的舆情。另外，各县级融媒体中心对舆情的处理也是多种方式并行的，94.34%的融媒体中心会上报网信部门，39.62%的融媒体中心会直接报送舆情所涉部门，43.40%的融媒体中心会督促相关部门进行舆情处理，50.95%的融媒体中心会对舆情处理情况进行权威发布。除此之外，还有82%的融媒体中心对舆情响应及处置工作建立明确的规章制度。

（四）人才队伍建设情况

2018年8月召开的全国宣传思想工作会结束后，县级融媒体中心建设工作受到各级政府单位的高度重视，迅速在全国范围内铺开。许多县借此对当地从事媒体工作和新媒体运营的工作人员进行整合。2017年，县级新媒体平台的运营团队规模小，运营人员最多的东部地区平均每个县也只有16人。但到了2018年，县级融媒体中心的在岗工作人员已形成一定规模，平均在岗人数为62人。各县规模差异显著，最少只有2人，最多则达到了395人。

总体上来看，县级融媒体中心在岗人员以本科生为主，年龄趋老，在编人员与非在编人员平分秋色。在年龄方面，在岗人员以30～49岁的中青年为主，30岁以下的仅占不到三成（如图3-16所示）；整体接受过良好教育，近三分之二在岗人员接受过本科及以上的学历教育，这一比例略低于2017年的数据（如图3-17所示）。

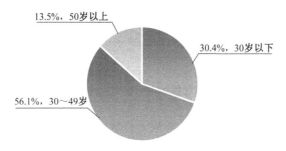

13.5%，50岁以上
30.4%，30岁以下
56.1%，30～49岁

图3-16 县级融媒体中心在岗人员年龄分布

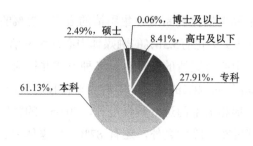

图 3-17 县级融媒体中心在岗人员学历分布

在编制构成上，在编全职人员的比例增长近一倍，超过一半，为56.3%，非全职人员所占比例依然很高（如图 3-18 所示）。以浙江长兴县为代表的县级融媒体中心采取双轨制的方式来解决这一问题。浙江长兴县融媒体中心以长兴传媒集团为主体，整个集团89%的人员均为聘用制，事业编制人员仅占11%。为了更好地调动在岗人员的工作积极性，长兴传媒集团采用"双聘+五档薪酬"的"双轨机制"，打破编制内外人员的身份限制，以"按岗定薪、同岗同薪、量化考核、多劳多得"的模式进行分配，将档位和中层的晋升通道完全打通，形成"五级贯通升降制度"[1]。江西分宜县融媒体中心的"企业分开"机制有异曲同工之妙。该融媒体中心的 32 名在岗人员均为事业编制。为了招聘更多的融媒体运营人才,江西分宜县融媒体中心成立了融美文化传媒公司，采用企业聘用制招聘专业人才，既解决了编制困境，又实现了人才引进[2]。

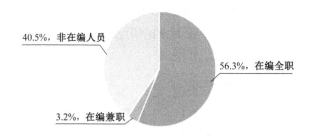

图 3-18 县级融媒体中心在岗人员编制构成分布

在激励机制建设方面，问卷考察了县级融媒体中心在岗人员的薪资水平和薪酬制度建设两方面。在薪资水平上，2017 年，县级融媒体中心在岗人员

---

1 详见第八章浙江省长兴县融媒体中心案例。
2 详见第八章江西省分宜县融媒体中心案例。

的人均年收入为 63258 元，远远超过同年城镇居民人均可支配收入[1]。这一收入比 2017 年新媒体平台运营人员年均收入[2]增长了 66.5%。70.2%的县级融媒体中心在岗人员人均年收入远高于当地人均年收入，属于收入水平较高的人员。不可忽视的是，依然有近三成的县级融媒体中心在岗人员人均年收入低于当地人均年收入，这些县主要分布在西部地区（52.9%）。在薪酬制度建设上，57.7%的县级融媒体中心已经建立起统一的薪酬制度，80.8%的县级融媒体中心建立了统一的绩效考核制度，统一的薪酬制度和明确的绩效考核制度能够有效激发在岗人员的工作积极性。

在人才引进方面，46%的县级融媒体中心建立了人才引进机制，其中，83.6%的县级融媒体中心曾经依照相关机制引进过融媒体运营管理人才。

在人才培养方面，75%的县级融媒体中心建立了人才培训制度。在这些县级融媒体中心中，相关业务培训的财政投入每年平均 45926.37 元。其培训形式有集中授课培训（69.8%）、专题讲座（69.8%）和参访座谈（45.3%）等，另外，跟班学习、互帮互带、上挂学习、外出跟班学习等培训形式也被少量的县级融媒体中心所采用。就培训频率而言，大部分县级融媒体中心都是一个月一次（32.4%）或一个季度一次（27%）。

（五）经营管理情况

县级融媒体中心是县级基层政府传播正能量、汇聚民智、了解民情、凝心聚力的重要平台，因此，县级融媒体中心本身带有鲜明的政府背景，这一特色在县级融媒体中心的经营管理上也有所体现。调查显示，政府拨款（82.5%）是县级融媒体中心建设的主要经费来源。几乎没有任何县尝试通过投融资的市场化运作或者自筹资金来获取部分经费。

具体到年财政投入，在 57 个县级融媒体中心中，共有 38 个县提供了财政投入金额及分布情况。调查显示，2017 年各县平均财政投入约为 380 万元。相较于 2016 年全国各县在新媒体平台建设上的财政投入[3]，2017 年的年均财

---

1 国家统计局"年度数据"显示，2017 年我国城镇居民人均可支配收入为 36396 元，详见 http://data.stats.gov.cn/easyquery.htm?cn=C01。

2 根据 2017 年全国县级新媒体平台建设的调研数据，全国各县县级新媒体平台运营人员的人均年收入为 38000 元。

3 根据 2017 年全国县级新媒体平台建设的调研数据，2016 年全国各县新媒体平台运营年均财政投入约为 23.6 万元。

政投入增长了 15 倍,78% 的县均大幅度增加在县级融媒体建设上的财政投入。如此高速的增长速度,一方面能够在一定程度上反映出县级基层政府逐渐开始重视新媒体;另一方面也是由于相较于新媒体平台渠道的搭建,融媒体中心建设涉及物理空间建设、专业设备购买、数据购买等更为繁杂和复杂的内容和流程,本身就需要占用更多的资源、耗费更多的财力。

在融媒体中心建设上的财政投入与支出依赖所在县的经济发展水平及对新媒体发展的理解和重视程度。从地区来看,东部地区的平均投入金额最高,为 760.4 万元;西部地区次之,为 234.9 万元;中部地区最少,为 162.4 万元;东北地区尚无相关统计数据。从支出来看,这些财政资金主要用于技术开发,技术方面的平均投入为 228.10 万元,物理空间方面的平均投入为 55.14 万元,在人才队伍建设上的投入微乎其微。

在管理上,设置统一的领导或管理部门有利于统筹规划融媒体中心建设相关工作,做到权责明晰,提高工作效率。调查显示,87.2% 的县设置了统筹媒体发展的领导小组,77.2% 的县设立了融媒体发展统一管理部门。这两个比例均远高于 2017 年调研的全国平均比例[1]。而在实际的管理归属上(如图 3-19 所示),县委宣传部是最主要的主管部门,78.6% 的县级融媒体中心实际主管单位为县委宣传部,这从侧面反映了县级融媒体中心的意识形态色彩。为了更好地支持县级融媒体中心的工作,72.3% 的县还专门为县级融媒体中心进行了组织架构调整。需要注意的是,这些调整均未触及根本的体制机制,只有不到一半(46.8%)的县级融媒体中心拥有独立的机构番号,大部分县级融媒体中心都没有解决行政管理归属问题,从而阻碍了其一体化的组织结构和工作体系的建立。

在规章制度建设上(如图 3-20 所示),县级融媒体中心的规章制度建设与县级新媒体平台呈现出同样的形式主义特征,建设效果评估尚未受到重视。调查显示,绝大部分县级融媒体中心(91.2%)均建立了内容把关制度,县级融媒体中心管理办法和工作规范的实现比例也超过三分之二,相较而言,用以评估和监督县级融媒体中心建设效果的制度设立比例则最低,不到三分之二的县级融媒体中心制定了评估督查制度。

---

1 根据 2017 年全国县级新媒体平台建设的调研数据,42.8% 的县设置了统一管理部门。

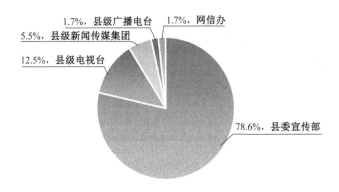

图 3-19 县级融媒体中心主管部门归属情况统计图

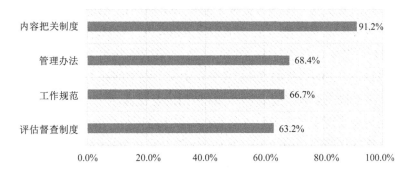

图 3-20 县级融媒体中心规章制度建设情况统计图

三、县级融媒体中心建设的新媒体趋势

如前所述，两次问卷调查分别针对县级新媒体平台和县级融媒体中心建设，调查主体、样本、内容均有所不同。但综合两次的调查数据不难看出，县级融媒体中心是在县域新媒体迅猛发展、县域媒体生态和格局发生变革的背景下发展起来的，其建立和建设紧紧围绕新媒体平台展开，受到当地新媒体发展水平的影响，呈现出鲜明的新媒体特征和趋势。

（一）县域互联网基础设施建设逐步完善，提供融媒体建设基础保障

完善的互联网基础设施建设是县级融媒体中心建设的坚实基础，以网络设施"最后一公里"助推媒体融合的"最后一公里"、思想宣传工作的"最后一公里"。一直以来，县域互联网基础设施建设逐步推进，更多的县域居民用得上、用上了互联网。

《全国县级新媒体平台建设情况》调查数据显示，一方面，得益于"网络覆盖工程"的实施，全国各县宽带网和 3G 网络已实现较大覆盖范围，被调查县的宽带覆盖率均值为 82.73%（N=1446），3G 网络覆盖率均值为 89.45%（N=1421）。其中，分别有 58.4% 和 74.2% 的县宽带网和 3G 网络覆盖率达到了 90% 及以上。29.9% 和 41.2% 的县分别实现了宽带网和 3G 网络的全覆盖。共有 347 个县同时实现了宽带网和 3G 网络的全覆盖。到 2018 年第三季度末，全国已经提前实现了"宽带网络覆盖 90% 以上贫困村"的发展目标[1]，进一步完善了县级网络覆盖建设。另一方面，宽带上网和 3G 上网用户普及率较高，被调查县的宽带上网普及率为 37.02%，3G 上网普及率为 56.20%，形成了良好的用户基础。

（二）县域传统媒体式微，"两微一网"格局逐渐普及

首先，县域传统媒体式微，成为县级新媒体迅猛发展、县级融媒体中心建设的重大历史机遇。县级传统媒体主要由电视、报纸和广播构成，承担着向基层民众传播信息、提供娱乐的重要功能。但是，伴随着互联网的普及和网络新媒体的快速发展，县级传统媒体发展逐渐陷入颓势。早在 2013 年，县市级媒体的市场占有率就不到 20%[2]。到 2018 年，《县级融媒体中心建设情况》调查数据显示，虽然有接近三分之一（30.5%）的被调查县依然同时保留了电

---

1 中国互联网络信息中心(CNNIC). 第 43 次中国互联网络发展状况统计报告. 2019-02-28, http://www.cnnic.net.cn/hlwfzyj/ hlwxzbg/ hlwtjbg/201902/P020190228510533388308.pdf.
2 陈若愚. 中国电视收视年鉴（2014）[M]. 北京：中国传媒大学出版社，2014:18.

视、报纸和广播三种传统媒体，但不可忽视的是，分别有 58.7%、37.4% 和 19.7% 的被调查县已经停办报纸、电台或者电视台。其中，14.7% 的被调查县已经完全抛弃了报纸、电台和电视台，转而在新媒体平台建设上发力，超过一半已经拥有至少三种新媒体资源（如图 3-21 所示）。卡方检验发现，是否建设县级融媒体中心与其是否拥有传统媒体资源、拥有多少传统媒体资源之间并不存在显著差异（χ^2=3.944，df=3，p=0.268＞0.05）；相关性检验也显示，县级融媒体中心建设与否与掌握的传统媒体资源数量之间不存在显著相关（p=0.406＞0.05）。由此可见，县级融媒体中心建设并不以传统媒体为基础来进行，当地的传统媒体发展现状并不会对它的发展带来根本性影响。

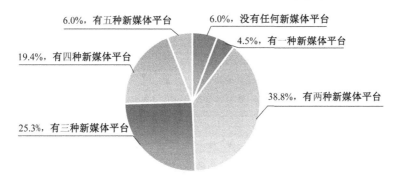

图 3-21　没有任何传统媒体的被调查县拥有新媒体资源情况统计图

其次，县级新媒体平台建设紧跟网络新媒体的快速迭代发展，"两微一网 +N"[1] 的平台格局基本成熟。2017 年的《全国县级新媒体平台建设情况》统计了各县各类新媒体平台的上线时间（演变图如图 3-22 所示），可以看到，网站建设起步早，一直处于稳步发展状态。县级微博账号开通在 2013 年达到顶峰。此后，伴随移动互联网的不断普及，创建微信公众账号和开发移动客户端成为县级新媒体平台建设的重点，均在 2015 年前后迎来发展高潮。县级融媒体中心的探索工作也正是在这个过程中以星星之火形成燎原之势（如图 3-11 所示），迎来新的发展机遇。

对比两次调研的数据，可以看到，"两微一网"基本上成为县级新媒体平台渠道建设的标配。两次调研中，同时拥有"两微一网"的被调查县所占比例均超过一半，分别为 54.7% 和 51.2%。其中，微信公众平台的普及率最高，

---

1 N 指的是客户端和其他新兴的第三方新媒体平台。

2017 年达到 87.5%，2018 年则为 96.1%。县级网站建设起步早，伴随发展的成熟逐渐进入"强调质量而非数量"的优化阶段，随着全国政府网站监管、政治工作的推进，部分县级基层政府的网站被关闭或者合并到上级单位网站中，县级网站的普及率也出现下降趋势，从 73.6% 下降为 65.2%。县级客户端的普及较为稳定，维持在 30% 左右。县级媒体在其他第三方平台上的扩张则呈现出"后来者居上"的态势，反超县级客户端，普及率从 25.8% 上升为 34.1%。再看新媒体平台类型的多样性（如图 3-1 和图 3-23 所示），没有任何新媒体平台的县的比重有所降低，拥有三种及以上新媒体平台的县的比重有所提升，平台类型渐趋多元丰富，为覆盖更为多元和广泛的用户奠定了平台基础。

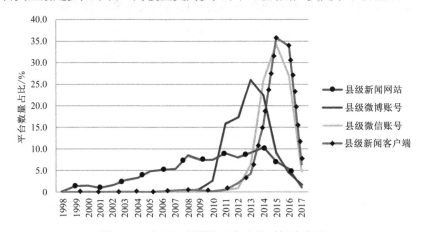

图 3-22　各县级新媒体平台上线时间演变图

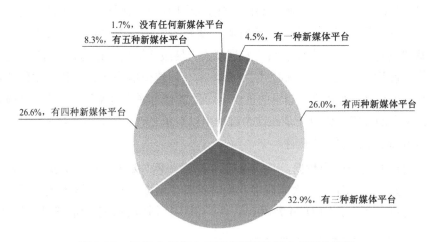

图 3-23　2018 年被调查县拥有新媒体平台类型统计图

（三）县级融媒体中心建设受新媒体发展水平影响

利用 2018 年《县级融媒体中心建设情况》调查所获得的数据，我们分别检验了县级新媒体平台资源数量[1]和质量（影响力）[2]与融媒体中心建设与否的关系。结果显示，拥有新媒体平台资源的数量与县级融媒体中心建设显著相关（$p=0.002<0.01$）。是否建设县级融媒体中心在其拥有县级新媒体平台类型数量（主要指"两微一端一网"）方面存在显著差异（$\chi^2=13.610$，$df=4$，$p=0.009<0.01$），成立县级融媒体中心的县覆盖的新媒体平台类型更为丰富，73.6%的县级融媒体中心均拥有三种及以上新媒体平台资源，超过九成（94.7%）的县级融媒体中心拥有两种及以上新媒体平台资源。但是，县级新媒体平台（主要指"两微一端"）的建设质量（影响力）则与是否建设融媒体中心不存在显著相关（$p=0.566>0.05$），这种情况很大程度上是由于县级融媒体中心建设是政策指挥的产物，而非县级新媒体平台发展壮大到一定阶段后的自然结果。宏观政策的到位虽然能加速推进全国范围内的县级融媒体中心建设，但也容易带来不顾实际情况的盲目跟风行为，耗费人力、物力、财力等资源却难以达到融媒体中心建设的预期效果。

四、县级融媒体中心建设存在的问题

近年来，尤其是近一年以来，县级融媒体中心建设在全国范围内广泛铺开，很多县以实际建设或挂牌的方式成立了县级融媒体中心，也涌现出许多值得借鉴和推广的优秀经验。但也需清楚地认识到，当前县级融媒体中心建设依然处于起步阶段，各区县在实际发展中面临着许多共同的困境与问题。

1　以覆盖"两微一端一网"四种新媒体类型的情况来衡量县级新媒体资源的数量，以 0～4 分打分进行评价。
2　由于县级网站用户数缺失较为严重，影响分析信度。故以县级"两微一端"三种移动新媒体的总用户数（万人次）来衡量县级新媒体资源的质量。

（一）一窝蜂式建设，缺乏长期整体规划

从 2018 年 8 月以来，在政策引导下，全国各省各县纷纷建立县级融媒体中心，掀起建设热潮。在这种为响应号召、受到政策驱动和指挥的建设热潮背后，潜藏着县级融媒体中心建设的隐患：

一是没有从根本上认识到建设县级融媒体中心的重要性，观念陈旧落后。一部分县开展县级融媒体中心建设工作完全是因为"上级命令"，以完成任务为导向，在实际工作中不愿意放弃传统媒体，也未真正接受新媒体所带来的变革，仍以传统媒体的采编评业务为主，仅仅将融媒体中心看作一种新的内容传播载体，而不是融信息传播、舆论引导、文化传播、政府服务等于一体的聚合平台。这种应付心态导致一些县只是加挂了一副"融媒体中心"的牌子，实际上并没有涉及生产流程、经营管理上的深度融合，在触及体制机制变革的问题上更容易妥协、墨守成规，而不是为融媒体中心的发展铺平道路。

二是缺乏对县级融媒体工作的基本认识，从而导致缺乏针对融媒体中心未来发展的长期规划：一些县不顾实际情况，削足适履，盲目模仿和借鉴其他县市经验；一些县将融媒体中心建设视作政绩工程，在没有摸清楚本县媒体环境的情况下就贸然行动，导致大规模的资源浪费……这种一窝蜂式建设虽然从短期看确实实现了县级融媒体中心的全面铺开和推广，但从长远看，很可能由于缺乏深思熟虑而导致县级融媒体中心在运行中遇到较大阻力，沦为"空壳"机构，无法真正发挥联系群众、体察民情、传播党和政府声音等重要职能。

（二）技术标准不一，存在通用壁垒

技术是县级融媒体中心建设的基础，决定了县级融媒体中心所能实现的功能、业务与作用。在实际建设工作中，受到专业技术人才匮乏的限制，县级融媒体中心根本不能凭借自身力量实现中心建设所需的技术，因此，与第三方技术公司合作成为一种普遍做法。目前，市场上能提供升级融媒体系统技术服务的公司包括以成都索贝数码科技股份有限公司（以下简称"索贝科技"）为代表的技术公司，以及中央媒体和省级媒体利用自身技术和资金优势开发的诸如"长江云"、"赣鄱云"、"天池云"等云服务系统。

问卷数据显示，面对诸多的技术提供方，各县往往会结合自身具体情况选择不同的技术支持。在 2018 年 6 月至 11 月，课题组调研走访了位于西部、东北部、中部和东部四个地区的四个县，这四个县就使用了不同的技术系统：东部地区长兴县和西部地区玉门市使用了索为星辰融媒体技术公司开发的系统，中部地区分宜县由本省省级报社自主搭建的系统提供技术支持，东北地区农安县则由新华社该省分社下属的技术公司提供技术系统。

结合调研访谈，可以看到，目前市场上许多省级层面的传统媒体有着各自的开发系统。在专业技术厂商方面，索贝、新奥特、大洋等技术公司占据着不等的市场份额。这些技术开发商和提供商以争夺市场为主要目的，在系统开发上缺乏统一的技术标准和规范，导致各自开发的系统能实现的功能各不相同，系统之间存在不兼容的情况，由此带来县级融媒体中心发展也出现各自为政、难以打通的状况，甚至为了实现多种功能而投入双倍资金购买两个以上的技术系统。一个省内、一个市内的不同县的相关技术也是无法关联的，使得各县往往只在本县范围内开展融媒体中心工作，很难实现对外和向上的技术对接，无法真正形成横纵联通的媒体通路。

（三）内容建设流于形式，地域特色不足

与大众媒体的媒体融合实践不同，县级融媒体中心背靠当地县级基层政府，具有浓厚的政府底色，因此，绝大部分县级融媒体中心都以"政务信息发布平台"作为定位，靠党政机关新闻和政府公告这"一条腿"来支持整个融媒体中心的发展，整体上不太关注本地文化特色和便民服务。以网站为例，16.5%的县网站未设置与当地特色风俗文化相关的栏目，23.7%的县网站未设置"便民信息及服务"栏目。这种现象在很大程度上与内容原创性低有关。党政机关供稿为主、原创特色内容少导致发布内容局限于刻板的政治宣传，同质化严重，脱离百姓需求，严重影响了县级融媒体中心的传播力和影响力。

而在党政宣传方面，虽然各县都有意识地将融媒体中心与党政宣传工作相结合，在新形势下借助整合过的媒体资源丰富传播内容、创新传播手段、壮大主流意识形态阵地、提高党的声音的传播力和影响力，但还是存在流于形式、工作不够深入和精细的问题。目前各县采取的主要形式是在新媒体平台上开设一些党政宣传阵地，比如农安县的"农安之声"客户端首页就设有"传习所"专栏，分宜县的"画屏分宜"客户端则设有"党群栏目"，将重要

理论、时事新闻、政策法规等学习内容及时汇总，传递给党员和群众。这种形式在一定程度上拓宽了党的声音的传播渠道，扩大了党媒的覆盖面，巩固强化了党的新闻宣传阵地。但仔细浏览平台上的内容，会发现大部分县还是在"搬运内容"，仅仅是将从其他渠道获得的党建党宣内容几乎原封不动地上传至新媒体平台，对新媒体技术的利用也较为粗浅，较多地还停留在插入图片、音频或视频的阶段，鲜少有一些导向性、互动性、趣味性兼备的媒介产品。而且大部分记者、编辑并没有扎根基层的工作经验，导致内容和基层日常生活存在一定的脱节，对于党员、群众真正关心的内容（诸如种植技术、农作物价格、惠民政策等方面）涉及较少，或者出现一些不接地气、不专业的回复，使党的声音在基层有所缺失，党的方针政策无法深入人心。大部分县的新媒体平台只在党政宣传方面有所助力，由于工作视野和技术的限制，并没有真正嵌入党组织，无法发挥组织动员、凝心聚力的作用。

此外，大部分县对于农村群众的体察和关怀不够，平台的覆盖面、影响力不足。县级融媒体中心的用户是县内居民和农民。文化水平有限、新媒体使用水平相对较低等用户特征影响了他们对县级新媒体平台的接入和使用。各县融媒体中心很少关注这一现象，也并未采取一些针对性的措施来更好地传播党的声音。虽然一些县也会采取远教站点、新时代文明实践中心等传统媒体或面对面形式进行党建宣传，但目前并未对其实际效果建立起完善的评估和反馈机制，无从获悉基层活动的具体组织和开展情况。

（四）基层条件不足，人才建设未成体系

对县级基层单位而言，人才难题始终是媒体发展道路上的巨大障碍。数据显示，对尚未建立县级融媒体中心的县而言，人才储备有限成为融媒体中心建设将面临的最大问题，88.9%的县均将其视为建设难点。与传统媒体相比，融媒体是一种全新的媒体形态，多样的呈现方式和多元的传播渠道要求融媒体工作人员具有更为综合和全面的素质和素养。但实际上，县级基层单位能够为专业技术人员提供的薪资待遇、发展机遇和生活环境等整体条件的能力是有限的，很多县甚至面临着县广电、报纸媒体从业者发不起薪水的窘境。就算已经得到县政府支持建立了县级融媒体中心，由于经费有限，各县在人才队伍上的投入也微不足道。因此，仅仅借助本县的资源很难吸引到高素质的专业人才，这种现象在偏远地区更为明显。

此外，县级单位专业技术人才职业进步和发展道路并不明朗，因此就算有了融媒体专业人才进入，也缺少将人才长期留住的机制。如多位访谈者都提到了本县缺少针对人才的专业培训，没有完善的人才激励机制、培训制度和晋升制度，因此在实际工作中很难长期留住优秀人才。江西省分宜县融媒体中心主任李建艳就提到了人才难留的困境："我们融媒体中心先后来了三位硕士研究生，工作编制都帮他们解决。但是他们感觉到这里不好就走了，有更好的单位他们马上到省会或者北京去了。"[1]

可以说，县级环境对高端人才缺乏吸引力、缺乏专业人才引进制度、人才长期发展路径模糊等现实问题，制约了县级融媒体中心吸纳人才、留住人才，使得县级融媒体中心的发展浮于表面、停滞不前。

（五）资金缺口较大，缺乏盈利模式

资金是县级融媒体中心发展的一大痛点。由于融媒体中心往往涉及平台、技术、服务等购买问题，在前期需要大量的资金投入。但县级政府的财政支出有限，投入到媒体建设的财政费用相较融媒体中心所需要的资金来说，通常都会存在很大的缺口。大多数县很难解决这部分的资金缺口。财政能力有限成为县级基层单位建设融媒体中心的第二大问题（78.3%）。而在实际的建设经营中，县级融媒体中心的建设经营依赖政府"输血"，自我"造血"能力不足。

当前，县级融媒体中心建设的主要资金来源为政府拨款，县政府拨款只能解决一部分资金问题，许多率先建立起融媒体中心的基层单位都获得了来自上级单位的资金支持。如甘肃省玉门市获得了 2018 年中央财政专项资金600 万元的补贴和前期依靠"智慧城市"取得的营收，才完成了整个融媒体中心建设的 1200 万元资金投入。而江西省分宜县融媒体中心最初能够建立源于该县将融媒体中心建设列为 2016 年度重点项目并给予了 900 万元重点项目资金的支持。但这种来自上级的财政支持只能在极少数的县级基层单位实现，并不具有普遍意义。

---

1 来源：课题组 2018 年的实地调研材料，详见第八章县级融媒体中心建设案例。

在实际工作中，这种一次性的财政支持也很难维持县级融媒体中心长期的资金投入需求，融媒体中心自身"造血"能力不足将带来严重的资金困难。对于已建成的融媒体中心而言，目前基本上都处于投入远超盈利的局面。比如，分宜县在与省市级媒体合作开发过程中，虽然获得了上级部门的财政支持，但每年都需要支付使用和运行维护费用，融媒体中心本身尚未形成可持续的盈利模式，每年收益只有100多万元，只够维持聘用人员的基本工资福利，存在发展资金缺口。浙江省长兴县通过集团化运作方式率先实现市场化经营，也有相对稳定的收入来源，但由于前期投入过多，长兴传媒集团还处在负债经营阶段，尚未形成良性的、可持续的盈利能力。

第四章　县级融媒体中心建设的战略机遇

　　基层宣传思想文化阵地建设是党的宣传舆论阵地的重要组成部分，一直受到中央、省、市、县四级党委政府的高度重视。新中国成立以来，县级宣传思想文化阵地的发展经历了波澜起伏的过程，如今面临一个新的困境，迫切需要运用现代信息技术进行改造提升，进一步巩固和发挥好基层宣传思想文化工作的主渠道作用。本章将在梳理县级报纸、广播电视发展历史的基础上，论证"推动县级融媒体中心建设"这一战略决策对基层宣传思想文化工作带来的机遇。

一、县级报纸的挣扎与整顿

　　报纸是最早的大众新闻媒介。在广播、电视及互联网出现之前，报纸一直以无人争锋的姿态一统社会新闻传播领域[1]。我们党的报纸历来都把宣传政策作为一项非常重要的职能和职责。毛泽东同志很重视报纸在政策宣传上的重要作用，他在 1948 年 4 月 2 日对《晋绥日报》编辑人员的谈话中就讲过，"办好报纸，把报纸办得引人入胜，在报纸上正确地宣传党的方针政策，通过报纸加强党和群众的联系，这是党的工作中一项不可小看的、有重大原则意义的问题。"[2]我国县级报纸作为宣传党的方针政策的最基层的报纸，从新中国成立以来到现在，经历了曲折多变的发展过程，总体上来说是命运多舛、日渐式微。

1　熊澄宇. 媒介史纲[M]. 北京：清华大学出版社，2011:85.
2　毛泽东选集（第四卷）[M]. 北京：人民出版社，1991:1318-1322.

（一）县级报纸的起始与高潮

1. 新中国成立后县级报纸陆续诞生

新中国成立早期，县级机关报迎来第一个发展高潮。"一五"时期，全国各地农业合作化运动发展迅速，除了各种党政机关下发的文件之外，基层群众获取政策信息的渠道主要是报纸，基层党委也迫切需要能够及时传递中央、省、地、县四级政策精神和农村发展新形势的报纸，来指导推动当时的农业合作化工作。解放后，经过中央和地方的部署推进，农业生产迅速恢复与发展，农村经济充满发展活力，这为创办县级报纸提供了较好的财力支持。这一时期，创办最早的县报是 1954 年由临海县委创办的《临海报》[1]。后来，很多地方县市为了政策宣传的需要创办了不少报纸，几乎达到"县县有报纸"的程度。新中国成立初期的县域经济主要是农业生产，因此，农业发展状况和农村经济条件是县级报纸发展的重要物质基础。但一旦农业生产发生重大波动，报纸的生存条件就不乐观。1959 年至 1962 年，是我国经济社会发展三年困难时期，农业生产受到很大影响，县级财力困乏，县报陆续停刊。

2. 报纸功能嬗变与县级报纸恢复发展

1979 年改革开放热潮兴起，党和国家工作重心转向以经济建设为中心。为服务党和国家工作大局、适应经济社会发展需要，报纸也从主要从事政策宣传功能向信息功能、经济服务功能拓展，广告开始出现在报纸上。党报运行体制机制改革开始推开，党报实行企业化管理日益普遍，报业经济逐步兴起。这一时期，为在县域基层广泛推进农村土地承包制度改革，1979 年 11月，中央宣传部面向全国发出了恢复县报的通知。到 1985 年，全国已有 56家县市报先行恢复，这些县市报纸的办报经验受到全国许多县市的重视和学

---

1 洪佳士. 县市报发展四十年[M]//张建星. 中国报业 40 年. 北京：人民日报出版社，2018:88-98.

习借鉴。为促进县市报纸之间开展经验交流，1991 年中国县市报研究会在江苏省宜兴市成立。据统计，当时全国已有 24 个省、自治区办起 246 家县市报[1]。

3. 县级报纸的颠峰时刻

1992 年，邓小平南方谈话发表以后，掀起了新一轮改革开放热潮，县市报迎来第二个发展高潮。邓小平同志南方谈话发表的当年，就新增了近百家县级报纸，县市报总数增加到了 200 来家；1993 年，达到 300 余家；1994 年，达到 460 余家；到 1998 年，已发展到 500 来家[2]。这次县市报纸发展的高潮源于基层群众参与经济建设的热情高涨，源于改革开放的日益深入，源于全社会对信息需求的迫切渴望。县级报纸的蓬勃发展确实为农业改革发展、县域经济建设、社会生活丰富发挥了重要作用，成为推动县市经济社会发展不可忽视的力量。

（二）县级报纸的整顿与规范

2003 年是县级报纸发展高潮与低谷的一个分水岭。县级报纸的快速发展带来了强制征订等问题，增加了农民的负担，引发了不少基层群众的不满。2003 年 2 月，胡锦涛同志在中纪委第二次全会上对硬性摊派报刊等群众反映强烈的问题做出指示，要求加以解决[3]。随后，2003 年成为县级报纸的整顿之年，先是中央下发《中共中央办公厅、国务院办公厅关于进一步治理党政部门报刊散滥和利用职权发行，减轻基层和农民负担的通知》，对全国报刊开展整顿，要求中央和国家机关层面的部委报刊实行管办分离，省地市级层面的党政组成部门不许办报刊，县级报刊则基本停办。接着，中纪委、中宣部、农业部、新闻出版总署等四部委联合召开专题会议，部署治理一些党政部门报刊散滥、利用职权发行等问题，以减轻县域基层特别是农民的负担。到 2003 年年底，共计 261 家具有全国统一刊号的县报被注销。

---

1 汉振. 中国县市报研究会成立[J]. 中国记者，1991(12):36.
2 洪佳士. 县市报发展四十年[M]. //张建星. 中国报业 40 年. 北京：人民日报出版社，2018:88-98.
3 孙悦，东生，一宪，余波. 一件减轻全国基层和农民负担的大事——中央治理党政部门报刊散滥和利用职权发行工作侧记[J]. 中国出版，2003(12):13-18.

（三）县级报纸的现状

县级报纸的整顿也没有完全一刀切，而是根据实际情况分别处理。处理的原则主要是三条，一是确有历史沿革，比如有 6 家是"我党解放前创办的"；二是面向少数民族、确有需要的；三是有一定经济基础和条件，不至于给农村增加过多负担的，由省级党报集团或者地区党报有偿兼并，或改为地市级党报的县市版[1]。截至 2004 年，全国县级报纸剩下 54 种，浙江 16 家，江苏 12 家，13 家省区市不到 5 家，其他省市都已取消县级报纸[2]。21 世纪以来，随着我国进入互联网时代，"两微一端"等新媒体平台日益兴起，人们获取国家和地方新闻时政信息的方式和渠道更加便捷和多元，县级报纸作为宣传舆论阵地的价值进一步下降，已没有必要投入过多的时间与精力去维系，现存县级报纸的生存环境也更加艰难，比较可行的办法是进一步压缩、调整和转型。截至 2016 年，全国县级报纸只剩下 19 种，只有河北、山西、内蒙古、辽宁、浙江、江西、湖北、青海、西藏等 9 个省和自治区还有少量县报，发行量和印数都不大[3]。

二、县级广播电视发展困难重重

1983 年，中央提出"四级办广播电视"方针，这给基层广播电视事业发展带来机会，各地陆续开办市县广播电台、电视台。但随着县级广播电台实际运行中暴露出重复建设、难以管理、经费困难等问题，特别是互联网的出现，让县级广播电视发展面临巨大困境。

---

1 李春. 当代中国传媒史（下）[M]. 广西：漓江出版社，2014:732.
2 中国社会科学院新闻与传播研究所. 中国新闻年鉴 2005[M]. 北京：中国社会科学出版社，2005(11):653.
3 中国社会科学院新闻与传播研究所. 中国新闻年鉴 2017[M]. 北京：中国社会科学出版社，2017(12):782.

（一）县级广播电视影响力下降

随着县级广播电视台的广泛覆盖，一些地方重复建设、重复播出、重复覆盖等问题日益突出，特别是由于基层新闻资源相对较为有限、广播电视人才能力水平不足，难以举办长时段、高质量的节目，导致很多广播电视台存在自办节目数量少、内容单一、清晰度较差、更新频率低、广告多、盗版情况严重等问题。这种情况引起了国家广电部门的重视，1997 年 4 月广电部召开首次全国有线电视台台长会议，孙家正在会上对广播电视乱象问题做了回应，一方面明确规范广播电视举办权限，有线电视台只能由广播电视部门建设开办，企事业单位的有线电视站要统一进入当地行政区域的有线网；另一方面要求县级实行"三台合一"（广播电台、电视台、有线电视台），不单独设立有线电视台[1]。同年 8 月，广电部下发《关于县（市）广播电视播出机构合并的意见》和《企事业有线台改为有线广播电视站的意见》，要求各地在 1997 年年底前完成"三台合一"及企事业有线台联网工作。截至 1998 年 4 月，广播电视业的治理基本解决了重复设台、非法建台问题，从 1997 年的 2286 个广播电台、电视台减少为 645 个[2]。

（二）县级广播电视宣传功能难以发挥

1. 广电信号难以做到全覆盖

广播电视"村村通"工程是 1998 年年初由国家广电部门提出来的，后来列入国家发展规划，得到了中央和地方大量人力、物力、财力的投入和支持。从 2002 年至 2007 年，仅中央财政对广播电视的拨款就达 155 亿元[3]。虽然投入了巨额资金，但实际上广播电视信号难以完全做到村村通、全覆盖。比如，2005 年广电总局副局长张海涛在一个报告中说，全国有 7 万多座发射台和转

1 孙家正. 建设有中国特色的现代化有线电视——在全国有线电视台台长会议上的讲话[J]. 广播电视信息，1997(8):3-13.
2 张春林. 当代中国传媒的受众策略研究——从社会转型中受众身份衍变的角度[D]. 四川大学，2004:85.
3 朱虹. 改革开放和中国电视[J]. 中国电视，2008(12):11-13.

播台，98%集中在市（地）县两级广电部门，难以承担广大农村的信号覆盖任务，并且覆盖率有下滑的趋势[1]。他还表示，在计划经济条件下形成的中央、省、市（地）、县四级广电部门责、权、利的划分已越来越不适应形势，层级之间的矛盾日益突出。

2. 挤占频道频率资源

1998 年，中央人民广播电台收到很多观众来信，抱怨听不到或听不好中央人民广播电台的节目，主要是：地方台延误、不完整或不转播中央台节目；有的境外电台收听效果好于中央台；中央台发射功率比较小，受到的干扰大，收听效果不好；中央台频率被当地电台占用、覆盖等[2]。这种情况得到了中央的关注和重视，中宣部和广电总局都相继采取了一些治理措施。2001 年 12 月，广电总局下发《关于全面推进市（地）、县（市）广播电视播出机构转变职能工作的通知》，明确规定市县广播机构的主要任务是转播中央和省的广播电视节目，调整本地节目频道数量和职能，逐步对县乡广播电视集中管理，等等。市县广播电视台播出职能的转变、节目频道数量的减少，表明 1983 年起实行的四级办广播电视的政策被废除了[3]。

（三）县级广播电视经营困难

随着县域互联网普及率的日益提升，基层群众特别是年轻人对于信息的获取、文化娱乐服务的满足大多通过互联网来完成，这也是快手、拼多多、趣头条得以成长为下沉三巨头的重要原因。这使得广播电视这种单向交流、内容模式单一的传统媒体越来越不受年轻人的关注和欢迎。县域用户特别是年轻活跃用户的不断流失，带来了基层广播电视业务的萎缩，进而导致广告收入减少、财政投入缩减，使得县级电台、电视台的生存更加困难、入不敷出。

---

1 张海涛. 按照科学发展观的要求推进"十一五"广播影视科技创新和事业发展——在广电总局科技委七届三次会议上的报告[J]. 现代电视技术，2006(1):17-24.
2 李春. 当代中国传媒史（下）[M]. 广西：漓江出版社，2014:603.
3 李春. 当代中国传媒史（下）[M]. 广西：漓江出版社，2014:604.

三、县级融媒体中心建设迎来战略机遇

在县级报纸基本停刊、县级广播及电视台面临发展困境的情况下，县域基层的宣传思想文化工作，特别是基层舆论阵地面临丧失的严峻挑战，县级党委政府在开展思想宣传工作时缺乏有效的宣传阵地和舆论引导抓手。县一级不能没有媒体，但也不能回到过去，重新走县级报纸和建设县域广播电台电视台的老路。中央做出加快建设县级融媒体中心的决策部署，为县级媒体的发展开辟了新的发展空间。

（一）经济社会发展重心转向基层

"三农"问题是事关基层政权稳定、国计民生、国家长治久安的根本性问题。实施乡村振兴战略是党的十九大做出的重大决策部署，是新时代我国"三农"工作的总抓手。2018 年 1 月，《中共中央、国务院关于实施乡村振兴战略的意见》正式颁布实施。这个战略及相关配套政策的落地落实关键还要靠县域基层，靠基层党委政府的准确领会与认真贯彻落实，靠基层人民群众对政策的理解支持与充分运用。

好政策要宣传好。国家出台的好政策要让群众认识到位、理解到位，关键要看政策有没有传达到群众，群众能不能理解其主要内容和政策重点。新中国成立之初，党和政府主要通过报纸和广播向广大人民群众广泛宣传党的方针政策。改革开放初期，以经济建设为中心的方针政策迫切需要让全国人民知晓，报纸作为基层宣传的重要载体再度兴起，广播电视广泛普及。进入21 世纪，互联网在基层已经相当普及，特别是智能手机基本上人手一部，通过互联网能快速地把党和政府的重要政策和惠民措施宣传到位，让群众迅速了解和掌握。特别是，随着互联网传播形式、表达方式的日益丰富多样，可以针对不同基层群众开发有针对性的政策宣传产品，比如，通过音视频宣传政策可以解决部分人群看不懂的问题，通过当地化语言可以增加吸引力，通过通俗化表达可以增强群众的理解力，等等。

（二）媒体融合发展重点转向县域基层

党的十八大以来，习近平同志高度重视媒体融合发展，多次强调传统媒体要强化互联网思维，不能再因循守旧，而要改革创新，充分运用信息革命成果加强传播手段建设和创新，发展各类新媒体。中央大力推进传统媒体与新兴媒体融合发展，相继出台了一系列的政策举措，有力推动了传统媒体向新媒体转型发展。面对信息技术革命的冲击，中央和省市级传统媒体也已经用行动做出了回答，就是拥抱互联网，拥抱新兴技术，勇于变革与创新，走出一条新兴的媒体融合发展之路。这个方向是中央和省市媒体的发展方向，当然也是县级媒体的发展方向，县级媒体应该抓住国家大力支持新媒体、全媒体发展的有利契机，积极利用互联网等新兴技术实现浴火重生，重新找到一条新的发展路径。2018 年 11 月 14 日，中央全面深化改革委员会审议通过《关于加强县级融媒体中心建设的意见》，这个意见的出台意味着加强县级融媒体中心建设已上升为党的决策部署，将成为宣传思想文化工作重点之一。

1. 巩固壮大县域基层主流思想舆论势在必行

在当前的县级媒体发展形势下，根据新时代新任务的要求加强县级融媒体中心建设，整合县级媒体资源，发挥中心的舆论宣传主旋律和主渠道作用，对于巩固壮大县域基层的主流思想舆论具有重要意义。

2. 县级融媒体中心建设是一次重要的宣传文化工作体制机制改革

建设县级融媒体中心，不只是整合县级媒体的问题，而是要调整优化媒体布局，推进机构、人事、财政、薪酬四个方面的全方位改革，促进媒体融合发展向县域基层纵深推进。值得注意的是，县级媒体没有强调其背后的资本属性，可见，无论是民营新媒体还是政府控制的新媒体，都在调整优化之列。县级融媒体中心建设可以把经济效益作为发展目标之一，但必须把社会效益放在首位，坚守社会责任，建的同时不能放弃管，而是一手抓建设，一手抓管理，同步进行、双管齐下。

3. 全国各地县级融媒体中心建设热潮兴起

2018 年，县级融媒体中心建设在全国各地迅速推进，更是受到业界极大关注。北京市率先行动，区级媒体融合发展步伐走在了全国前列，2018 年 6 月 16 日，延庆区融媒体中心揭牌成立，此后一个多月时间里，朝阳区、顺义区、房山区、海淀区等全市 16 个区级融媒体中心都相继挂牌成立。其他省区市也在县级融媒体中心建设上加大力度，比如，2018 年 7 月 6 日，湖南日报社浏阳融媒体中心成立启动建设；8 月 12 日，西安市蓝田县融媒体中心挂牌运行。为了加快县级融媒体中心建设步伐，作为党的意识形态主管部门的中宣部也迅速行动，主导推动了中央关于加强县级融媒体中心建设意见的出台，并在 2018 年 9 月于浙江省长兴县召开了全国县级融媒体中心建设现场推进会。会上，中宣部提出在 2018 年先行启动 600 个县级融媒体中心建设，到 2020 年要在全国基本实现全覆盖。可以预见，县级融媒体中心将在全国迎来一波建设热潮。

（三）媒体融合发展业务重点转向"媒体+"

2019 年 1 月 15 日，中宣部和广电总局联合发布《县级融媒体中心建设规范》和《县级融媒体中心省级技术平台规范要求》（以下合并简称"两个《规范》"）。《县级融媒体中心建设规范》明确提出，要按照"媒体+"理念，从单纯的新闻宣传向公共服务领域拓展，开展"媒体+政务"、"媒体+服务"等业务，面向基层群众提供多样化的综合服务，满足用户多样化的信息需求，提供政务服务、生活服务、社交传播、教育培训等基层群众需要的服务，同时增强双向互动性，从单向传播向多元互动延伸。《县级融媒体中心省级技术平台规范要求》对省级技术平台和县级融媒体中心的技术平台建设架构做了设计和规范，供全国各地在具体实践中参考。

1. 两个《规范》的重要价值

两个《规范》的出台对推动县级融媒体中心的规范化、制度化、标准化建设与发展具有重要指向性、引导性作用，具体体现在以下五个方面。

一是架构清晰、逻辑严密。两个文件对县级融媒体中心建设的技术架构、内容架构、系统架构、安全架构等阐述清晰明了，逻辑自洽严密，一目了然。

二是内容丰富、功能齐全。两个文件内容丰富齐备，囊括县级融媒体中心建设的涵盖内容、服务类别、功能设置等，充分回应了当前融媒体的发展现状和县域基层的实际业务需要，特别是对满足基层群众在互联网应用上的各类服务需求做了详细规定。

三是软硬结合、兼收并蓄。两个文件详细规定了县级融媒体中心建设所涉及的相关软件技术和硬件设备建设标准，包括对相关技术用房[1]等都做了具体规定。特别值得肯定的是，两个文件吸收了当前信息技术发展的前沿技术成果，吸收了体制内外的机构研究成果和实践成果的优点，具有相当的包容性、可扩充性。

四是统一规划、灵活适用。统一性体现在省级技术平台的建立上，有利于各省区市整合省内资源，共同建设，提升资源效率和整体效应，减少县域地区的技术架构建设负担。灵活性方面，开设县域技术接口，有利于县一级发挥本地特点和优势，机动、灵活地根据本县域具体情况开展融媒体内容建设。

五是通俗简洁、便于执行。两个文件的文本语言通俗易懂，将传统媒体工作人员不太熟悉的技术问题阐述得相当简洁和简明，这对于县级融媒体中心的具体建设要求和标准的落细落实落地具有重要作用，便于工作人员在具体工作中对照执行。

---

1 "技术用房"这一概念最早在官方文件中出现是《公安机关业务技术用房建设标准（建标130—2010）》。该标准由公安部主编，具体由公安部装备财务局与中国建筑标准设计研究院共同编制，经住房和建设部、国家发改委批准后于2010年开始施行。该标准将公安机关业务技术用房定义为除公安机关办公用房、公安派出所和公安监管场所以外的其他公安机关业务技术用房，具体列举了指挥中心用房、信息通信用房、刑事技术用房、网络安全保卫用房等13种用房。这个定义和使用种类举比较具体清楚，特别是包括了信息通信用房、网络安全保卫用房两个类别，与互联网工作高度相关，使得地方政府机关和事业单位开始通用技术用房的概念，以用于建设数据中心，安装服务器、计算机等专门用途。

2. 两个《规范》存在的问题和不足

结合这些年媒体融合发展实践和课题组的实际调研情况，我们认为，两个《规范》文件也还存在一些不足和需要改进的地方。

一是两个文件参与起草的主体不够开放，具有非常明显的广电色彩。从参与起草两个文件的单位和机构来看，广播电视系统显然承担主要责任，发挥主导作用。但从媒体融合发展的历程来看，人民日报社、新华社等传统纸媒的媒体融合发展开展得比广电系统早 8~10 年，建设和发展新媒体经验比较丰富，人民网、新华网、东方网、华龙网等中央和地方重点新闻网站比广电系统新媒体的影响力也大得多，应该将其对新媒体的思考认识和建设经验采纳及吸收到县级融媒体中心建设的标准文件中去。

二是省级技术平台技术实现能力面临巨大挑战。广电系统开展媒体融合发展的时间并不长，软硬件技术储备和人员技术能力能否承担起繁重的建设任务，将在很大程度上决定县级融媒体中心建设的成败。20 世纪 90 年代中期，中央外宣办主管新闻媒体上网工作，一开始也要求所有媒体上网要通过国家新闻办的统一技术平台，但实践中遭遇了技术与人才不足的困境，不得不允许各个媒体独立上网。前车之鉴，不可不察。

三是县级融媒体中心建设的主体责任不明确，未明确是省级部门承担县级融媒体中心建设、运营、管理的主体责任，还是县级部门承担主体责任。责任明确涉及投入产出责权利的问题，特别是县一级的主动性、积极性问题。责权利的边界不清晰容易导致各方积极性受挫，阻碍县级融媒体中心的建设步伐和作用的发挥。

两个文件的出台是对县级融媒体中心建设的有力推动，但在实践过程中应该及时根据实际问题做出相应的改变和调整，以更好地适应时代变化和基层实际需求。

第五章　县级融媒体中心的目标定位
与架构设计

准确把握县级融媒体中心的目标定位，是开展县级融媒体中心建设工作的第一步。各级党委政府特别是县级党政领导，不仅要将县级融媒体中心视为宣传舆论阵地，更要将其作为县域互联网发展的战略支点。以此为基础，构建良好架构，推动平台融合、技术融合、机制融合、账号融合、职能融合、数据融合、流程融合等各方面的开放融合[1]，不断提高县级融媒体的传播力、引导力、影响力、公信力，以更好"引导群众、服务群众"，推动县域经济社会健康发展。因此，本章将基于已有的政策要求及县级融媒体中心建设实践，详细论证县级融媒体中心的目标定位与架构设计。其中，架构设计将从组织架构、技术架构和内容架构三个维度入手进行详细阐述。

一、县级融媒体中心的目标定位

我国是条块结合的政府治理模式。县级融媒体中心是新机构，这个机构的新价值也需要从条与块两个维度来界定。从条的维度看，其新的价值在于县级融媒体中心是互联网时代党在县域基层的宣传舆论阵地，是意识形态阵地的重要组成部分。从块的维度看，其新的价值在于县级融媒体中心是互联网时代县域数字经济和社会发展的战略支点，是推进数字乡村建设的重要组织力量。

---

1 谢新洲. 县级融媒体中心建设的四梁八柱——融合、创新、引导、服务[J]. 新闻战线，2019(03):45-47.

（一）县级融媒体中心是互联网时代党的基层宣传舆论阵地

习近平总书记曾多次在不同场合强调基层宣传思想文化工作的重要性和紧迫感。"郡县治，天下安"，县一级作为党的组织结构和国家政权结构的一环，起着承上启下的关键作用[1]。宣传工作的服务对象和工作主体都在基层，基层是任务落实的重要依靠。因此，各级党委和政府都要重视基层的宣传思想工作，充实队伍，改善条件[2]。县级融媒体的根本属性是媒体属性，正在成为基层党和政府同群众交流沟通的新平台，成为了解群众、贴近群众、服务群众的新途径[3]。县级融媒体处在宣传思想工作的前沿阵地，直面群众，如何在新形势下夯实基层农村、社区的宣传思想及舆论引导工作，是极为重要的。过去报纸讲读者，广播讲听众，电视讲观众，现在都变成了新媒体的用户。县级融媒体应该牢牢把握新媒体的特点，摸索融媒体的传播规律，主导融媒体的传播内容，紧扣人民群众在新的发展过程中的新期待。把新时代中国特色社会主义思想与核心价值理念，通过更符合网络用户的话语体系进行内容的再加工，要"接地气"，同时增强内容多元化的呈现方式，增强用户黏性，使其更具有吸引力[4]。制定有针对性的内容传播策略，强化精准营销和渠道推广，并最终获得用户的认可，才能切实巩固、发展和壮大基层主流舆论阵地。

（二）县级融媒体中心是县域互联网发展的战略支点

人民群众对美好生活的向往和追求，使得过去传统媒体相对单一的新闻信息传播功能，无法满足当前群众工作生活的现实需要。县级融媒体的功能定位不能再跟过去传统媒体的定位一致，而是需要转变思路，用新的方法和途径去实现成立新机构的目的。在地方层面来看，县级融媒体依然承担着过

---

1 霍小光，华春雨. 习近平会见全国优秀县委书记[EB/OL]. 新华网，2015-06-30，http://www.xinhuanet.com/politics/ 2015-06/30/c_1115773120.htm.

2 颜晓峰. 注重宣传思想工作的基层工作创新[EB/OL]. 人民网，2013-09-17，http://politics.people.com.cn/n/2013/ 0917/c70731-22946677.html.

3 谢新洲. 县级融媒体中心建设的四梁八柱——融合、创新、引导、服务[J]. 新闻战线，2019(03):45-47.

4 张钧. 基层宣传思想文化工作肩负使命[EB/OL]. 宣城文明网，2015-4-30，http://xc.wenming.cn/llyj/201504/t20150430_1703513.html.

往的媒体功能，但增加了更多有别于传统媒体的新功能。这些新功能可以说是新时代下融媒体所必须具有的服务功能，只有这些服务功能制定到位、使用到位，用户才能真正使用融媒体，融媒体才能真正活起来。融媒体用户和传统受众的区别在于，前者对信息服务提出了更高要求。对于群众而言，日常生活的需求恰恰显示了对融媒体服务需求的迫切。教育、医疗、卫生、水电、购物等与每个群众日常生活密切相关的公共服务，往往是群众的痛点，而融媒体如果能一站式解决问题，提供更好的用户体验，将会获得群众的认可和停留。可以说，融媒体能否提供公共服务，能否更好地为地方群众解决生活琐事、生活难题，是检验当地融媒体中心建设是否成功的一大标准。越是能够解决这些问题，便越是能够吸引用户，形成融媒体建设和用户满意的双向正循环。

只有准确把握县级融媒体中心在国家整体和本地域的目标定位，紧紧围绕党和国家要求、围绕群众需求做好发展规划和功能设计，才能真正满足新时代基层宣传思想文化工作的根本需要，满足基层群众对县级融媒体中心的热切期待。

二、县级融媒体中心的组织架构

县级融媒体在国家媒体融合战略、基层政权建设中发挥着不可忽视的基础作用，党和政府的决策部署需由县级新媒体平台传播出去，基层群众的声音需由县级新媒体平台汇集上来[1]。在组织架构建设上，需要各级党委政府高度重视，明确各县主要领导对县级融媒体中心建设的主体责任，明确具体主管机构和职责定位，设置正式"番号"，解决行政管理归属问题，形成一体化的组织结构和工作体系[2]。

---

1 谢新洲，黄杨. 我国县级融媒体建设的现状与问题[J]. 中国记者，2018(10):53-56.
2 谢新洲. 县级融媒体中心建设的实践路径探析[J/OL]. 网络传播杂志，2018-10-22, https://mp.weixin.qq.com/s/TtpESRwOL6U7aMifj41Llw.

（一）现有组织架构模式

根据前述研究成果，结合一些县市正在进行的县级融媒体中心建设实践，可以选择以下几种组织架构模式。

1. 事业单位企业化运作模式

事业单位是传统媒体的主要组织架构模式，其好处是人员稳定、业务稳定，其弊端主要是尚未建立健全有效的激励机制，人员进出的灵活性及工作主动性不足，这一点尤其与互联网时代的新媒体快速发展、变化多端的形势不相适应。企业化运作模式是事业单位解决这种弊端的方式之一。县级融媒体中心人员队伍的身份属性仍然是事业编制，以保证队伍稳定、工作力量稳定，具体运营管理采取企业化管理模式，注重工作效率与成本管理，注重决策的灵活性与执行的高效性。

例如，作为事业单位的浙江长兴传媒集团就采取了企业化运作模式。其行政关系归口县委宣传部管理，单位属性是事业单位，实行由党委会领导，内部设立董事会、编委会、经委会，各司其职、相互配合，形成重大决策、舆论宣传、经营创销三大系统统一运行、协调发展的总体管理架构[1]。品牌营销中心和产业发展中心主要负责经营管理，统筹规划集团经营目标，对接具体经营业务，监管业务流程规范；网络公司、慧源公司、科技公司为融媒体中心建设提供技术支持，还可以通过承接信息化项目实现创收。

事业单位企业化运作模式在传统媒体中运用得比较普遍，一些县级融媒体中心采取这种运营模式也是驾轻就熟，容易上手，这也成为一种比较受欢迎的模式。

2. 公益类事业单位+文化传媒公司模式

目前我国的事业单位划分主要是两大类，一类是公益性质的事业单位，主要特点是人员薪酬采取固定制，参照公务员管理，被称为公益一类事业单位；另一类是带有经营职能的事业单位，主要特点是人员薪酬采取绩效工资制，参照企业模式管理，被称为公益二类事业单位。一些县级融媒体中心采

---

1 来源：课题组 2018 年的实地调研材料，详见第八章浙江省长兴县融媒体中心案例。

取"公益类事业单位+文化传媒公司"模式，原因主要在于县级融媒体中心承接了传统媒体特别是广电部门的人员和编制，而原来的广电部门是公益类事业单位属性，工作人员大多数更愿意选择延续以前的管理机制和模式，但是新机构的建设又需要加入新鲜血液，特别是需要增加新的技术人员，或者因为机构设立的限制，或者考虑到设立灵活机动的工资薪酬机制更有利于吸引和留住人才，采取设立文化传媒公司的组织架构满足新的组织机构的要求。采取"公益类事业单位+文化传媒公司"模式兼顾了稳定性与灵活性，考虑到历史延续和未来发展两个方面，被不少地方在建设县级融媒体中心时采纳。

例如，江西省分宜县融媒体中心由县内七个媒体[1]整合而成，升格为县委直属正科级全额拨款公益类事业单位，归口县委宣传部管理[2]。同时，成立独立核算、自主经营、自收自支的融美文化传媒有限公司，负责接受新招人员与经营创收，真正实现了"专业人做专业事"，为解决人员编制、薪酬分配、绩效考核等延伸问题提供基础[3]。

3. 机关+事业混合管理模式

这种模式比较少见，但也有其道理和原因。中央网信办成立后，按照中央要求积极推动省市成立网信机构，鼓励设立县级网信机构。一些省区市在推行过程中，力度比较大，直接要求网信机构设立延伸到县一级，比如江西省、吉林省等省市就是如此。很多县设立了网信办之后，承接了网络宣传、网上舆情、网络媒体建设等方面的工作，而县级广电部门则继续负责管理广电事业单位。县级党政部门决定成立县级融媒体中心后，为落实中央和省市部署要求，将传统媒体与新媒体的机构和人员进行整合，同时考虑到互联网新媒体的属性和特点，由网信办来负责指导、参与工作。于是，有的县市就将网信办机关、广电事业单位整合到一起，形成一个混合管理模式的县级融媒体中心。例如，吉林省农安县融媒体中心建设由县委宣传部牵头，依托县广播电视台展开，宣传部副部长同时兼任融媒体中心主任及网信办主任，机关+事业联署办公，充分整合电视台和网信办的人才、信息、技术资源[4]。

---

1 详见第八章江西省分宜县融媒体中心案例。
2 来源：课题组 2018 年的实地调研材料，详见第八章江西省分宜县融媒体中心案例。
3 来源：课题组 2018 年的实地调研材料，详见第八章江西省分宜县融媒体中心案例。
4 来源：课题组 2018 年的实地调研材料，详见第八章吉林省农安县融媒体中心案例。

（二）坚持问题导向选择组织架构模式

模式不重要，解决问题最重要。综合来看，无论采取什么模式，县级融媒体中心的组织架构必须解决三个核心问题：一是管理体制问题，采取什么样的管理体制机制，对于县级融媒体中心的建设成效和活力有关键性影响；二是组织机构性质问题，采取事业单位机制、公司制还是混合组织机制，需要根据各县具体情况而定；三是人员薪酬体系问题，对技术人才需要根据市场情况采取有竞争力的薪酬，对内容建设人才需要根据机构编制和能力采取恰当的工资制度。具体采取什么样的组织架构需要根据各县经济实力、人才储备、机构改革等众多因素来考虑。但无论采取什么样的组织架构，都需要实现三个目标：第一个目标，融媒体中心运行效率高，符合新媒体发展规律，能够承载起县级舆论主阵地的职能；第二个目标，对当地群众的吸引力强，能够发挥服务群众、引导群众的重要作用；第三个目标，能够留得住人才，保持县级融媒体中心的持续稳定运转和创新发展活力。

三、县级融媒体中心的技术架构

从传统媒体与新兴媒体融合发展的历程及当前一些县级融媒体中心的建设实践来看，技术架构问题是底层问题，也是最难解决的问题。传统媒体主管主办的新媒体平台与商业网络平台之间最大的差距是技术水平的差距。2019 年 1 月 25 日上午，中共中央政治局就全媒体时代和媒体融合发展举行第十二次集体学习，习近平总书记在发表的重要讲话中明确指出，"党报、党刊、党台、党网等主流媒体必须紧跟时代，大胆运用新技术、新机制、新模式，加快融合发展步伐，实现宣传效果的最大化和最优化。"[1]此外，习近平总书记在党的十九大、2013 年党的十八届三中全会、2016 年党的新闻舆论工作座谈会、2016 年网络安全和信息化工作座谈会、2015 年视察解放军报社等

---

1 习近平. 加快推动媒体融合发展，构建全媒体传播格局[J]. 求是，2019(06).

多个重要会议场合，都对主流媒体的新技术应用做过专门的强调和指示。可以说，习近平总书记要求主流媒体充分运用技术的重视程度前所未有，指示具体程度前所未有。

"明者因时而变，知者随事而制。"信息技术是媒体融合发展的主要驱动力，也是传统媒体亟需补齐的短板[1]。传统媒体最不擅长的就是新媒体技术。对于县级融媒体来说，本身技术储备不足，技术人才也较为缺乏，依靠自身力量创新或者搭建技术架构基本上是不可能的。最现实的办法，是搭建适合自身的技术架构，选择最佳的技术路线。所谓最佳，不是最先进，而是最适合县级融媒体中心的条件和情况，技术建设与内容建设的匹配要好。

（一）现有技术架构模式

一个好的技术架构是县级融媒体中心建设的重要推动力和支撑。技术架构包括两个大的方面，一个是软件方面，县级融媒体运作如果没有统一的工作平台和操作标准，一来不便于树立全局观，对工作进行统筹管理，二来也可能导致流程混乱、效率低下，媒体融合浮于表面。一般而言，县级没有自主开发软件系统的能力，而且县级媒体体量较小，也没有必要自主研发，可以通过外包的形式和第三方公司合作，租用或改进已有的系统。在发展中做好技术标准的预研和制定，既不能限制有利于业务的新技术的发展和运用，又不让大数据、"智能"等技术使用泛滥、乱象丛生、舍本逐末。另一个是硬件方面，这个需要较长时间的技术储备，目前各个县上的云大部分都是省级层面主流媒体承建的云，但省级媒体也只是云的所有人或者使用权人，云本身的硬件技术并不是自己生产的，而是搭建在阿里巴巴、华为等互联网公司的云技术架构上，各省主流媒体并不具备这个基础技术。软件方面，省级主流媒体的技术团队能够根据自身需要做一些开发与升级，但主体软件技术也不是自身的，仍然需要依靠大型互联网公司或者技术开发公司提供技术支撑。

目前来看，技术架构建设模式主要有以下四种：

---

1 李向荣. 推进深度融合构建新型广播——中央人民广播电台融合发展的思考与实践[J]. 传媒，2017(11): 14-18.

1."自主建楼"，联合第三方技术公司开发独立运行的技术平台

这种技术架构模式需要满足两大条件，一个是资金投入大，得有充足的资金支持，经济比较发达的地区可以选择这条技术路线；二是自身体量足够大，技术支出性价比高，技术投入后有规模性、稳定收入回报。例如，浙江长兴传媒集团就采用了这种模式构建技术架构，首先，联合索贝科技等多家第三方公司共建融媒体系统"融媒眼"，索贝科技为其搭建了基础系统，新华社现场云为其提供直播平台，南京大汉为其研发"掌心长兴"移动客户端3.0版本，旗下慧源公司为其推进智慧服务功能的建设等[1]；其次，基于技术平台实现媒介性质和工作场景"两打通"[2]；第三，"用技术支援一线"，通过技术实现内容呈现的优化，形成可读到可视、静态到动态、一维到多维的多媒体化展示[3]。县级融媒体中心独立建设技术架构，需要从云、网、端三个层面搭建技术架构（见图5-1），才能保证融媒体中心的业务需要。

2."借梯上楼"，充分借助第三方技术架构和平台

在中宣部与国家广播电视总局联合发布的《县级融媒体中心建设规范》中提到，"县级融媒体中心应充分利用省级技术平台提供的资源和服务"[4]，要"借梯上楼"[5]。当前，不少省级主流媒体都在为省内县级融媒体中心建设提供技术支持，助力县级融媒体中心建设（见表5-1）。

---

1 来源：课题组2018年的实地调研材料，详见第八章浙江省长兴县融媒体中心案例。

2 来源：课题组2018年的实地调研材料，详见第八章浙江省长兴县融媒体中心案例。

3 来源：课题组2018年的实地调研材料，详见第八章浙江省长兴县融媒体中心案例。

4 中共中央宣传部，国家广播电视总局. 县级融媒体中心建设规范[Z]. 国家广播电视总局官网，2019-01-15，http://www.nrta.gov.cn/module/download/downfile.jsp?classid=0&filename=e961041c73e44644a757b3effe57b050.pdf.

5 "借梯上楼"模式是指在一个省级行政区内，市县媒体不再建造独立的云平台，而是由省级媒体统一搭建高起点的技术平台，负责迭代升级和后台维护工作，省内各市县媒体只要交少量使用费，便可享受云平台的服务。参见张君昌. 广电媒体融合发展的模式分析[J]. 新闻战线，2017(05):43-45.

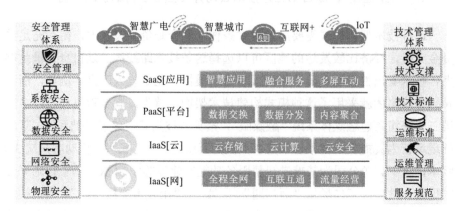

图 5-1　县级融媒体中心"云-网-端"一体化技术体系[1]

表 5-1　部分融媒体技术云平台情况

媒体/机构	云平台名称	时　　间
人民日报社	全国党媒公共平台	2017 年 8 月
新华社	现场云	2017 年 2 月
浙江日报报业集团	天目云	2018 年 5 月
南方报业传媒集团	基础架构云	2018 年 8 月
江西日报传媒集团	赣鄱云	2016 年 10 月
湖南日报报业集团	新湖南云	2017 年 6 月
河南日报报业集团	大河云	2017 年 6 月
广西日报报业集团	广西云	2017 年 2 月
贵州日报报业集团	贵州媒体云	2017 年 7 月
四川日报报业集团	四川云	2018 年 7 月
湖北广播电视台	长江云	2016 年 9 月
北方网新媒体集团	津云	2017 年 3 月
山西省委宣传部	黄河云	2017 年 5 月

（1）"长江云"平台的技术架构

长江云移动政务新媒体平台是在原湖北广电云平台基础上搭建的，倡导市（州）、县（市）媒体融入省级媒体技术、信息服务平台，实现省、市、县

---

1 本图由宝联科技董事长、中广投 CCDI 广电云规划专家席利宝提供，授权课题组使用。

三级媒体信息资源的全覆盖，通过"借梯上楼"实现融合发展[1]。平台目前聚合了近 120 个地市级媒体端口，以"前台独立、后台共享、可管可控、互助互利"[2]的资源共享模式开展运营。以"平台-端口"关系代替"上下级"关系，实现省级主流媒体集团与县级融媒体中心的合作共赢。通过这种模式，县级融媒体中心一方面可以实现与省级平台的内容共享，另一方面扎根本地，通过"新闻+政务+服务"的模式，增强本地用户黏性，实现多元化经营。"长江云"的这种模式规避了不同层级媒体重复建设造成资源浪费的问题，降低了试错成本，有效提升了媒体融合的进程。

（2）江西省分宜县融媒体中心的技术架构

从技术层面来讲，独立的互联网运营平台对用户量、技术能力和体系的要求都非常高，而这些资源在多数县域尚不具备。因此，对于县域媒体来说，可替代的方案是将技术和运营平台嫁接在省级主流媒体集团的架构之上，使其成为省级新型媒体平台的一个运营端口。江西省分宜县采取的技术架构就是这样的，依托于江西日报社"赣鄱云"平台所提供的技术支持，包括一个指挥中心、一个智慧云平台软件、一个独立客户端、一个移动采编系统[3]。

（3）媒体云的升级扩容

在媒体融合发展过程中，中央和各省区市传统媒体"中央厨房"建设满足自身应用之后，媒体将考虑如何把这样的技术平台共享给县级媒体和企事业单位的媒体宣传部门。通过对部分主流媒体的调研和了解发现，主要的中央和省级党媒正在逐步扩展融媒体技术平台的功能和技术服务能力，吸引各地媒体、党政机关、企事业单位入驻使用，承担媒体融合公共服务的功能。也有的媒体在融媒体技术平台规划之初就直接以媒体云的方式进行建设[4]。

经过几年的建设，全国各省级媒体融合云平台技术框架已逐步完善，形成了满足自身业务承载和对外辐射拓展的融合媒体内容生产业务体系。在不同规模体量的硬件基础设施（IaaS）上，根据各自的既定发展目标和区域功能定位，探索完善了媒体平台服务（PaaS）阶段性能力建设，逐步丰富了符

1 张君昌. 广电媒体融合发展的模式分析[J]. 新闻战线，2017(5):43-45.
2 宋建武，乔羽. 建设县级融媒体中心 打造治国理政新平台[J]. 新闻战线，2018(23):67-70.
3 来源：课题组 2018 年的实地调研材料，详见第八章江西省分宜县融媒体中心案例。
4 汤代禄，贾立平. 媒体融合中技术的发展趋势与未来之策调查与研究[J]. 青年记者，2018(11):47-48.

合融合生产、内容管理、资源运营的多样化软件服务（SaaS），组建了经验丰富的技术运维保障队伍，具备了与规模和应用相称的安全防护能力，有效支撑并推进了省级媒体融合业务的发展。省平台负责全省统筹、战略规划、架构设计，基于省平台的建设应用成果和媒体融合实践经验，帮助各县在统一框架下建设统一技术架构的县级融媒体中心，并统一标准接口接入省平台，聚力打造"全省一朵云"的媒体融合协作体，推动全省县级融媒体中心在建设有秩序、投资有保障、应用有价值的前提下落实、落地。省平台作为全省县级融媒体中心建设的支点，为全省县级融媒体中心提供技术支撑和公共服务，并提供通用平台能力：统一的网络接入及安全防护体系、统一的业务监控及运维保障体系、统一的内容分发及业务运营体系，以及统一认证、单点登录、语音识别、人脸识别、字幕识别、大数据分析等 PaaS 能力，以更好地支撑县级融媒体中心建设，提供安全、稳定、丰富多样的 PaaS 能力和 SaaS 服务，省平台将通过不断的技术升级和更新迭代，逐步提升平台的安全能力、服务能力、运维能力、运营能力，引领全省媒体融合协作体的建设发展[1]。

为给读者一个比较直观的认识，我们选用华为公司在参与部分县级融媒体中心建设中的技术架构图（见图 5-2 和图 5-3），供参考借鉴[2]。

省级技术支撑平台包含三层架构：IaaS 层、PaaS 层、SaaS 层。由于各省自身的现状及差异，省级支撑平台的建设方可能是省级报业集团、省广播电视台、省广电网络公司等省级主流媒体。不同的建设主体，建设的侧重点不一样，平台技术架构也会有差异。这里以省广播电视台为例，简单描述省级技术支撑平台的技术架构。由于电视台自身的业务属性，电视台建设的融媒体省级支撑平台一般情况下会比较排斥整体业务上公有云，因此混合云是比较妥善的架构设计，且混合云的部署在 IaaS 层构建，通过混合云管理平台统一管理并整合私有云和公有云底层资源。这种混合云的架构对省级平台的管理者来说，所有具体内容生产业务都部署在自己手中，主动性强，只是基础设施层用公有云的资源。

---

1 王向前，江汉文，郑妍，蔡宏伍. 基于省级媒体融合云平台构建省域县级融媒体中心一体化技术框架设想[J]. 中国有线电视，2018(11):1247-1252.
2 图 5-2 和图 5-3 由华为公司提供。这个技术架构图是根据 2019 年 1 月 15 日中共中央宣传部与国家广播电视总局联合发布的《县级融媒体中心建设规范》与国家广播电视总局配套发布的《县级融媒体中心省级技术平台规范要求》来设计的，包括省级技术平台的技术架构与县级融媒体中心的技术架构两个部分，两个技术架构之间是相互衔接的。相关的文字介绍根据华为提供的资料精炼而来。

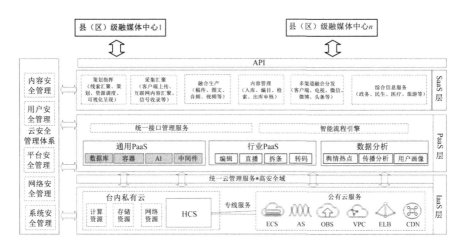

图 5-2 省级技术平台的技术架构图

PaaS 平台包含通用 PaaS 平台、行业 PaaS 平台、数据分析服务平台，其中在通用 PaaS 里面要强调的是人工智能 AI 的基础能力，由于省级平台会汇聚各区县的融媒体内容、互联网内容、UGC 内容，人工审核无法满足内容监管审核的要求，需要借助 AI 的能力，同时还要给县级融媒体中心提供内容监管服务，AI 的能力最好是能服务化，以 SaaS 服务的形式提供给各区县。

省级技术支撑平台的 SaaS 平台需建设融合生产平台，构建适应融媒体生产的策采编发网络，再造策采编发流程，成为采编联动平台。同时还需要将业务应用服务化、业务工具服务化，并且能够提供政务、民生、党建接口能力的服务化，最终服务于各县区融媒体中心的各项业务功能。

省级技术支撑平台需要为县级融媒体中心提供云端服务支持、基础资源支持，以及内容监管支持，县级融媒体中心及省级技术支撑平台总体架构见图 5-3。省级平台最好采取混合云的方式构建，公有云上承载汇聚、分发、工具集、新媒体矩阵等业务，利用公有云自身广泛的节点能力及 CDN 能力，可以很好地承载区县融媒体中心的业务。

县级融媒体中心的技术架构（见图 5-4）由采集和汇聚、生产协同、内容管理、综合服务、策划指挥、数据分析、内容审核、融合发布、信息安全系统、运行监控系统等部分组成。可以优先利用省级技术支撑平台资源，结合实际情况进行部署，已建设的系统如有需要也可以逐步对接到省级技术平台。

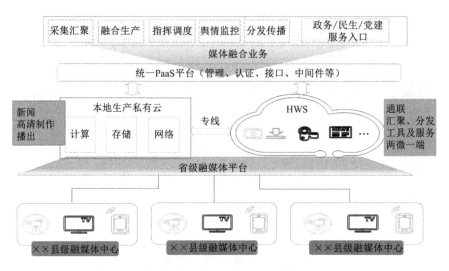

图 5-3 县级融媒体中心及省级技术支撑平台总体架构

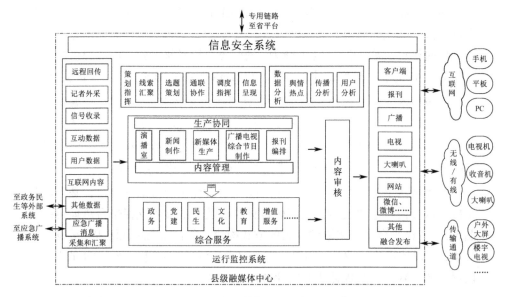

图 5-4 县级融媒体中心的技术架构[1]

1 中宣部，国家广播电视总局. 县级融媒体中心建设规范[Z]. 国家广播电视总局官网，2019-01-15.
http://www.nrta.gov.cn/module/download/downfile.jsp?classid=0&filename=e961041c73e44644a757b3effe57b0
50.pdf.

3. "自建+借用"梯子，围绕传播要素构建技术平台

这种技术架构模式类似于"以租代建"，适用于地方资金投入不大但需要加快建设的区县。以吉林省农安县融媒体中心为代表，一方面，由新华移动传媒公司提供软件技术支持，以技术驱动重构"采、编、发"智能一体化业务流程；另一方面，由网信办的网络运维科提供硬件技术支持。同时，与省网络电视台主导的融媒体系统进行技术对接，共同构筑了农安县融媒体中心的技术架构。实现线上指挥平台与线下队伍建设的互联互通，推动了领导体系、工作平台与传播平台的一体化建设，有效整合资源，助力媒体融合发展。

4. "自选"梯子，由省级平台提供菜单式技术方案

县级融媒体中心建设正在全国加快推进，政府投入将不断加大，相关技术投入比较大，建成后还将持续投入后续维护费用，由此形成相当规模的技术建设市场。对于这样的一块新兴的蛋糕，一些有了一定积累的中央媒体和省级媒体想积极参与进来，承接县级融媒体中心的技术建设项目。对于这种情况，一些省市的县就采取了在一定范围内自主选择技术建设供应商的模式。例如，贵州省的县级融媒体中心的技术架构就采取了这种模式，"选择哪家省级媒体进行合作，自主权交给各县，由各县自行考察决定。"[1]贵州省选择贵州广播电视台、贵州日报报业集团、当代贵州杂志社、多彩贵州网四家省级媒体牵头推进县级融媒体中心建设的做法在地方有一定的代表性，好处是支持创新与竞争，鼓励各家分享媒体融合发展经验，帮助州县搭建县级融媒体中心技术架构；不好的地方是本来省级媒体的技术实力并不强，力量分散后对州县融媒体中心建设的支撑力度更弱。目前，贵州日报社、多彩贵州网和贵州广播电视台已经探索搭建了相对成熟的技术架构与平台。

（1）贵州日报社致力于打造技术建设"样板间"

贵州日报社为安顺市七个区（县）级的融媒体中心提供菜单式技术方案，包括系统研发技术、中央厨房运行模式及技术平台运营维护等相关内容，与安

---

1 贵州省数字出版管理处. 贵州省新闻出版广电局印发《关于进一步推动传统媒体与新兴媒体融合发展指导意见》的通知[EB/OL]. 贵州省广播电视局官网，2017-03-31，http://www.gzpp.gov.cn/xwzx/tzgg/201703/t20170331_1718368.html.

顺市共建融媒体中心[1]。

（2）多彩贵州网以"多彩贵州宣传文化云"做总平台推进技术建设

"多彩贵州宣传文化云"是多彩贵州网自主研发的技术平台，技术团队强大。依托"多彩贵州宣传文化云"提供的云应用服务，县级融媒体中心可实现集约化建设，无须另建平台、增加技术及人员成本。同时，该云平台可"因地制宜"，通过技术手段实现扎根本地的特色服务。贵州省黔西州、六盘水等地区的县级融媒体中心建设与多彩贵州网签约，采用其技术建设系统。

（3）以多彩贵州"广电云"为技术平台

为推动互联网、大数据、云计算、人工智能等信息技术与广播电视的优化整合，贵州省扎实推进"广电云"[2]村村通、户户用工程[3]，打造全媒体全功能服务。中广投广电云规划专家、资深电信专家席利宝认为，"广电网络具有基层乡村覆盖面广、成本低、容量大、安全性好、稳定性强等优势和特点，非常适合作为县域融媒体中心建设的电信基础设施，有利于在县域基层实现提速降费目标，有利于基层群众得到更好的互联网使用体验，有利于消除城乡数字鸿沟，让互联网造福人民群众"。2018 年 8 月，国家广播电视总局批复同意设立中国（贵州）智慧广电综合试验区[4]，全力推动贵州广播电视与新兴信息技术的有机融合，形成"智慧广电"发展的新模式，为"智慧广电"贡献贵州力量。

（二）现有技术架构存在的问题

综合来看，前述四种技术建设路线都有各自的优势，目的都在于整合各种计算、存储、网络、数据、服务等技术资源，通过技术整合打通广电、纸媒、新媒体等内容资源，实现县级融媒体中心建设的创新发展。但从全国各

1 杨小友，金秋时. 贵州日报、安顺市县级融媒体中心建设集中签约仪式举行[N]. 贵州日报，2018-12-13.
2 "广电云"是贵州省与国家新闻出版广电总局合作的 CCDI 项目《关于合作推动中国文化（出版广电）大数据产业项目开发的协议》。
3 曾帅. 为全国"智慧广电"建设提供贵州方案——我省"智慧广电"建设工作综述[N/OL]. 贵州日报，2018-11-22，http://szb.gzrbs.com.cn/gzrb/gzrb/rb/20181122/Articel01009JQ.htm.
4 张玥. 驶入"信息高速"贵州成为我国首个"智慧广电"国家级试验区[EB/OL]. 多彩贵州网，2018-11-21，http://www.gog.cn/zonghe/system/2018/11/21/016939913.shtml?from=groupmessage.

地县级融媒体中心建设技术架构具体实施情况来看，有几个现象值得注意和思考。

1. 技术路线选择不够开放，存在一定的内部封闭现象

无论哪种技术路线，都可以看出传统媒体企图用自身转型后积累的技术去影响和掌控县级融媒体的建设路径，但问题在于传统媒体本身转型时间较短，技术水平处于初级阶段，相比商业新媒体公司技术实力差距较大，难以独立承担起县级融媒体技术架构的搭建工作，仍然需要专业信息技术公司的支持。不少省区市都把县级融媒体建设作为自己辖区的自留地，想通过省级主流媒体来主导县级融媒体中心的技术架构，进而主导搭建在技术架构上的内容建设。比如，不少省市主流媒体都建设有自己的云，要求县市把技术架构搭建在自己的云上。但是由于一些省级主流媒体虽然已向新型媒体转型，但实际上自身技术实力和技术储备不足，面对县级融媒体建设中出现的一些技术问题，难以及时有效解决，影响了县级融媒体的建设和运营，实际效果也大打折扣。

2. 一定程度上存在新闻内容建设绑架技术建设的现象

这种情况严重限制了先进技术的运用，也为县级融媒体整体功能的设计和使用埋下隐患。比如，广电系统在县域基层比较完备，相关县级媒体机构也比较齐全，在县级融媒体中心建设过程中主导意识比较强，但传统的广电技术主要擅长的是有线电视技术，与目前县域基层迫切需要的无线通信技术差距比较大，而且广电技术在软件方面还不是很成熟，缺乏高水平的分发传播和数据分析应用技术，不能满足构建现代传播体系的需要。

3. 存在重软件轻硬件的问题

技术架构包含软件技术和硬件技术两个方面，但实际建设中往往比较重视软件技术的建设与更新迭代，对硬件技术建设的重视程度远远不够，带来的直接后果就是运行效率不佳。这里涉及一个比较关键的问题是，一些县级融媒体中心的技术建设注重短平快效果，希望拿来就能用，马上见到成效。

但实际上，优秀的技术建设都需要一段时期的开发培育，需要根据当地特点、产品需要、用户需求做出详细的技术建设安排，急功近利的思想最终将损害县级融媒体中心技术建设的整体效果和作用。硬件技术的开发成型需要比较长的时间，但硬件技术产品一旦投入使用，可以承载不断更新迭代的软件技术。

（三）技术架构的选择与优化

总的来说，技术路线选择是县级融媒体中心的首要问题。各县市在选择技术路线过程中需要综合考虑多种因素，至少有四个方面的因素是需要认真考虑的。

1. 技术建设投入产出比

全国 2800 多个基层县级单位，人口数量、经济实力等差别较大，对于资金不是很充裕的县来说，通过站在巨人的肩膀上的"借梯上楼"模式是比较经济实用的；反之，经济实力强的县可以采取"自主建楼"的方式搭建独立的技术架构。

2. 技术建设需要与内容建设同步部署、同步开展

很多县市希望采取一揽子解决方案完成县级融媒体中心的技术架构和内容架构，但实际上这种方式没有充分考虑到技术架构和内容架构的巨大差别，同步建设并不意味着将技术建设和内容建设都交给同一家去做，而是要交给最擅长的人去做，专业的人做专业的事，技术架构就应该交给擅长搞技术建设与开发的公司或机构来完成。

3. 技术建设需要考虑硬件与软件两个方面和供需两端

好的硬件技术可以提供模块化的解决方案，有利于弥补县级融媒体中心工作人员技术水平不高的短板；好的软件技术有利于充分发挥硬件的优势，为用户提供优质高效的信息服务。供需两端则需要充分考虑到县级融媒体中

心的用户大部分是基层群众，文化教育水平差别较大，特别是对于农村人口和老年人而言，简便易操作是基本要素。

4. 保持技术建设的长期性

互联网和信息技术发展更新都很快，技术建设中的一劳永逸想法是不现实的，需要根据技术的变化做出及时的改进和更新，充分发挥新兴技术对县级融媒体中心整体建设的驱动作用。

四、县级融媒体中心的内容架构

在互联网时代，"内容为王"的法则依然有效。对于县级融媒体中心的架构设计而言，组织架构、技术架构是内容架构的基础，其搭建最终都要服务于内容架构设计。中央明确要求，"要坚持管建同步、管建并举，坚持正确政治方向、舆论导向、价值取向，坚守社会责任，把社会效益放在首位"[1]。县级融媒体中心在内容建设上需要打破机制藩篱，统一规划融媒体工作流程，在统一指挥调度之下，下属各类平台在实践中要打破工作壁垒，摈弃传统生产、传播模式，再造新闻生产流程，推动传统媒体和新兴媒体互为流量导入口，各种新闻要素深度融合、各种报道资源充分共享、各种媒体互联互通，按照不同新闻产品的目标受众特征，向各平台分发和推送，实现一次采写、多次编辑、多平台运用[2]。同时，各平台也需实现信息的双向流动，增强与用户的互动功能，通过互动来服务用户、转化用户、留住用户。扼要而言，县级融媒体的内容建设需要把握生产、分发、互动三个环节。在具体的运营上，三个环节之间没有明确的分际与界限，而是你中有我、我中有你，乃至你就是我、我就是你。

---

1 习近平主持召开中央全面深化改革委员会第五次会议[EB/OL]. 新华网，2018-11-14，http://www.xinhuanet.com/politics/leaders/2018-11/14/c_1123714393.htm.
2 谢新洲，黄杨. 我国县级融媒体建设的现状与问题[J]. 中国记者，2018(10):53-56.

（一）构建内容生产与分发架构

内容的生产与分发是县级融媒体中心内容建设必须具备的两个基本功能。对传统媒体来说，内容生产与分发是基本分开的。记者与编辑是内容生产的主体。报纸、广播、电视的发行或者传播有相对固定的模式和渠道。但互联网技术和网络新媒体改变了这种模式，内容的生产与分发几乎是同步进行的。以人民日报社为代表的传统媒体根据互联网时代的内容建设需要，对传统的生产与发行模式做了改革创新，创造形成了内容生产与分发同步一体的"中央厨房"模式。通过搭建"云平台"，构建"中央厨房"，实现全媒体全业务互通互联，发挥指挥调度、编发联动、协调沟通、可管可控等功能[1]。新华社、中央电视台等中央主流媒体，以及地方主流媒体也采取了类似的改革和内容建设架构。

一定程度上，有人认为，县级融媒体中心可以看作"中央厨房"的县域版。但县域融媒体建设与中央媒体相比，有一些显著不同的地方，需要做一些阐明，以免照抄照搬"中央厨房"模式，不接地气，不适乡土，难以取得实效。

1. 定位不同

中央媒体的主要职责在新闻舆论宣传上，县级融媒体则定位为引导与服务两大功能。在内容架构上当然差别就很大，中央媒体的重点在新闻宣传报道方面，县级融媒体则需要在舆论引导之外增加直接服务基层群众的多项任务，信息内容自然需要更加多元、多样、多彩。

2. 对象不同

中央媒体的对象是全国人民，统一性、全局性比较强，县级融媒体的对象主要是当地群众，地域性、本土化、乡村化气息比较浓郁，信息内容就需

---

1 张君昌. 广电媒体融合发展的模式分析[J]. 新闻战线，2017(05):43-45.

要更贴近当地实际，贴近基层群众，在语言、文字、图片、视频等风格上也需要与当地结合得更加紧密。

3. 基础不同

中央媒体资源、人才实力较强，县级融媒体在资金、人才等方面都较为欠缺，内容生产创造能力上有较大差距，能否把"中央厨房"模式转化运用好，难度不小。因此，县级融媒体更多地还需要立足县域、本地实际，创新内容生产创作机制。比如，江西省分宜县融媒体中心采取了与江西日报社共建共享"中央厨房"的内容生产分发模式，搭建了集"采、编、摄、传、播"于一体的云平台，实现了新闻生产流程的技术再造。

（二）县级融媒体中心内容建设应博采众长、开放共享

县级融媒体中心不能把平台做成自己娱乐的平台，而应该博采众长、开放共享，把中央媒体、省市级媒体等专业媒体机构生产的内容，民营专业机构生产的内容，以及用户生产的内容汇聚整合起来，根据本地用户特点进行转载与分发，满足本地群众多层次、多角度的信息需求。

1. 上接天线，加强与中央、省市主流媒体的内容建设合作

向基层群众准确、及时传达中央和国家重大决策部署、重要政策法规、重大会议活动内容和精神是县级融媒体中心的重要责任之一，但县级媒体无须派出自己的记者、编辑出去搞采访报道，与人民日报社"全国党媒公共平台"、新华社"现场云"等国家媒体及本省市主流媒体建立内容合作渠道就可以实现。

2. 下接地气，加强县域机构与当地干部群众的互动合作

县级融媒体中心离老百姓最近，同公众生活联系最密切。比如，北京市昌平区融媒体中心扎实抓好全域信息发布资源的联通汇聚，加强理念、传播手段和话语方式创新，基于公众热切关注的问题形成公共话语，通过话题设置、百姓连线、媒体互动等形式，与公众形成行之有效的互动机制，有效引

导公众舆论。尤其在大是大非及政治原则问题上，帮助公众划清是非界限、澄清模糊认识，有效提升了信息传播的针对性和实效性。

3. 开放接口，加强与商业网络平台的内容合作

根据《第 42 次中国互联网络发展状况统计报告》数据，截至 2018 年 6 月，我国有网站 544 万个、移动应用 412 万款，网络内容类移动应用超过 216 万，下载量超过 5600 亿次[1]。截至 2018 年年底，新浪微博月活跃用户数为 4.62 亿，接入合作的 MCN（多频道内容生产）机构超过 2000 家[2]，腾讯微信及 Wechat 的合并月活跃用户数量达 10.98 亿，每天平均有超过 7.5 亿微信用户阅读朋友圈发帖[3]，还有快手、抖音等短视频平台。这些网络平台每天产生信息内容几百亿条，是县级融媒体中心的内容信息富矿。内容生产机构从 PGC（专业生产内容）到 OGC（职业生产内容）、CGC（社群生产内容）、UGC（用户生产内容），再到 MCN，都是县级融媒体的内容来源渠道，关键是做好内容分发上的对接和利益机制的建立，形成长久的内容生产与分发渠道。网络平台的丰富、多元、发散能给内容生产者提供广阔空间，带来更加丰富、多样、生动、感性的网络内容信息。

4. 丰富种类，提供多样化内容信息服务

县级融媒体中心的内容建设不应局限在新闻与时政报道上，从调研中了解到的情况看，单纯提供新闻信息内容的县级新媒体用户关注度、活跃度都比较低。县级融媒体的作用主要是搭建信息展示、聚合、传播、互动的平台，让群众把这个平台当作获取工作与生活信息需求的主渠道。在线书籍、小说、短视频、长视频、电影、微电影、音乐、游戏等网络文化作品都可以在平台上展现，政务信息、商务信息、就业信息等各种跟群众生活工作密切相关的信息都可以在平台上聚合，使其成为综合信息服务平台。

---

1 中国互联网络信息中心(CNNIC). 第 42 次中国互联网络发展状况统计报告[EB/OL]. 2018-08-20, http://www.cnnic.net.cn/ hlwfzyj/ hlwxzbg/.
2 新浪科技. 微博月活跃用户增值 4.62 亿，年度营收破百亿 [EB/OL]. 新浪网，2019-03-05, https://tech.sina.com.cn/ i/2019-03-05/doc-ihrfqzkc1446626.shtml.
3 一财资讯. 腾讯 2018 年净利润同比增长 19%,微信月活用户 10.98 亿[EB/OL].第一财经,2019-03-21, https://www.yicai.com/ news/100144569.html.

5. 增强互动，提供双向信息内容服务

互动是互联网的基本特征之一，不能实现与用户互动的媒体平台是缺乏竞争力的。绝大部分的县级新媒体都搭建在微信、微博等社交平台上，但自身却缺乏互动功能，直接导致用户关注度不高。县域基层是个半熟人社会，是开展网络社交的绝佳场所。县级融媒体平台应该把互动作为一个基本功能来建设，搭建县级部门之间、群众之间、群众与党政部门之间，包括与县域之外的机构和用户之间的互动平台，提升双向、实时的互动信息服务吸引用户使用，提升用户的活跃度与黏性。

（三）内容建设需要处理好三个关系

面对多元多样的内容生产方式和生产机构，县级融媒体中心的内容建设需要处理好以下几个关系。

1. 处理好"统"与"分"的关系

重塑内容生产的采编发流程，使其更为适应融媒体的现实需要，把握好"统"与"分"这两者的关系[1]。在采编指挥调度、重大选题策划、采访力量、稿件资源方面，传统媒体和新媒体可以统筹起来，以加强调度指挥与新闻原创能力。同时，一方面要发挥主流媒体在传播力、公信力、影响力等方面的优势，另一方面也要充分发挥新媒体平台在互动机制、技术手段、分发模式等方面的优势，针对不同细分领域，各有侧重，形成合力，发挥融媒体的力量。

2. 处理好采编与分发的关系

采编发联动平台是媒体融合机制创新的着力点[2]，内容生产出来之后需要充分利用现代信息传播技术加强内容信息的分发流程与分发渠道建设。分发

---

1 刘奇葆. 推进媒体深度融合打造新型主流媒体[J]. 青年记者，2017(07):9-11.
2 刘奇葆. 推进媒体深度融合打造新型主流媒体[J]. 青年记者，2017(07):9-11.

渠道应该有三个方向，一是向上的方向，通过市、省等内容传播渠道把信息内容往上层网络平台传播与分发；二是向下的方向，通过融媒体的自身网络平台把信息内容传播、送达县域、乡镇、农村、社区等基层群众手中，让基层用户及时了解掌握中央思想精神、社会经济发展、本地人文生活等情况；三是向外的方向，县级融媒体中心需要加强与外部商业网络平台的合作，搭建通往全网的内容分发渠道，扩大本地内容建设的网络传播空间，增强广大网民对本县域经济社会发展情况的了解。

3. 处理好继承与创新的关系

开发新的采编发系统，首先要进行内部体制机制的改革，根据新的业务生产流程进行机构重组、人员调整，打破传统媒体和新媒体采编部门各自为政的局面，构建全媒体信息采集、内容生产、多平台分发的运行机制。这项工作有很大难度，需要县级融媒体人勇于担当、锐意改革，既充分继承和发挥过去传统内容生产积累的好经验、好做法的作用，保持内容生产的品质和导向，又能及时适应互联网时代的需要，创新内容生产方式与传播分发机制，扎实推进县级融媒体中心的内容建设。

第六章　县级融媒体中心的功能设计

互联网正在成为党和政府同群众交流沟通的新平台，成为了解群众、贴近群众、服务群众的新途径[1]。对于县级融媒体中心的功能和作用，中央有明确的态度。习近平同志强调，"要扎实抓好县级融媒体中心建设，更好引导群众、服务群众"[2]。中宣部在县级融媒体中心建设现场推进会上强调，"努力把县级融媒体中心建成主流舆论阵地、综合服务平台和社区信息枢纽"[3]。可以说，县级融媒体中心的功能设置是事关融媒体中心生机活力、融媒体中心长远发展、中央部署要求能否落地的重大问题。融媒体中心的功能有哪些，作用在哪里，在建设谋划之初就需要考虑清楚。

一、主流媒体功能设计的主要经验

主流媒体在与新兴媒体融合发展的过程中，在不同的阶段借助新兴技术手段设计了不同的功能作用，以扩大传播和使用效果，成功实现整体转型。总体上来看，主流媒体和网络平台在功能设计上的经验做法主要有以下三种思路。

1. 以"新闻+服务"模式设计功能

"新闻+服务"是当前媒体融合实践中较为主流的做法，已积累了一定的发展经验。比如，浙江日报报业集团提出的"以服务集聚用户，以新闻传播

1　谢新洲. 县级融媒体中心建设的四梁八柱——融合、创新、引导、服务[J]. 新闻战线，2019(03):47.
2　习近平. 举旗帜聚民心育新人兴文化展形象 更好完成新形势下宣传思想工作使命任务[EB/OL]. 新华网，2018-08-22，http://www.xinhuanet.com/politics/2018-08/22/c_1123310844.htm.
3　县级融媒体中心建设全面启动[EB/OL]. 新华网，2018-09-21，http://www.xinhuanet.com/politics/2018-09/21/c_1123466267.htm.

价值"就是一种"新闻+服务"理念，强调以高质量新闻内容构筑主流媒体品牌公信力，同时通过搭建包括政务服务、公共服务等在内的综合服务体系增强用户黏性。目前该模式已为集团聚合了超过 2000 万的本地强关系网络用户，获得了丰富的用户资源[1]。

2. 以市场为导向设计功能

从一定程度上来说，新闻服务市场是以注意力为核心展开竞争的市场，谁能赢得用户的关注和使用，谁就赢得了竞争主动权。比如，上海东方网主动面向市场以打破传统的行政化思维定势和行为习惯，在导向正确的前提下，用市场的标准和观念对组织架构、内容建设、经营管理等进行革新，组建包括媒体业务管理中心、电子政务管理中心、投资管理公司、智慧社区管理中心、海外经济文化交流中心在内的五大业务板块[2]。

3. 以生态构建为导向设计功能

从互联网发展的历程来看，生态化发展是基本趋势之一，能不能构建"由我主导"的网络生态，将决定平台的生命力和竞争力。生态构建要求通过多维度的资源整合、内容丰富、功能拓展以实现内生环境与外部环境的互动、融合，从而增强用户的友好度和黏性。比如，阿里巴巴依靠其电商平台、腾讯基于庞大社交用户群、百度以其搜索引擎优势发展各自的网络生态，试图实现"连接一切"的最终目的。这里面有一个基本的道理，用户对网站或者应用程序的使用频率越高，用户越多，则平台的价值越高，即所谓梅特卡夫定律[3]。所以，生态化的功能设计，目的就是要通过扩大服务领域，增加用户数量，反过来提升平台价值，形成良性循环。

---

1 宋建武，陈璐颖. 浙报集团媒体融合的探索之路[J]. 传媒，2017(10):9-14.
2 陈旭东. 构建全媒体传播体系——东方网深度融合、整体转型的实践与思考[EB/OL]. 传媒评论，2017-09-08，https://www.sohu.com/a/190627620_644338.
3 梅特卡夫定律是一个关于网络价值和网络技术发展的定律，其基本内涵是：一个网络的价值等于该网络内的节点数的平方，而且该网络的价值与联网的用户数的平方成正比。该定律由乔治·吉尔德于 1993 年提出，但以计算机网络先驱、3Com公司的创始人罗伯特·梅特卡夫的姓氏命名。

二、县级融媒体功能设计的 "1+N" 模式

梅特卡夫定律不仅对商业网络平台适用，对县级融媒体也同样适用。从北京大学新媒体研究院的实际调研情况看，有一个重要发现，县级新媒体账号或者平台如果只有新闻舆论功能，则实际用户数量和点击率普遍都比较低；如果设有政府服务、公共服务、文化服务等多种功能，则用户数量和使用率普遍都比较高。

融媒体中心是本地的融媒体中心，本土特色是发展县级融媒体中心的重要突破口，是县级融媒体中心区别于其他商业性互联网平台的优势所在；融媒体中心是基层的融媒体中心，县级融媒体中心的发展与基层的生产、生活息息相关，在舆论引导的前提下，县级融媒体中心的社会服务属性同样不可忽视。因此，县级融媒体中心既是推动党的声音在基层传播的信息平台，又是立足当地、服务当地的服务平台。通过构建兼具引领性、服务性、公信力、影响力的综合信息服务平台，将县级融媒体中心的发展与本地的发展充分结合，全面彰显县级融媒体中心的社会效益，为推进社会治理、维护社会稳定探索新路径。

从生态化的目标出发，县级融媒体的功能定位应当采取"1+N"模式。"1"是舆论引导功能，是统领，是前提；"N"是多种服务功能的集合，是对"1"的支撑。融媒体的功能可以根据各县实际情况和群众需要不断累积累加，最终目标是将县级融媒体中心作为公共信息平台，打通县域公共数据，实现人与物、人与信息、人与人的连接，变成基层群众与政府间的公共服务一体化平台，让县级融媒体真正"用"起来。

（一）主打舆论引导功能

舆论引导功能是县级融媒体中心的立身之本，或者说是"出生证"的最大依据。舆论引导功能是必备功能，是第一位的功能。设计舆论引导功能，一方面要将社会效益放在首位，坚持管建同步、管建并举，坚持正确的政治

方向、舆论导向、价值取向，坚守社会责任[1]；另一方面要以生态化为视角、以用户为中心进行舆论引导，促进舆论引导与便民服务、党的声音与基层特色的有机结合。县级融媒体中心在打通信息传递"最后一公里"的同时，也要在"最后一公里"上进行深入挖掘，整合本地资源以丰富内容体系，突破体制壁垒以拓展服务能力，不断提升县级融媒体的传播力、影响力、引导力、公信力。比如，北京市昌平区融媒体中心对内打造基层版"中央厨房"，通过对本地区媒体资源的盘活和整合，实现传播能力和传播效果的提升，以较往年压缩近 35% 的投入力量换来了提升近 30% 的内容生产量；对外依托"北京昌平"移动客户端打造自主可控平台，整合信息、问政、服务等优质资源，实现服务能力和保障效能的提升，从传统的信息传播平台转变为综合信息服务平台[2]。

（二）设计党务服务功能

县级融媒体中心不仅是联系群众、引导群众的新渠道，也是联系党员干部、强化党建工作的新平台。因此，需要充分运用县级融媒体中心这个平台推行智慧党建。设计党务服务功能，加强对党员干部的组织联系，丰富基层党组织活动，通过网络平台把本地的党员队伍凝聚、团结起来。同时，还可以动员普通群众，让大家更全面、更经常、更广泛地了解身边的党员，参与党组织的活动。

1. 搭建全方位党建资讯平台

在范围上汇集从中央到地方的有关党建资讯和党建工作精神，在内容上涵盖文件指示、党建活动、典型案例等多种内容，在形式上支持图文、动画、音视频等多种形式，打通党务信息的沟通渠道。

2. 搭建多功能线上学习平台

从内容到形式充实学习资料，从"三会一课"到"两学一做"，从党纪党

---

1 谢新洲. 县级融媒体中心建设的四梁八柱——融合、创新、引导、服务[J]. 新闻战线，2019(03):47.
2 刘晓梅. 北京昌平：区县级融媒体中心怎么建，如何用？[EB/OL]. 国家广电智库，2018-08-14，https://mp.weixin.qq.com/s/TxC4_ndujrN5BR-0azJKgg.

规到正能量短视频，为党员在 PC 端、移动端开展自主学习提供便利。建立党建资料库供活动记录和实时查阅，建立党建知识题库供在线答题和在线评卷。各级基层党组织可将学习活动与该学习平台紧密结合起来，通过举办知识竞赛、在线讨论等活动丰富学习方式，通过设立积分排名、活动打卡等机制调动学习积极性，通过建立在线群组、开展线下活动、在线直播等方式加强对外地党员的管理和教育。

3. 搭建便捷化沟通平台

支持在线群组、文件传输、信息发布等功能，纵向上保证上行下达的渠道畅通，横向上保证基层党组织开展活动、内部沟通的高效有序，充分利用融媒体技术优势提升党建工作成效。

4. 搭建党建数据平台

利用大数据技术强化对组织信息、党员信息、活动信息的整合管理，实现对基层党组织发展情况的全方位把握和可视化呈现，便于开展对党组织、党员的量化考核，全面提升上级党组织的监督管理能力和基层党组织的自我管理能力。

（三）设计政务服务功能

县级融媒体中心应该通过政务功能设计，方便基层群众办事，提升政务工作效率，并进一步发展成为基层政权履职尽责的重要渠道和平台，促进县级政府治理体系和治理能力现代化。

1. 推行"互联网+政务服务"，提升群众满意度

办事难、办事繁问题是基层群众反映最为强烈的问题。随着互联网的日益普及、电子政务的不断推进，我国的社会信息化水平持续提升，信息惠民、便民、利民深入发展。根据国家互联网信息办公室发布的《数字中国建设发展报告（2017 年）》，2017 年，全国社会保障卡持卡人数达 10.88 亿人，电子

诉讼占比同比增长 3 个百分点[1]。群众通过互联网办事的便捷性有显著提升。当前，"互联网+政务服务"工作已进入全面深入阶段，根据国务院《关于加快推进"互联网+政务服务"工作的指导意见》，到 2020 年年底前，我国将建成覆盖全国的整体联动、部门协同、省级统筹、一网办理的"互联网+政务服务"体系[2]。政府服务项目的落地绝大部分都要靠县级政府来完成，县级政府的"互联网+政务服务"的应用水平影响群众对政府施政的满意度评价。比如，浙江省长兴传媒集团借助统一政务 APP"浙里办"，在 1467 名网格员的协助下，方便百姓在移动端处理事务；长兴传媒集团还打造具有县域特色的智慧项目，在助力当地经济发展、基础设施建设、生态文明建设等的同时，还从中实现创收，使自身的造血功能得到提升[3]。

2. 整合政务新媒体，促进政府信息公开

随着《中华人民共和国政府信息公开条例》于 2008 年 5 月正式颁布实施，政府信息公开逐渐常态化、规范化。政务新媒体的发展加快了政务信息流动速度，以更丰富的内容、更亲民的风格、更紧密的互动获得较好的传播效果。从具体实践来看，政府信息公开主要是通过互联网来发布大量社会公众关心的政府公报、会议活动、人事任免、财政预决算、反腐倡廉等关键性信息，在线直播报道领导会议或活动，直播政府及部门会议、新闻发布会，组织直播政府及有关部门重要活动等。由于政府信息事关群众工作生活，受到的关注度比较高，如何公布关键政务信息，以及如何应对信息公开后的舆论变化，如何进行引导等成为一些地方推行政务信息公开的必备要件。这一点，县级融媒体中心应该发挥贴近群众、长于舆论引导的优势，将政府新媒体整合到融媒体中心，一方面与政府部门做好信息公开与政务信息服务对接，另一方面与群众做好信息公开后的信息解读、评论评价、舆论引导，把融媒体中心的优势与政府部门掌握信息的优势对接起来，共同为群众做好政务服务。

---

1 国家互联网信息办公室. 数字中国建设发展报告（2017 年）[EB/OL]. 中国电子报社，2018-05-09，http://www.sohu.com/a/231018312_464075.
2 国务院印发《关于加快推进"互联网+政务服务"工作的指导意见》[EB/OL]. 中华人民共和国中央人民政府网，2016-09-29，http://www.gov.cn/xinwen/2016-09/29/content_5113465.htm.
3 详见第八章浙江省长兴县融媒体中心案例。

3. 利用大数据技术推动科学决策

大数据具有传统数据处理技术不可比拟的优势，通过分析数据背后的规律或联系，构建事物发展的趋势模型，对全局性部署和个性化挖掘均具有指导意义。比如，中国证监会运用大数据分析对证券交易中的"老鼠仓"、关联交易等行为进行打击，提高了金融、证券监管部门对市场风险、违规交易的跟踪和监管能力，实现监管水平的大幅提升。国家税务总局"金税三期"工程实现全国应用系统大集中，采用统一的数据标准和口径，打通涉税数据跨省市、跨部门流通的关键环节，通过深化大数据共享与利用，大幅度提高税源监管质量水平，并且实现全国办税业务流程的规范，以及各地税务机关执法标准的统一。县级融媒体中心通过各项服务，汇集大量当地政府情况、经济运行、群众活动、社会发展等方面的数据，可以将这些数据应用到决策服务当中，助推县级政府了解市场风向标、风险敏感度、群众关注点等，及时做出正确的决策，提出应对的措施。

（四）设计公共服务功能

建设服务型政府的关键在于强化公共服务职能，县级融媒体中心要成为政府履行公共服务职能的重要支点和提升公共服务能力的重要手段。相应地，县级融媒体平台要充分考虑群众的日常需求，大到医疗卫生，小到水电费缴纳，设计公共服务功能既有助于增强其吸引力，同时也是履行社会责任的体现，有助于增强其公信力。

1. 做公共服务的链接平台

在公共服务功能设计中同样应体现生态化理念。所谓"连接一切"，就是要通过大数据技术准确定位用户画像与需求，将个性化需求与精准性服务相连接；通过部门间统筹协作突破数据壁垒，将政务服务与民生服务相连接；通过数据上网完善公共服务数据系统，将线下办事点与线上服务平台相连接。

2. 做公共服务机构的信息导流平台

随着在线教育、在线医疗、智慧水电等服务项目在基层的不断推进与深化，运用互联网扩大服务对象和服务范围成为很多公共服务机构的一种重要方式和渠道。县级融媒体中心未来应该成为基层信息流的一个主要入口，加强与公共服务机构的联系和对接，畅通服务信息传播渠道，为其引导用户，增强用户黏性。同时，也可以通过这种信息导流服务增加收入来源，提升融媒体中心的造血功能。

（五）设计电子商务功能

电子商务作为一种新型交易方式，将生产、销售和消费带入了数字化商业新纪元。在我国政府的大力支持下，电子商务实现了长达二十年的快速发展，成为当前中国数字经济最为活跃和最具代表性的行业[1]。尤其在互联网深入进入县域乡村的大背景下，县域电商经济必将迎来一个大的爆发期。县级融媒体中心作为县域互联网发展的战略支点，不应该在电子商务的发展上缺席。

1. 县级融媒体中心发展电子商务的优势

县级融媒体中心是深入基层、贴近群众的，在发展电子商务特别是解决地方性问题或矛盾时具有先天优势，主要体现在县级融媒体中心的"三力"上：首先，县级融媒体中心具有整合力，能够通过在入口上整合县域媒体资源以实现多渠道营销，在主体上整合县域商家和用户以扩充营销体量，在信息上整合多主体数据以提升营销效率；其次，县级融媒体中心具有公信力，可以为经过检验的本地产品提供值得供需双方信赖的电子商务平台，同时还有助于突破当地固有体制阻碍，盘活当地市场监管和公共服务力量，为县域电商发展提供保障；再次，县级融媒体中心具有影响力，县域影响力可作用于当地便捷性商务服务平台的打造和推广，同时借助公共服务和当地社群培养消费习惯，增强当地用户的黏性，而全网影响力可作用于地方特色产品电

---

1 中国网络空间研究院. 中国互联网发展报告（2017）[M]. 北京：电子工业出版社，2018:102.

商平台的培育和发展，吸引更多的当地商家入驻，辐射更多的外地消费者。发展电子商务，有助于满足群众日常购物需求，有利于增强用户黏性和提高使用频率，有利于为县级融媒体中心创造稳定的收入来源。

2. 县级融媒体中心发展电子商务的策略

发展电子商务需要有强大的技术能力和物流能力，县级融媒体中心在建设之初这两点都不具备。因此，最佳策略就是依托大型电商平台，发展县域特色电商，或者充当电商平台本地化渠道参与宣传推广。具体而言，有两条路径可供选择。

一是与中国邮政集团公司、中粮集团等国有企业合作，发展特色农村电商。近年来，中国邮政集团公司上线了邮乐农品网，并建设了近30万个邮乐购站点[1]，依托其遍布城乡的营业网点和覆盖全国的服务网络，致力于在"工业品下乡、农产品进城"中有所作为。此外，中国邮政还将农村电商作为"电商扶贫"的重要手段，通过开辟"扶贫专区"、组织"一月一品"活动等形式，重点销售贫困县农产品。县级融媒体中心可以与中国邮政展开深度合作，发挥熟悉本地物产、贴近广大群众的优势，成为优质农产品的"发现者"、"发掘者"和"包装者"，与中国邮政一道打造精品特色农产品电商。

二是与阿里巴巴、京东或者拼多多等社会化互联网公司合作，作为其电商战略的县域支点。有关数据显示，2018年，全国共有淘宝村3202个、淘宝镇363个[2]，覆盖全国2.5万个乡镇、60万个行政村的京东家电专卖店近8000余家[3]。然而，无论是淘宝村，还是京东乡镇专卖店，都在县域电商产业发展上存在"痛点"：一方面好品牌、好产品难以得到当地群众认可，另一方面自建营销站点和店面管理成本高。因此，大型电商在县城拓展业务往往"力有不逮"。县级融媒体中心可以发挥本土化、贴近群众、熟悉基层等优势，做好电商的县域支点，帮助阿里巴巴、京东等电商更准确地找准当地居民的需求，降低自建成本和物流成本，增加客流量，提升盈利能力，达成双赢多赢结果。

---

1 潘建伟，许发成. 小岗人弄潮新时代[EB/OL]. 中国邮政网，2018-12-04，http://www.chinapost.com.cn/ html1/report/181434/1429-1.htm.
2 阿里研究院. 中国淘宝村研究报告（2018）[R/OL]. 2018-11-8，http://www.100ec.cn/detail--6479912.html.
3 第一财经百家号. 京东家电下乡镇：2018年专卖店将增至15000家[EB/OL]. 2018-03-20，https://baijiahao.baidu.com/ s?id=1595465607348618448&wfr=spider&for=pc.

（六）设计文化旅游服务功能

随着人们生活水平的提高，文化需求越来越受到重视，人们对于文化服务的需求和要求也越来越高。县级融媒体可以通过设计文化旅游服务功能，对具有当地特色的民俗文化资源、网络文化资源、旅游资源等加以整合，提升当地文化旅游服务质量。

1. 发展县域公共文化服务

文化振兴是乡村振兴的一项重要内容，其中增强公共文化服务能力、改善公共文化服务质量是文化振兴的重点，近年来各地都在加大相关工作力度。比如，山东部分市、县通过建设"公共文化云"，整合当地文化资源，让群众在家借助互联网便能享受文化服务，在提升群众文化生活质量的同时，也提高了文化服务工作的效率[1]。

2. 推动县乡文艺创作与文化消费

县级融媒体中心作为贴近群众生活的信息平台，了解当地文化优势、文化产品、文化传承，了解当地群众的文化消费习惯和喜好，可以充分发挥对当地文化活动的组织、举办、传播，以及对乡土文艺作品创作生产与推广的互联网渠道作用，促进县域文化事业和文化产业的繁荣发展。短视频平台快手的"幸福乡村带头人"计划是值得借鉴的，即从平台用户中发掘"乡村网红"，由平台给予其一定的教育和流量等资源，将其培育成"幸福乡村带头人"，从而带动当地的发展[2]。

3. 助力县乡文化旅游产业发展

旅游日益成为我国民众的生活新常态。一方面，对于旅游资源相对丰富

---

1 付远书. 这一年，乡村文化振兴全面开花[N]. 中国文化报，2018-11-01(05).
2 快手幸福乡村带头人计划助力乡村振兴[EB/OL]. 新华网，2019-03-03，http://www.tj.xinhuanet.com/jz/2019-03/03/c_1124186526.htm.

的县市而言，加快文化旅游资源优势向产业发展优势的转化已是共识；另一方面，伴随新媒体的发展，促进文化旅游资源与网络平台更好地结合同样是大势所趋。县级融媒体中心可以为当地文化旅游产业提供更大的发展空间，不仅在于宣传意义上运用其传播力、影响力和公信力对文化旅游资源进行推广，更在于产业意义上结合公共服务、电子商务等功能构建完整的、新媒体化的文化旅游服务体系。江西省石城县进行了先行尝试，该县着力打造"以旅游业为引领，以现代农业、电子商务、新型能源、绿色食品、文化创意业配套"的产业发展新格局，推进全县旅游业全链条发展、全产业融合、全社会参与、全民化共享[1]。

（七）设计人才孵化功能

人才缺乏问题是县级融媒体中心建设面临的最突出的问题之一。县级融媒体中心能不能建起来，能不能立得住，能不能长期发展，关键要看人才能不能留得住、用得好。

1. 县级融媒体的人才结构

县级融媒体需要的人才主要有两类，一类是技术人才，一类是内容建设人才。从互联网行业发展的实际来看，基层面临的主要难点在技术人才，因为技术人才比较稀缺，市场对技术人才的报酬和价格比较高，县域基层的薪酬水平难以跟大中型城市相比。所以，优秀的技术人才很难到县域基层去，本地产出的技术人才也比较难留得住。相对而言，基层的内容建设人才已有一些积淀，传统媒体的记者编辑人才可以通过培训和实践工作实现转型，转化为融媒体内容人才。其他的内容，比如电商、政务、文化旅游等人才在本地都是可以解决的，需要补足的是互联网方面的知识和技能。从现在的县级融媒体从业人员和基层传统媒体人员的调查情况来看，主要问题在于人员老化和人数较少。

---

1 赣州推进旅游强县建设　打造特色景区书写振兴发展壮美篇章[EB/OL]．江西文明网，2015-07-14，http://jxgz.wenming.cn/sqzx/201507/t20150714_1844529.htm.

2. 人才孵化功能设计要点

首先，把培育青年人才作为重点。习近平总书记讲过，"互联网主要是年轻人的事业"[1]。县级融媒体是个新鲜事物，是在互联网平台基础上建设的，从业人员的年轻化是必然趋势。对于县级融媒体中心来说，需要把培育青年人才作为重点，发挥县域互联网人才培养基地的作用。

其次，提升人才专业化能力。县级融媒体中心建设对媒体人才提出了更高的标准和要求。我们在实际调研中发现，媒体融合增加了县级媒体从业者的工作强度和难度，县级媒体从业者不得不加快转型，主动自学全媒体采编技能。然而，全靠自主学习是不够的，县级融媒体中心需要为媒体人才转型提供相应支持。较为成熟的经验有"传帮带"或"导师制"的一对一辅导形式、组织外出培训学习与邀请专家来访讲课相结合的集中培训形式，以及设立图书馆或图书角等鼓励全民阅读与自主学习的氛围培育形式等。

再次，建立良好的薪酬与晋升机制。优秀的人才需要有相应的对价。一个公平合理、鼓励创新创造的人员薪酬与晋升机制，对于人才的培养、才华的发挥具有重要作用。浙江长兴传媒集团独创的五级贯通升降制度很有创新性，不仅打破了人才的部门壁垒、晋升壁垒，还形成了科学的分配激励机制，在调动人才工作积极性的同时，有助于夯实其业务能力、挖掘其潜力、激发其创新能力[2]。

最后，采取灵活多样的用人机制。针对技术人才的相对紧缺，主要可以采取两种方式，一种是全职招聘，一种是流动候鸟式。全职技术人员主要承担融媒体技术平台的日常维护和小型技术问题的解决，流动候鸟式人才属于技术水平比较高、能力强的高端人才，可以跟县级融媒体签订专项服务合同，重大、基础性技术问题依靠他们来解决。同时，也可以请高端技术人才对本地人才经常性开展技术培训，逐步提升本地人才的技术水平和能力。这种人才使用模式，对县级基层来说，可能是一种比较现实可行的模式。

---

1 习近平在网信工作座谈会上的讲话全文发表[EB/OL]. 新华网，2016-04-25，http://www.xinhuanet.com//politics/2016/04/25/c_1118731175.htm.
2 详见第八章浙江省长兴县融媒体中心案例。

三、功能建设分层分类推进

县级融媒体中心的功能不是越多越好，而是要根据各地方经济社会发展水平、媒体基础、资源条件来设计，适合的就是最好的，贪大求全反而可能嚼不烂。

（一）分阶段设计

县级融媒体的首要功能是舆论引导功能。在县级融媒体中心建设的第一个阶段，首先要围绕舆论引导功能来设计组织架构、技术架构和内容架构。比如，把县域内的广播电台、电视台、报纸、期刊、官网、官微、客户端及入驻的其他第三方平台等宣传渠道资源整合到县级融媒体中心这个统一的机构内，集聚本地媒体资源和人才，打通舆论引导链条，强化舆论引导能力。第二个阶段，建好县级融媒体中心的技术平台和数据中台，提升信息内容生产、分发能力，形成舆情发现、分析、报送、处置能力。第三个阶段，逐渐增加服务功能，这可以根据用户需求情况来设置，比如增加智慧党建功能，助力本地党的建设与政治建设；又如，增加公共服务功能，助力本地公共服务体系的建设。三个阶段的功能设计既可以同步进行，也可以分步设置，由各地根据自身经济水平和实际需要做出谋划。

（二）开放功能接口

功能设计要保持开放性、兼容性。县级融媒体中心设立多种功能后，这些功能难以完全靠自己实现，需要借助外部资源、外部机构来共同完成，这就需要开放功能接口，根据不同的功能开放给不同的机构。比如，智慧党建功能的实行可能需要组织人事部门参与，就要为其开放接口；又如，公共服务功能的实行需要医疗、教育、卫生、水电等机构参与，也要为其开放接口。

（三）加强管理考核

功能设计越多，参与部门和机构也越多，由于能力水平参差不齐，需要加强日常维护，开展考核管理，协调督促相关单位共同做好服务，提升平台的吸引力和公信力，增强平台在当地干部群众中的认可度和满意度。用得好是硬道理。以用户为中心，是互联网思维中一条亘古不变的真理。功能设计得合不合理、服务效果好不好，都要以用户满意与否为标准。习近平总书记在 2016 年网络安全和信息化工作座谈会上强调，互联网发展要坚持以人民为中心，就是这个道理。

第七章　县级融媒体中心评价

在县级融媒体中心建设上升为国家战略的情况下，全国范围已掀起县级融媒体中心建设高潮。全国各省、市、区都在研究部署推进县级融媒体中心建设相关工作，各个县市也将根据本地政治生态、经济实力、资源条件、媒体基础、人才储备等，研究制定具有针对性、可操作性、科学性的建设方案，扎实、高效地推进县级融媒体中心建设。但是，从两次问卷调查和实地调研中可以看到，尽管县域基层对于推进县级融媒体中心建设的愿望非常强烈，但他们对"什么是成功的县级融媒体中心"这一问题缺乏深入了解和充分认识。在实际的融媒体中心建设工作中，普遍存在"重形式，轻评估"的问题。一方面，导致相关工作往往停留在初级的软硬件建设阶段，难以真正发挥舆论引导和党务、政府服务等功能，更难以承担起公共服务、电子商务、人才孵化等其他多元化功能。另一方面，对评价工作的不重视导致县级融媒体中心建设过程中缺乏必要的用户调研和畅通的反馈渠道，建设成果"鲜有群众知晓"，不利于系统工程的良性循环[1]。

在此背景下，能够科学、全面、量化地评估县级融媒体中心对加快推进县级融媒体中心建设工作显得尤为重要。因此，本章将围绕"如何评价县级融媒体中心"这一主题，深入阐述县级融媒体中心评价的重要意义，结合前文对县级融媒体中心建设背景、现状的分析，以及目标定位与架构设计、功能设计等内容，系统建构县级融媒体中心评价的目标与原则、过程与方法、指标体系及具体操作实施方案，并结合县域基层实际工作情况和县级媒体融合发展现状剖析县级融媒体中心评价的特殊性与难点所在，为日后建立县级融媒体中心评价体制机制奠定理论基础和基本框架。

---

1 田丽，石林，朱垚颖. 县级融媒体中心"全省部署"和"县级探索"建设模式对比——以 A 省 Q 县和 B 省 Y 县为例[J]. 出版发行研究，2018(12):12-17.

一、县级融媒体中心评价的意义

县级融媒体中心建设不能一蹴而就，媒体融合向基层下沉将面临更有限的资源条件和更复杂的体制机制困境等难题，要实现在全国范围内全面建成的目标，势必要有探索、有规划、有引导；县级融媒体中心建设更不能昙花一现，战略落地后还需进一步向纵深发展，将顶层设计与基层创新相结合，避免成为"一窝蜂"式的"形象工程"。构建县级融媒体中心评价指标体系，开展县级融媒体中心评价工作，具有强有力的监督作用和关键性指引作用，能有效推动相关建设工作落到实处，见到实效，不断优化完善。

（一）规范建设标准，引领县级融媒体中心建设方向

评价工作中存在"评价什么就提高什么"的激励逻辑[1]。开展县级融媒体中心评价工作是县级融媒体中心发展过程中不可或缺的基础性和导向性环节，发挥着"指挥棒"的作用。县级融媒体中心评价指标体系是以理论分析和现状分析为基础、以现有评价体系和专家经验为借鉴、以相关数据和典型案例为支撑而构建的，评价体系所包含的维度和具体指标将规范县级融媒体中心建设的标准和方向，指标权重数值呈现也将突出县级融媒体中心发展的重点。各县可依据评价维度和指标更准确地把握县级融媒体中心建设的重点与趋势，依据评价结果更清楚地认识到自身发展的成效和不足，择善而从，顺势而为，更好地开展建设工作。

（二）发挥标杆效应，带动县级融媒体中心建设整体提升

标杆管理是现代企业管理的重要制度之一，广泛应用于各个行业和领域，其实质是进行模仿和创新，是一个有目的、有目标的学习过程[2]。构建县级融

---

1 郭燕芬. 治理转型视域下我国地方政府效能评价研究[D]. 东北师范大学，2018:93.
2 王静. 对标管理和管理创新结合的研究[J]. 现代商业，2010(30):123-124.

媒体中心评价指标体系，建立评价体制机制，是县级融媒体中心建设工作应用标杆管理原理的结果和产物，发挥着"助推器"的作用，能够有效带动县级融媒体中心建设在量与质上实现整体提升。

开展县级融媒体中心评价工作最直接的结果就是形成评价榜单。一方面，可以根据评价榜单的结果，树榜样，立标杆，全国、省、市、区县等各层级范围上的典型一目了然，方便后进县进行对照学习，全国典型看建设目标与趋势，跟从区域典型学经验方法，实现本地县级融媒体中心建设的"赶超式"发展。另一方面，评价榜单是一种排名，意味着有优必有劣，这将在县级融媒体建设中引入竞争机制，破除因财政全额拨款支持而形成的"应付交差"心理，让各县更加重视相关建设工作，充分调动起建设的积极性和主观能动性，结合各地实际，各显神通，使县级融媒体中心建设在全国范围内有效、高效地推进。

（三）查摆发现问题，优化县级融媒体中心发展模式

开展县级融媒体中心评价工作的最终目的是为了查摆发现当前工作中存在的种种问题，将评估结果用于指导实践工作，实现县级融媒体中心建设发展的不断优化和完善，以更好地在基层传播正能量，服务本地发展。

县级融媒体中心建设评价结果的应用集中体现在两个层次上。在中央层面，可依据评价结果梳理县级融媒体中心建设中存在的全局性、结构性、普遍性的问题和难点，以问题为导向及时调整宏观战略部署，有针对性地出台辅助政策，做到顶层设计因时而动，更好地适应不同阶段县级融媒体中心建设工作的具体需求。在县域基层，依据评价结果，尚未建成县级融媒体中心的地区，可以更深入地了解已有的成功典型，吸收借鉴有益经验，少走弯路，更快、更有效地推进本地融媒体中心建设；已经建成县级融媒体中心的地区，可以纵向比对自身发展情况，明确已经解决了什么问题，还需解决什么问题，也可以横向比对其他地区的成绩，找差距，补短板，形成县域之间的良性竞争。

二、县级融媒体中心评价的目标与原则

在构建县级融媒体中心评价体系时，需遵循一定的目标和原则，以确保评价体系的科学性和针对性、评价机制的程序性和客观性，以及评价结果的公正性和实用性。

（一）评价目标：政策指向、经验指向、需求指向

在全国范围内开展县级融媒体中心建设工作是新时期党的宣传思想工作提出的新要求、新举措，是媒体融合从中央、省级媒体向基层媒体纵深发展、打通信息传播"最后一公里"的关键一步。因此，对县级融媒体中心的评价也带有鲜明的目标指向性，要准确地体现"加快推进县级融媒体中心建设"这一政策的政策意图和目的。具体表现在以下三个方面。

第一，体现国家加强县级融媒体中心建设的政策意图。中央全面深化改革委员会第五次会议审议通过了《关于加强县级融媒体中心建设的意见》，明确了县级融媒体中心的建设意义和建设要求，体现了中央明确的政策意图。2019 年 1 月 15 日，中共中央宣传部和国家广播电视总局联合发布了《县级融媒体中心建设规范》，后者针对技术建设方案发布了《县级融媒体中心省级技术平台规范要求》，根据前期试点工作的经验成果，进一步规范县级融媒体中心建设工作。县级融媒体中心评价工作需要把中央的政策意图和两个文件的要求充分体现出来，落实到具体的评价机制和评价体系中去。

第二，体现学界、业界关于县级融媒体中心建设的实证研究和实践经验。县级融媒体中心建设是媒体融合发展进入新阶段的关键布局，是党的声音传入基层的手段创新，是媒体文化体制改革的重大举措。县级融媒体中心建设对于打通媒体融合、信息沟通、社情传递"最后一公里"，解决当前基层媒体的发展困境，推动政府转型和完善社会公共服务具有重要意义。学界关于媒体融合发展、县级融媒体建设具体情况有很多实地调研和理论研究成果，业

界在推动媒体融合发展、推进县级融媒体建设方面有很多生动实践，把这些研究成果和实践经验融合体现到评价工作中去，对于基层具有重要理论指导价值和实践参考价值。

第三，体现县域基层关于县级融媒体中心建设的真实愿望和具体需求。县级融媒体中心建设效果需要在实践中检验，县域基层的干部群众是县级融媒体中心的具体参与者、使用者，他们的愿望和需求应该在县级融媒体中心的建设中得到充分体现，这也是县级融媒体中心有没有生命力的最直接、最可靠的依据。评价工作需要充分考虑基层干部群众的真实愿望和需求，通过对评价指标体系的明细化、数据化、标准化，使县级融媒体中心评价变得可评估、易评估。

（二）评价原则：问题导向、科学系统、可持续发展

客观、有效地评价县级融媒体中心，要求评价工作必须采用统一的标准和科学的方法。对一般的评价体系构建工作而言，要遵循目标性、全面性、系统性、科学性、可行性五个原则；而对于县级融媒体中心评价工作而言，还要遵循问题导向性和可持续发展原则。

目标性原则。习近平总书记在全国宣传思想工作会议上强调，要扎实抓好县级融媒体中心建设，更好引导群众、服务群众[1]。引导群众、服务群众就是县级融媒体中心的根本目标，评价工作要将这个目标贯穿于评价机制、体系构建及开展评价的全过程。

全面性原则。县级融媒体中心概念广泛，内涵丰富，功能多样，全国各地的实际情况又千差万别。因此，县级融媒体中心评价工作既要着眼于宏观战略部署要求，又要着眼于本地实际发展需求；既要充分考虑县级融媒体中心建设的多个方面、多个领域、不同层次，又要充分考虑县域基层的共性问题和个性矛盾。在评价体系构建过程中做到综合考察、全面分析、维度通用。

系统性原则。要以系统的思维考量县级融媒体中心评价工作的各个要素，如评价机制的各个环节、评价体系的各个指标之间的联系。一方面要考虑各

---

1 习近平出席全国宣传思想工作会议并发表重要讲话[EB/OL]. 中华人民共和国中央人民政府网，2018-08-22[2019-03-16]. http://www.gov.cn/xinwen/2018-08/22/content_5315723.htm.

个要素之间的联动性和互斥性，突出县级融媒体中心各个功能要素之间的相互依存性，在同一维度上统筹、协调各评价要素；另一方面要考虑各个要素与整体之间的关系与互动，要明确各个要素在整体发展中的地位、作用和贡献，提高评价工作的针对性、有效性和层次性。

科学性原则。县级融媒体中心评价工作需要以充分的现状分析和扎实的理论梳理为基础，运用反映客观规律的知识体系进行设计，明确评价主体和评价对象，提出科学的评价方法。首先，构建的评价体系应保证各项指标的概念、含义及计算范围清晰明确；其次，通过定量的方法，系统、科学地反映县级融媒体中心的实际情况。遵循科学性原则，就是要通过运用系统、科学的方法，合理选择指标，对指标进行准确而充分的概念化和操作化，并通过科学计算，达到描述和评价县级融媒体中心建设效果的目的。同时，体系内的各个指标之间应具有相应的逻辑关系、主次关系等内在联系。一个科学的评价体系应是一个层次分明、结构清晰、相互交叉又相互补充的指标群的有机结合体[1]。

可行性原则。该原则强调的是评价设计的可操作性，要求在评价工作的探索过程中应充分考虑全国各地县级融媒体中心的发展情况及数据统计情况，保证资料获取方便、指标理解容易、计算方法科学、实际操作简便。既要以客观、全面的分析和评价为目标，又要考虑实际的应用条件。

问题导向性原则。建设县级融媒体中心应坚持问题导向，真正解决当前基层工作中面临的实际困难和存在的问题。评价设计应从问题中来，针对性要强，能切实通过评价评估发现实际工作中存在的问题、面临的困难，帮助评价对象认清自身定位和功能，避免在技术建设、内容建设方面盲目上马，导致实际效果不佳。

可持续发展原则。县级融媒体中心建设是一项长期工作，应走一条"试点先行、稳步探索、逐步推广"的渐进式发展道路。在此过程中，新媒体技术日新月异，媒体环境纷繁复杂，这就要求县级融媒体中心评价工作要跟上建设工作的步伐，与时俱进，及时发现并修订评价体系和体制机制中与发展中的实际情况不相适应的部分，与建设工作形成不断发展、相辅相成的良性循环关系，以更好地指导建设工作的开展和深化。

---

1 田丽. 媒体竞争力评价研究[M]. 北京：北京大学出版社，2012:121.

三、县级融媒体中心评价的过程与方法

为实现上述评价目标和原则，县级融媒体中心评价工作需建立科学、严谨、客观、有效的评价过程和评价方法，既有利于评价工作落实到位，推动评价工作常态化发展，又可增强评价工作的系统性和科学性，提高评价结果的客观性和有效性。

（一）评价过程：分工明确、流程规范

明确县级融媒体中心的评价过程，是保证评价工作有效开展、各环节组织有序的重要前提。该过程既要体现系统性思想，各参与主体间分工明确、配合紧密，各评价环节间重点突出、承接顺畅，同时也要符合具体情况，突出县级融媒体中心建设的要求和特色，保证评价过程在具体实施阶段的切实可行。评价过程可归纳为如图 7-1 所示，以下将对其中各环节和要素做具体阐释。

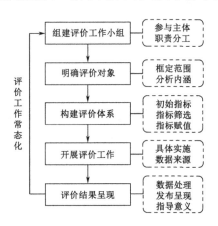

图 7-1 县级融媒体中心评价过程示意图

首先，应组建县级融媒体中心评价工作小组。 Kearney（科尔尼管理咨询公司）从政府绩效评估的视角提出，评价工作需首先明确参与主体，即由什

么部门或机构开展评价工作，之后才应讨论评价方法的创新[1]。总体而言，该小组负责组织开展评价工作，制定和修订制度性文件，研究并构建评价机制和评价体系，反馈评价结果和指导建议，确保评价工作领导有力、组织有序、标准统一、科学严谨。县级融媒体中心建设主管部门是评价工作的主导部门，应负责该小组的组建和统筹工作。

具体而言，评价工作小组主要由研究层和执行层两个层次的参与主体构成。研究层包括第三方研究机构、业界代表等，负责配合主导部门完成评价机制和评价体系的建立及其可行性论证，为评价工作提供经验支撑和智力支持。其中，第三方研究机构主要为研究性的中介机构，由网络知识丰富、熟悉网络传播规律、综合素质较强的专家和研究人员组成。机构应秉持科学和公正的原则，发挥研究机构的权威性和专业性，将相关理论成果和经验研究成果应用于评价机制和评价体系的构建中。业界代表包括技术公司代表、媒体平台代表、县域基层代表等，可将一线建设经验应用于前期研究中，确保评价工作的问题导向性。此外，业界代表可对评价体系中各指标数据来源的可信度及数据获取的可操作性进行论证和判断，保证评价工作切实可行。

执行层可进一步划分为组织工作层和评价工作层。在组织工作层，省级相关部门负责向下传达上级指令，组织县域基层开展评价工作，后者或按时完成自评工作，或配合调研机构完成实地调研，自评结果由省级相关部门统一汇总上报。在评价工作层，第三方研究机构负责评价体系的具体实施情况，通过实地调研、数据获取及处理得出评价结果，并以可视化的形式加以展示，形成评价报告和决策报告。在上述工作过程中，主导部门为执行层提供政策指引及物质、信息等资源支持。

其次，应明确评价对象为县级融媒体中心。明确评价对象及其内涵是开展评价工作的必要前提，评价工作的设计和执行以评价对象为转移。县级融媒体中心评价工作具有自身的独特性，什么是县级融媒体中心，评价县级融媒体中心包含哪些维度，评价哪些地区的县级融媒体中心或重点评价县级融媒体中心的哪些层面，都是在开展评价工作、构建评价体系前需要准确回答的问题。

---

1 Kearney, Berman A.E. Public Sector Performance: Management, Motivation, and Measurement[J]. Journal of Public Administration Research & Theory, 1999,13(1):109-112.

一方面，只有从评价对象的内涵出发，准确勾勒其发展现状并把握其发展趋势，才能保证评价工作方向正确、客观有效。从前文对县级融媒体中心的分析可以看到，顶层设计、管理体制机制、内容建设、技术建设、功能应用、经营情况及网络影响力是县级融媒体中心建设的基本构成要素，评价工作应从上述维度入手展开。

另一方面，只有确定评价对象范围，才能准确实现评价工作的目标和意图，同时有效节省工作成本，避免资源浪费。根据评价工作的目标设计，明确评价对象的范围，不同的范围有不同的设计和要求，如全国范围或省级范围的县级融媒体中心评价、单个县级融媒体中心评价等，需选择科学合理的抽样方法对评价对象进行抽样，如随机数表抽样等。此外，评价工作的侧重点可能不同，如侧重顶层设计的评价、侧重制度架构的评价、侧重传播效果的评价，在选择评价维度时可进行适当调整，做到有的放矢。

再次，应构建县级融媒体中心评价指标体系。构建思路示意图如图 7-2 所示，以下将重点阐述构建过程的各个步骤，评价指标体系的具体内容将在本章第四节做具体阐释。

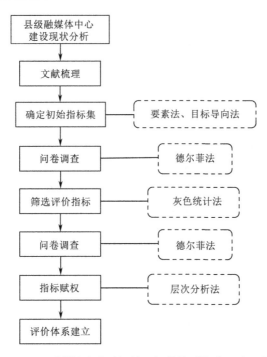

图 7-2　县级融媒体中心建设情况评价体系构建思路示意图

首先，系统分析县级融媒体中心建设的背景、内涵、意义，并结合文献梳理厘清县级融媒体中心建设中活跃的组成要素及其作用，总结已有评价体系和评价指数中值得借鉴的思路与指标，最终确定县级融媒体中心建设情况评价的基本框架和初始指标集。

在评价维度和指标选取上，要综合使用要素法和目标导向法。所谓要素法，指的是从县级融媒体中心建设的基本要素出发搭建评价维度。经过前文的系统分析，拟将顶层设计、管理体制机制、内容建设、技术建设、功能应用、经营情况及网络影响力作为评价体系的一级指标。二级指标的选取则采用目标导向法，以县级融媒体中心的建设目标为导向。构建县级融媒体中心建设评价体系的基本目标是评估全国县级融媒体中心的建设成果，发现当前建设工作中存在的短板与不足并推动其状况的改善，最终实现引导群众、服务群众的根本目标。上述目标明确了二级指标构建方向。

在此基础上，通过实地调研及访谈相关政府管理者、专家学者、行业代表、县域基层从业者等，为初始指标的调整提供参考建议，从而形成针对专家的调查问卷。随后，选取学界、业界、政府部门从业者及普通网民组成专家组，以问卷调查的方式对调整指标进行验证，并使用灰色统计法进一步筛选评价指标，这一步得到的指标集要再次经过问卷调查与专家分析进行第二次验证。最后，采用层次分析法对筛选后的指标集进行赋值，赋予不同指标以不同的权重，方便接下来的计算。

最后，由县级融媒体中心评价工作小组组织开展评价工作。在主导部门的统筹协调下，省级相关部门具体负责组织工作，确保评价过程执行得力、成果显著；第三方机构具体负责评价工作，确保评价结果科学全面、客观公正。在评价工作的具体操作实施阶段，工作小组应充分调动多方力量，基于评价目标，丰富数据来源和渠道以获取可靠数据，寻求权威机构协助数据处理以获得准确结果。在结果呈现阶段，应注意增强评价结果的实际效用，通过呈现形式、发布形式的创新，使评价结果易被理解、广为人知且具有指导意义。此外，工作小组还应重视并建立评价工作中的反馈机制，及时发现并调整评价工作中存在的问题，不断优化评价工作过程，完善评价指标体系，推动评价工作的常态化和可持续发展。

（二）评价方法：定量与定性相结合

县级融媒体中心的核心评价思路是通过构建评价体系，依据指标设置获取并处理相应数据，最终得到反映县级融媒体中心建设成效的量化结果。

在评价方法上，县级融媒体中心评价将结合定性方法与定量方法，综合使用德尔菲法（专家咨询法）和层次分析法。德尔菲法（Delphi Method）也称专家咨询法，其核心思想是通过"匿名收集专家意见—专家意见数据分析—分析结果反馈给专家—再次收集专家意见—专家意见数据分析"的循环往复过程，形成相对一致的调查结果。层次分析法（Analytic Hierarchy Process，AHP）是一种系统分析方法，其基本逻辑是通过构造层次结构模型，将分解复杂问题所得来的若干元素以属性为依据形成若干分析层次[1]。

选择该方法组合的原因有二：一是县级融媒体中心评价体系的相关研究尚不成熟，理论积累和数据积累仍处于起步阶段，不能支持个别客观定量方法对模型和数据的要求；二是评价工作需要立足于县级融媒体中心建设现状，深入结合党和国家政府对县级融媒体中心建设提出的战略要求与目标，充分考虑县域基层的具体问题和实际需求。这套组合方法是目前评价体系研究中较为主流的方法，可以最大限度地保证评价过程的完全定量化和评价指标的优化归类，同时评价过程也相对简易。

具体到数据处理与计算，则主要包括两部分：第一部分是运用层次分析法为各指标赋权，从而明确评价体系的评价重心；第二部分是对所得数据进行标准化处理，以结合指标体系权重计算出最终的县级融媒体中心评价指数。

指标赋权的具体步骤如下：首先，以专家问卷的方式由各专家对县级融媒体中心评价指标的"相对重要性"进行打分；其次，运用层次分析法统计软件（YAAHP）对各个指标进行赋权从而获得第一轮问卷调查结果；再次，以第一轮结果作为参考值（参考值将体现在第二轮问卷中），对专家进行第二轮问卷调查并分析结果；最后，在重复操作若干轮后得到最终结果。该方法有助于实现定性分析与定量分析的结合，其原理是通过调查问卷向专家咨询

---

1 赵焕臣. 层次分析法[M]. 北京：科学出版社，1986:15-22.

同一层次中各组成元素两两之间的相对重要性，构建两两比较判断矩阵，矩阵的最大特征根对应的特征向量即为同一层次中各个指标的权重。

对所得数据进行标准化处理可委托第三方机构完成，具体方式可参考以下思路，即对多个调查对象在同级指标下的数据和信息进行汇总和比较，并分别取同级指标中的最大值作为基数进行归一标准化处理。处理完成后，结合之前得出的各项指标权重，对标准化得分进行加权计算，得到加权得分。由于进行了归一标准化处理和加权处理，最终得到的综合得分理论最大值为1。

四、县级融媒体中心评价的指标体系

关于互联网领域的评估指标体系，学界和业界已进行了一定的探索和实践。比如，联合国推出的电子政务发展指数、世界经济论坛推出的网络就绪度指数、国际电信联盟的 ICT 指数、国家统计局的中国信息化发展指数、中国网络空间研究院的世界主要国家互联网发展综合评价指数和中国各省区市互联网发展指数等。参考这些指数的设计，结合前文的现状分析、理论研究和实际调研成果，对照《县级融媒体中心省级技术平台规范要求》和《县级融媒体中心建设规范》提出的具体标准和要求，我们对县级融媒体中心建设的具体指标做了一系列的深入研究和反复论证，拟提出以下评价指标体系（见表 7-1）。

表 7-1　全国县级融媒体中心评价指标体系

指标名称	重点考量因素	权重	指标说明
顶层设计	县级融媒体中心机构设置、职能设置、政策制度、功能设计、资金投入、与外部机构沟通协调机制、当地发展条件	14%	反映各县市对融媒体中心建设的重视程度、深化改革力度、资源整合力度，以及改革方案与本地发展的适配性
内容建设	网站或应用程序开发，网络平台入驻情况，内容信息数量、原创内容数量、地方特色内容数量及内容把关审核机制，纠错机制，用户互动情况	16%	反映各县融媒体中心的传播矩阵建设情况、内容生产与分发能力、内容监管能力

续表

指标名称	重点考量因素	权重	指标说明
技术建设	信息基础设施建设、已有媒体资源、技术路线选择、技术建设模式、技术建设与维护投入、技术能力与水平、网络安全保障、技术人才数量与使用	13%	反映各地县级融媒体中心的技术能力与水平，以及技术竞争力与可持续发展情况
功能应用	智慧党建、电子政务、公共服务、电子商务、网络文化活动、在线教育、在线医疗、本地社交等	17%	反映各地县级融媒体中心产品功能的丰富性、完整性及群众使用情况
经营情况	用户数据、收入来源、总体投入、经营利润、合作机构数量	11%	反映各地县级融媒体中心的经营模式和收入来源等情况
管理体制机制	组织隶属关系、内部机构设置、内容管理机制、人才管理机制、薪酬情况	15%	反映各地县级融媒体中心的组织管理架构、制度建设、人才队伍建设情况和管理能力
网络影响力	阅读量、下载量、转载量、网民评论（情感态度）、互动数、点赞数、社会网络结构	14%	反映各地县级融媒体中心正面宣传的效果、主流内容的覆盖面等

县级融媒体中心评价指标体系设计的主要考虑因素如下：

顶层设计方面，主要考虑加强县级融媒体中心建设是党和国家重要战略部署，各地区各县市重视程度如何，顶层设计架构合理与否，对于县级融媒体中心建设成功与否、效果如何具有决定性作用。加强县级融媒体中心建设对于县一级政权来说，无异于一次深刻的体制机制改革。既然是机构改革，就需要基于当地发展条件，以发展的眼光充分考虑和衡量机构设置、职能设置、政策制度、功能设计、资金投入及与外部机构关系协调等多个方面，只有在这些方面设计安排好，县级融媒体中心建设才能取得实质性、长期性的成效。

内容建设方面，主要考虑中央要求县级融媒体中心把当地的媒体资源整合起来，发展壮大主流思想舆论，那就需要县级融媒体中心在内容生产、分发、传播、监管等方面发挥主阵地作用。通过网站或应用程序开发及网络平台入驻情况，评价县级融媒体中心的传播矩阵；通过内容信息数量、原创内容数量、地方特色内容数量等二级指标评价县级融媒体中心的内容生产和分发能力；选取内容把关审核机制、纠错机制等二级指标评价县级融媒体中心的内容监管能力。另外，互动性是新媒体发展趋势所在，也是增强用户黏性的重要手段，因此用户与平台的互动情况也是本指标体系重要的考量因素。

技术建设方面，主要考虑能够采用先进技术对传统县级媒体进行改造和提升，搭建现代新媒体技术架构和平台。由于县域基层发展条件往往有限，为避免重复建设，降低建设成本，对技术路线和建设模式的评价需基于已有的信息基础设施建设和媒体资源。在此基础上，通过技术建设与维护投入、技术能力与水平、网络安全保障、技术人才数量与使用等因素衡量技术建设成果的实际效用。

功能应用方面，主要考虑县级融媒体中心不能仅仅只有媒体宣传功能、舆论引导功能，事实上如果只有这两种功能，在实践中是难以得到基层群众的青睐和使用的。只有把群众日常工作生活相关的高频应用纳入其中，才能提高用户使用率，增强产品黏性。所以，我们将智慧党建、电子政务、电子商务、公共服务、在线教育、在线医疗、网络文化活动、本地社交等功能和应用作为重要考量指标，考察县级融媒体产品功能的丰富性和完整性，希望能够推动县级融媒体中心加强在服务群众功能方面的设计，加快实现自主平台建设和移动优先的主流媒体转型目标，以及服务群众的战略要求。

经营情况方面，主要考虑县级媒体的经营困境与县级融媒体中心资金投入之间的矛盾。一方面，融媒体技术、人才的引进意味着前期建设成本相对较高；另一方面，融媒体向生活方方面面的辐射也为当地实现经营创收提供了更多的可能性。如何在这两者之间保持一种合理合适的平衡，是县级融媒体中心长久运营下去，始终生机勃勃的关键所在。因此，我们将县级融媒体中心的用户数据、收入来源、总体投入、经营利润、合作机构数量等关键指标纳入评价指标，以此来推动主管部门在关注县级融媒体中心意识形态功能的同时，更重视其经济功能及其对本地经济发展的推动潜力。

管理体制机制方面，主要考虑县级融媒体中心对县域基层来说是个新兴机构，采取科学、适宜的内部管理体制和运行机制，对县级融媒体中心解决当前发展困境而言是关键的破局之举，对其未来发展而言具有极为重要的基础性作用。我们考虑将组织隶属关系、内部机构设置、内容管理机制、人才管理机制、薪酬情况等纳入评价指标，希望推动县级融媒体中心理顺矛盾关系，冲破体制束缚，构建一套灵活高效、协调有力、运营有效的管理机制，从而优化组织架构、盘活现有资源、促进人才涌现、保障技术到位、拓展经营方式。

网络影响力方面，主要考虑通过评价县级融媒体中心的网络传播效果以衡量引导群众、服务群众这一目标的实现情况。为反映各地县级融媒体中心的正面宣传效果及主流内容的覆盖效果，我们选取了融媒体应用产品的下载量，融媒体内容产品的阅读量、点赞数、转载量及通过情感分析对网民评论的量化结果，融媒体平台内的互动数，融媒体传播活动的社会网络结构等作为二级评价指标，从传播效果的视角呈现县级融媒体中心的建设成效。

五、县级融媒体中心评价的操作实施

在构建县级融媒体中心评价指标体系后，需要结合具体情况，因地制宜地将指标体系应用于县级融媒体中心评价实践活动中。一方面，县级融媒体中心评价指标体系涉及诸多方面，评价工作需要多元主体共同参与、有机互动，各主体间应做到权责清晰、层次分明，保证评价工作的科学性、有序性和高效性。另一方面，基于不同评价目标和研究问题，评价体系可进行弹性调整，从而提高评价工作的针对性及其指导意义的建设性。本部分将从宏观管理政策和微观操作实施两个层级入手，构建县级融媒体中心评价体制机制。

（一）顶层设计：推动县级融媒体中心评价制度化

县级融媒体中心评价以推动县级融媒体中心建设工作加快落实为目标，兼顾媒体融合建设要素，综合考虑国情和各地区各县实际情况，建立起一套具备科学性、操作性、系统性、权威性的指标体系，从顶层设计、内容建设、技术建设、功能应用、经营情况、管理体制、影响力等维度对县级融媒体中心进行客观全面的描述和评估，对中央政府和县域政府的媒体融合实践都具有重要的指导意义。因此，如果只将县级融媒体中心评价视作相关建设工作中一个可有可无的环节，那么就有可能使评价工作流于表面和形式，既无法把握我国县级融媒体中心建设的全貌，也无从以评价指数为抓手进行优化改善。推动县级融媒体中心评价制度化，就是要在中共中央宣传部等有关管理部门的主导下，以明文制度的形式将县级融媒体中心评价确定为长期性、常规性、规范性的工作，确保评价工作有章可循、有据可依，明确评价的对象、方法、频率、主体、发布流程、结果应用等，一以贯之地确保这项工作落到实处。

（二）评价操作：多元化数据采集手段，确保评价科学性

获取真实、准确的数据，是有序开展县级融媒体中心评价的首要和基础工作，也是评价结果具备科学性、权威性和实用性的根本保障。针对上述构想的评价指标体系，要采取多元化的方式收集评价所需数据，综合使用传统数据采集方式和大数据采集方式。主要包括以下三种方法：一是在主导部门组织下对县域基层开展问卷调查以获取数据；二是第三方研究机构通过大数据等技术获取数据；三是从国家统计局、中国互联网络信息中心（CNNIC）等机构的已有报告中获取数据。

具体而言，涉及县级融媒体中心建设中建制层面的相关指标数据，如顶层设计、管理体制机制、技术建设等，可通过对县域基层开展的问卷调查，由县域基层自填问卷获得；涉及经营层面及反映县级融媒体中心建设对本地发展具有带动作用的相关指标数据，如经营情况、当地发展条件等，可通过查询国家统计局、中国互联网络信息中心等机构的已有报告获得；涉及内容、功能及效果层面的相关数据，如内容建设、功能应用、网络影响力等，可借助第三方平台的网络监测获得。

县级融媒体中心建设以新媒体技术为依托和基础。要注意的是，这些技术不仅仅助力于县级融媒体中心的管理机制创新、内容建设升级、采播流程再造、服务功能拓展等，还能为评价数据采集带来极大便利。一方面，数据中心是县级融媒体中心建设中必不可少的组成部分，能够采集、储存更丰富和准确的数据支持评价工作；另一方面，在技术壁垒和规制壁垒打通的前提下，数据共享成为可能，有利于实现数据的结构化与标准化，进一步提升评价工作的质量和效率。

（三）结果发布：多形式、多渠道、常态化，扩大评价影响力

结果呈现需以发挥评价体系最大实际效用为目标，即通过反映县级融媒体中心建设现状及问题，为后续建设工作的开展提供指导建议。具体而言，应实现多形式呈现、多渠道发布、常态化评价，多管齐下扩大评价影响力。

多形式呈现，即以可视化、多媒体的方式直观呈现评价结果。比如，可借鉴热力图的形式，以省为单位，展示全国范围县级融媒体中心建设的整体情况；可使用玫瑰图的形式，将各县融媒体中心评价结果的对比情况或同级各指标的权重对比情况直观地展示出来。又如，可推出基于新兴技术的互动呈现方式，利用 HTML5、交互式小游戏等互动性强的创新形式刊载及解读评价结果，吸引网民转发关注，扩大传播范围。

多渠道发布，即利用多种方式、渠道传播扩散评价结果。召开发布会，发布权威性报告、蓝皮书或者榜单是重要的形式之一。每年定期发布《中国县级融媒体中心建设报告》或《中国县级融媒体中心建设蓝皮书》，通过综合指数或分类指数，分地域或维度地展示过去一年的县级融媒体中心建设情况，并结合相关案例和具体数据进行深入解读，总结建设成果，找到问题与不足，以期为未来完善县级融媒体中心建设提供思路与方向。此外，还可利用各县级融媒体中心的新媒体平台来发布评价结果，形成覆盖基层的网状传播。

常态化评价，即把县级融媒体中心建设情况评价工作变成一项常态化工作，让社会各界可以实时监测县级融媒体中心建设的发展和变化。相关部门可与各网络媒体平台及第三方数据分析公司合作，实现实时建设情况跟踪、日常成果展示、及时危机预警等，促进县级融媒体中心建设的路径优化和可持续发展。

（四）评价应用：建立结果导向的激励机制，强化评价指导性

只有将县级融媒体中心评价结果真正应用于指导建设实践，才能真正发挥评价工作的督导作用和激励作用，切实推进相关建设的不断深化、优化。

短期来看，可以建立结果导向的激励机制，促成县域之间的良性竞争环境的形成。激励机制以正向激励为主，可采取评选"年度融媒体中心建设先进单位"或者"县级融媒体新闻奖"的方式，对县级融媒体中心建设卓有成效的县给予表彰。需要注意的是，激励机制要充分考虑到我国各地区新媒体发展的不平衡，有针对性地向发展较为落后但发展速度较快的地区和区县倾斜，充分激发落后地区的建设热情，避免评优表彰可能产生的"马太效应"。

长期而言，则可建立县级融媒体中心建设数据库，更深入地挖掘数据价值。要在评价机制建立初始就将历次评价的相关评估结果及其对应的各项原始数据信息进行备案、归档、整理，充实到数据库中。在此基础上，一是可以进行横向比较和历时分析，系统梳理、分析我国县级融媒体中心建设过程中的得与失、成绩与问题。二是可在数据库中设立相关数据信息的甄别机制，各县自行提供的数据可能存在着真实性、准确性和全面性的问题，因此甄别机制可以考虑引进第三方进行数据督查。

六、县级融媒体中心评价面临的困难

县级融媒体中心评价工作对其建设发展具有"指挥棒""推进器""优化器"等多重重要意义。然而，考虑到我国县级基层政府众多、县级融媒体中心承担着远胜于媒体的多重功能、其用户以基层草根为主、其发展仍处于起步阶段等特殊因素，县级融媒体中心评价依然存在很多难点，在开展实际工作时需要高度重视和着力克服这些困难。

第一，复杂多样的地域特性考验评价体系的普遍适用性。县级融媒体中心建设是以当地发展现状为基础的，因地制宜、逐步推进是当前各县融媒体中心建设的可行之路。与之相适应，县级融媒体中心评价工作也应立足于当地实际情况。当前阶段，评价对象只是已经建成融媒体中心的试点县，伴随建设工作的逐步推广、深入，评价对象将逐步扩展至全国2851个县级基层单位，涉及范围广、数量多，各县的地域特征、发展水平各不相同。因此，县级融媒体中心评价如何做到兼顾标准统一性和地域特殊性，如何在全面考虑地方特性的同时保证各地区之间的可比性，是评价工作最大的难题，比如，如何在评价过程中平衡好机构改革与历史遗留问题之间的关系，如何将县级融媒体中心建设置于已有的经济、技术基础来评估成效，如何在评估传播效果时兼顾地方特色文化（如方言、习俗等）并使其可比对等。因此，本章所构建的评价体系需随着县级融媒体中心建设的深入而不断完善。同时，有必要推进县级融媒体中心评价与深化改革工作评价相结合。

第二，现有案例经验和数据对评价工作的支持有限。具体体现在评价模型构建和评价数据采集两方面。在评价模型构建上，目前仍有相当一部分区县尚未建立融媒体中心，已建成的融媒体中心也不乏"面子工程"，尚未开展切实有效的信息传播和服务业务。有限的实践经验只能提供有限的参考和借鉴，一定程度上影响了模型评价和构建的准确性和全面性。在评价数据采集上，一方面，评估对象数量众多，且建设水平和层次参差不齐，需要同时协调宣传部、网信办、各县新媒体中心等多个部门，沟通工作繁重，影响数据采集效率。另一方面，通过实地调研，我们发现，技术壁垒、数据壁垒是困扰县级融媒体中心建设的重要问题，不同的技术系统有不同的数据结构和标准，能获取的指标也各不相同，影响数据采集的标准化。

第三，主观性评价可能影响评价结果的客观性和公正性。在前期构建评价体系时，基于问卷法、德尔菲法等方法的体系构建和数据分析，难以避免研究者主观因素的干扰。在后期开展评价工作，特别是在对县级融媒体中心的顶层设计、管理体制机制、技术建设等方面进行评价时，若以对县域基层进行问卷调查的形式展开，评价结果的准确性容易受到填报者主观因素、所面临政绩压力等的影响；若采用实地调研的形式，则容易陷入因样本量太小而以偏概全或因样本量太大而成本太高且周期太长的两难境地。

第四，客观、全面地测量用户行为存在难度。传播效果评价一直以来都是备受学界、业界广泛关注的难题，特别是在对用户行为的测量上。以引导群众、服务群众为目标的县级融媒体中心建设工作需要通过群众来检验建设成果。用户的线上行为如转发量、阅读量、点赞量等只能部分反映县级融媒体中心的传播效果，而用户线下行为的改变则难以完全通过意见反馈的方式来体现。因此，针对用户在认知、态度、行为上的变化，以及网络平台的成长状况等问题，有必要进行历时性的研究，以排除变量间可能已经发生的相互作用[1]。

　　本章所构建的县级融媒体中心评价指标体系目前只列出了七个一级指标和 50 个二级指标，进一步的三级指标设计、细化和调整既需要更多的县级融媒体中心建设案例和数据支持，也需要通过反复几轮严格的专家问卷和计算来最终确定。在未来的研究工作中，课题组将在完善指标设计的基础上，建立起"县级融媒体中心评价指标体系"，并将其应用于实际评价工作中，对县级融媒体中心建设做出总结和解读。我们希望，通过科学的方式、严谨的态度，可以总结提炼各县融媒体中心建设取得的成就与经验，剖析存在的问题和差距，并提出相应的意见和建议，为推动全国县级融媒体中心建设和发展贡献绵薄之力。

---

1 Justine E. Leavy, Fiona C. Bull, Michael Rosenberg, Adrian Bauman. Physical Activity Mass Media Campaigns and Their Evaluation: A Systematic Review of the Literature 2003—2010[J]. Health Education Research, 2011, Vol.26, no.6:1060-1085.

第八章　县级融媒体中心建设案例解析

从 2014 年"媒体融合"上升为国家战略以来，在全国范围内掀起了媒体融合实践的热潮，一些县也率先开展了县级融媒体中心的建设。不少县市在此过程中做了很多的探索和实践，取得了很大的进展，积累了丰富的经验，创造了不少经典案例。本书精选了我们在实际调研中掌握的四个重点案例，进行全面分析和深度解读，以期为当前县级融媒体中心建设的理论研究和实践探索提供借鉴和参考。

一、浙江省长兴县融媒体中心案例

【案例提要】[1]

2011 年 4 月，长兴广播电视台、长兴宣传信息中心（报业）、县委报道组（归口县委办）、"中国长兴"政府门户网站新闻板块（归口政府办）跨媒体整合为浙江省长兴传媒集团；2017 年 4 月，将采访（图片）部、外联部等 10 个科室合并组建融媒体中心；2017 年 11 月，上线启用融媒体指挥平台。

集团以事业单位企业化的形式运作，归县委宣传部管理。在组织架构层面，集团由党委会领导下的董事会、经委会、编委会共同进行管理，其中，编委会设立了一个融媒体中心和一个品牌营销（产业发展）中心，前者分设 10 个科室，后者下设 3 个科室。在技术支持层面，2017 年 11 月 8 日，集团配合融媒体中心建设搭建的可广泛

1　以下数据、资料如无特殊说明，均来自实地调研，由长兴县融媒体中心官方提供。

应用的办公系统——"融媒眼"智慧系统上线。此套系统由长兴县融媒体中心联合多家第三方公司研发，拥有自主知识产权。

长兴县融媒体发展具有集团化运营、内容功能不断拓展、多元经营创收转型、跨区域平台互联、创新管理机制、建设舆论阵地等特色和经验，但仍然存在编制不足、资金压力大、产权结构单一等现实问题，需要在上下联通、人才政策、模式推广等方面改进提升。

（一）长兴县概况

位于浙、皖、苏三省交界的长兴县，是浙江省的北大门，经济发展水平较高，下辖 9 镇 2 乡 4 街道，县域面积 1430 平方公里，户籍人口 63.2 万[1]。2018 年 10 月，长兴县入选"综合实力百强县"、"全国新型城镇化质量百强县市"和"全国绿色发展百强县市"；同年 11 月，长兴县入选"2018 年工业百强县（市）"，并被科技部确定为首批创新型县（市）。

作为东部地区经济实力强的县级基层单位，长兴县媒体资源相对丰富。2011 年 4 月 15 日，由长兴广播电视台、长兴宣传信息中心、县委报道组、"中国长兴"政府门户网站新闻板块跨媒体整合而成浙江省长兴传媒集团；2017 年 4 月，采访（图片）部、外联部等 10 个科室合并组建成融媒体中心；2017 年 11 月 8 日，正式上线启用融媒体指挥平台。

目前，长兴县拥有三个电视频道、两个广播频率、一份报纸和两个网站；两微一端的用户超过 65 万，有线电视用户近 18 万户。共有员工 438 人，总资产达 9 亿元，2017 年营业收入达到 2.09 亿元，2018 年 1~8 月主营总收入为 1.1604 亿元，同比增长 3.42%。2018 年 9 月 20 日至 21 日，中宣部在长兴县召开了全国县级融媒体中心现场建设推进会，"长兴模式"在中宣部高规格现场会议上亮相并推向全国。

---

1 来源：长兴县人民政府网，http://www.zjcx.gov.cn/art/2016/7/22/art_3_1461.html.

（二）长兴县融媒体中心建设情况

根据实地考察获得的数据资料，我们对长兴县融媒体中心发展历程、技术支持、组织架构、平台运营、经营管理、智慧项目、人才队伍等情况进行了梳理总结。

1. 发展历程

早在 2011 年，长兴县便开始了对媒体融合的探索，并于 4 月组建长兴传媒集团。该集团是全国第一家整合广播、电视、报纸、杂志、网站、两微一端、数字电视网络公司、大数据公司等于一体的县域全媒体传媒集团。

2011 年下半年，长兴传媒集团设立了全媒体采访部，开启融媒体报道模式的初步尝试。2012 年，全媒体采访部升级为全媒体采访中心，融媒体报道团队建设逐渐成熟。2014 年，集团搭建了全媒体新闻集成平台，并于 2015 年升级为融媒体平台。

2016 年 12 月，长兴传媒集团和长兴县国资委共同出资 1 亿元，按 7:3 的比例注册成立长兴慧源有限公司。该公司承接政府社会投资类信息化项目，负责建设运维云数据中心，形成了全县"智慧枢纽"，使大数据建设成为媒体融合的"新引擎"。

2017 年 4 月，长兴传媒集团进行架构重组，组建了融媒体中心，下设 10 个部室，进一步整合媒体资源以打通各媒体平台。重组后，集团实行"积分制考核体系"，进一步细化和完善五级贯通升降制，并且深化分配制度改革，从而充分调动了聘用人员的工作积极性。11 月，由集团自主研发的"融媒眼"系统上线启用，强化"一次采集、多种产品、多媒体传播"的模式，促进管理扁平化、功能集成化、产品全媒化。

总体而言，长兴县融媒体发展历程可概括为"率先融合""模式探索""深度融合"三个阶段，如图 8-1 所示。

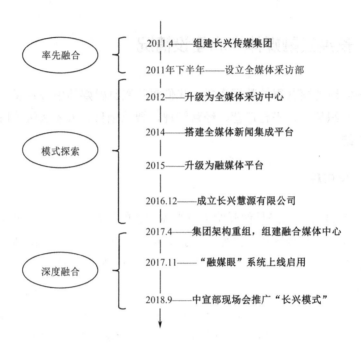

图 8-1　长兴县融媒体发展历程图

2. 技术支持

为了更好地推进融媒体中心建设的各项工作，长兴传媒集团联合多家第三方公司共同研发了"融媒眼"，这是拥有自主知识产权的融媒体系统。该系统定位为《人民日报》中央厨房的"县域版"，具备多重功能，如集中指挥、采编调度、信息沟通、稿库资源共享、热点搜集、传播效果反馈等，既是一套中央厨房指挥系统，又是一套办公系统，更是一套融媒体生态系统。

"融媒眼"系统的最大特点在于其开放性、实用性和个性化，长兴传媒集团秉承"小而美、小而精、小而实用"的宗旨，从实际业务出发，进行具有针对性的平台设计和技术研发。

首先，在技术合作方的选择上，长兴县坚持"集百家长，为我所用"。与拥有融媒体建设丰富经验的索贝科技合作，由其搭建基础系统，提供采编办公、指挥调度、数据分析、舆情监测、媒资管理等基础功能，并开放技术端口，可兼容其他平台的功能和信息，其中包括：入驻《人民日报》的"全国党媒公共平台"，共享《人民日报》部分功能及数据，如新闻热点汇聚、新闻线索抓取、选题（舆情）定向分析等；与新华社现场云合作，由其提供直播平台；与参与浙江省政务系统研发的南京大汉合作，由其研发"掌心长兴"移动客户端 3.0 版本；与旗下慧源公司合作，由其推进智慧服务功能建设；与浙江广电集团合作，对接中国蓝云，拓展外宣通道。"融媒眼"系统技术合作方示意图如图 8-2 所示。上述系统搭建方式既能满足当地个性化需求，符合当地实际，又在一定程度上削减了建设成本。

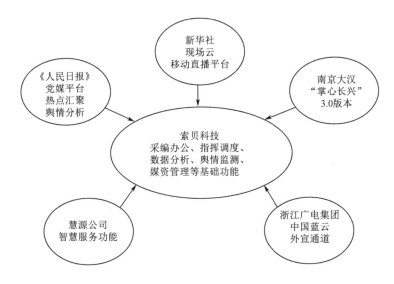

图 8-2 "融媒眼"系统技术合作方示意图

就具体的合作方式而言，长兴县与索贝科技和南京大汉等技术公司的合作属于"一次性打包建设"，其中由索贝科技打造"融媒眼"技术基座的费用在 400 万元左右，由南京大汉打造移动客户端的费用在 100 万元左右。与媒体平台的合作则多属于共享合作制，如长兴县在使用《人民日报》党媒平台时，需要向后者支付每年 30 万元的服务费。

其次，在功能及其应用上，长兴县实现了媒介性质和工作场景的"两打通"。一方面，"融媒眼"系统可同时进行视频制作和文稿编辑，通过统一的融合生产平台，促进各媒体平台的业务有机融合，打破传统的部门归部门的块状生产模式，形成以平台为中心的网状联合、信息共享、产品各异的生产模式。另一方面，"融媒眼"系统支持 PC 端、移动 APP 端及指挥大屏多场景联合办公，工作人员可根据实际需求选择工作场景，比如记者在外采访，可用移动 APP 端"咔咔"接收任务、回传素材；编辑以室内办公为主，可选择 PC 端，便于操作；值班领导可通过指挥大屏实现调度，通过移动 APP 端完成审核。

最后，在硬件支持上，长兴县融媒体中心注重"用技术支援一线"。编委会改造演播厅、增加技术投入，并将原本脱离于采编播一线的技术部也纳入进来，充分运用 4G 传输、流媒体传输、移动直播、无人机采集、全景拍摄、VR 等先进技术，在新闻、专题、活动等方面深度整合最新的信息传播技术。

3. 组织架构

长兴传媒集团由党委会领导，归县委宣传部管理，以事业单位企业化的形式运作，内部设立董事会、编辑委员会（编委会）、经济管理委员会（经委会），形成了重大决策、舆论宣传、经营创收三大系统统一运行、互助发展的组织架构，如图 8-3 所示。

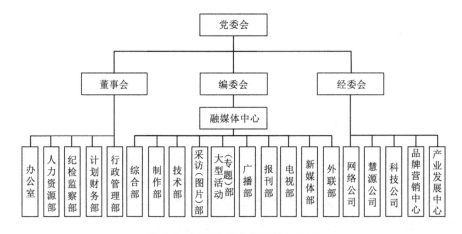

图 8-3　长兴传媒集团组织架构图

其中，董事会负责组织管理和后勤保障，包括办公室、人力资源部、纪检监察部、计划财务部、行政管理部。

编委会主要负责内容生产和建设，下设一个融媒体中心。该中心包括十个科室，分别是综合部、制作部、技术部、采访（图片）部、大型活动（专题）部、广播部、报刊部、电视部、新媒体部、外联部，具体职责如下：

综合部负责各部室内务事宜统筹协调、媒体产品监查、媒体资源管理等工作；采访（图片）部负责素材采集、对外宣传采制、直播实施等工作；大型活动（专题）部负责专题片采制、活动举办、协助对外宣传等工作；外联部负责各媒体平台对外宣传工作的选题策划、联系对接、报道上送；制作部负责集团的制作包装、品牌推广工作；技术部负责各项技术的保障及集团安全刊播；广播部负责广播节目制播、管理及新闻热线信息采集等工作；电视部负责电视节目编播统筹、全媒体融合直播报道的方案策划和牵头实施等工作；报刊部负责长兴新闻报除头版外的选题策划、新闻采写及报纸的编排校对等工作；新媒体部负责新媒体平台的建设运营和其他外接业务。

经委会负责集团经营性业务，包括网络公司、慧源公司、科技公司、品牌营销中心、产业发展中心。其中，品牌营销中心和产业发展中心主要负责经营管理，统筹规划集团经营目标，对接具体经营业务，监管业务流程规范；网络公司、慧源公司、科技公司则在为融媒体建设提供技术支持的基础上，通过承接信息化项目实现创收，成为集团最主要的营收渠道之一。

4. 平台运营

长兴县以扁平化的组织架构为保障，以"融媒眼"中央厨房为轴心，以融媒体中心为主力军，采用每天一次编前会，由采访部统一派工、素材资源回传共享、编辑分平台加工等工作机制，促进融媒体工作平台的流程顺畅和高效有序联动，实现重大选题统一策划，采编指挥统一调度，采访力量、稿件资源统筹协调，探索出较为成熟的融媒体报道模式（如图8-4所示）。

长兴县融媒体报道模式强调上述四个平台在工作流程上的顺畅：

首先，长兴县建立健全了统一的全媒体信息采集平台，畅通了包括政府部门通知、长兴传媒集团新闻热线等在内的十个新闻线索上报渠道，经过值班总编把关筛选后，把有效信息第一时间提供给中心各个采编播科室。

然后，全媒体采访平台在遴选有效信息后，按照信息性质、特点安排记者开展采访活动（一般要闻以2人为标配，重要新闻成立报道小组），对新闻采写提出初步的采访建议，并做好各方对接工作，通过"融媒眼"系统随时监督采访任务进程。

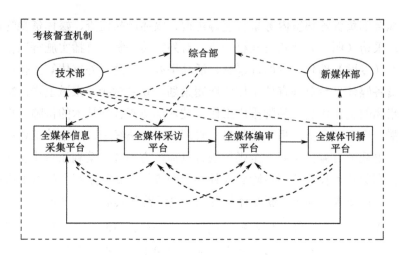

图 8-4　长兴县融媒体报道模式图

随后，全媒体编审平台在收到采访平台发回的素材后，根据各刊播平台特点和要求进行编辑并及时审稿，遇到重大事件或突发新闻应组织广播连线。

最后，全媒体刊播平台根据各平台特点及时刊播编审平台提供的新闻，刊播顺序为：全媒体即时报、全媒体广播连线→新媒体微信公众号推送→电视游字滚动播出→电视新闻报道→报纸解读跟进。

同时，长兴县融媒体报道模式强调上述四个平台的高效有序联动：

全媒体信息采集平台在获取和集中信息之后，第一时间做出判断，把有效信息准确提供给采访平台和编审平台，并跟进该信息在各平台刊播后的社会反响。

全媒体采访平台需做好与信息采集平台和编审平台的对接工作，确保新闻采访的及时、准确。

全媒体编审平台在遇到需要补充采访或更改选题等问题时，需与采访平台联系；完成当天的编审工作后，要把编审过程中出现的差错及改进和提升建议上报中心综合部；如发现值得深挖或关注的新闻线索，第一时间告知采访平台；针对从信息采集平台获取的社会反响形成处理建议，提供给采访平台，并由后者安排跟进采访事宜。

全媒体刊播平台需将新闻成品中的问题或发现的新闻线索反馈给采访平台和编审平台。

此外，技术部提供每日技术动态，综合部提供每日传播力数据分析，新媒体部提供两微一端等新媒体数据，由综合部每天汇总编发《编委会监听监看日志》，并反馈至中心各科室。

为确保融媒体报道模式顺利落实，长兴县还配备了相应的考核督查机制。其中包括：考核汇总，即各刊播平台根据自身考核体系，严格考核并向其他平台公示考核分数；稿费兑付，即各刊播平台对全媒体播报员的稿费实行"一月一结"；差错纠正，即对采编刊播环节中出现的差错及时反馈追查，并提出整改措施，传达学习；学习提高，即各刊播平台负责人一年内需开展两次以上的授课。

目前，上述融媒体报道模式已在长兴县融媒体中心内部得到广泛应用，实际效果良好，员工已普遍具有融媒体报道意识，并能在实际工作中熟练使用融媒体系统。长兴传媒集团融媒体中心主任徐某介绍说："只要打开手机，就看得到信息的共享。这套系统解决沟通问题是比较形象的，废了的选题会变成一条红线而不是删除，是为了提醒其他记者不要再报相同选题……对外宣传需要调用的稿件都会有痕迹，并生成评分供主编考核……系统里的对话、留言、消息三个系统都可以进行特殊需求的沟通……所以说融媒体中心是一个虚拟概念，为什么要让大家有大中心的理念，因为大家都是一家人，不要给员工一个具体的职务范围。"

5. 经营管理

长兴县融媒体发展得到了一定的财政支持。2015 年县财政向文化传媒领域拨款约 1131 万元；2016 年财政支持力度加大，拨款约 1619 万元；2017 年拨款下降至约 973 万元。然而，对于上亿级体量的长兴传媒集团而言，单靠财政支持是远远不够的，提升自身的造血能力才是关键。

随着媒体形态和传播方式的不断演变，长兴传媒集团不断创新其经营管理模式和发展路径。集团从原来的纯广告业务为主的单一模式向多元化产业经营拓展，包括政务合作、活动营销、产业经营、商业广告等，它们的创收比例基本为 3:3:2:2，为媒体融合的推进提供了坚实的经济基础。

在管理模式上，经委会下设的品牌营销（产业发展）中心统筹管理经营性业务，包括业绩任务管理、经营业务接洽、经营业务监管、合同规范管理等，融媒体中心各科室依照各自业绩任务具体落实工作。在具体项目中，品牌营销（产业发展）中心和融媒体中心相关科室将各派一位领导跟进项目进展，从而在组织架构和工作方式上打破以往"内容不配合营销"的情况。

在经营模式上，"媒体+"是长兴传媒集团创新营收模式、提升造血能力的突破口，旨在通过媒体内容生产与产业发展相结合，立足自身媒体优势，释放媒体融合衍生项目的活力和影响力，实现"一加一大于二"的成效。

其中，"媒体+活动+服务"模式通过为乡镇、部门、企业等客户量身定制活动或生产媒体产品，与新浪微博、今日头条等合作扩大宣传影响力，实现活动和营销的高度融合。长兴传媒集团融媒体中心主任徐某介绍说："像新媒体部，登广告只是它的一小部分，其他的还有新媒体技术输出，比如 H5 的开发，以及一些活动的举办并配套新媒体宣传，都是整个集团倡导的方式。"

借助"媒体+互联网+项目"的模式，辐射会展、金融、车险、教育等多种业态，展开跨界合作。同时，按照"搭平台、输模式"的理念，将全国县级融媒体建设模式中相对领先的"长兴模式"输出至其他地区，在帮扶其他地区探索融媒体发展的同时促进自身创收。在谈及模式输出的核心时，长兴传媒集团总编辑王某某认为，"人家看重我们的是整个运作管理体制，包括管理体系、薪酬体系、考核体系、团队建设、文化建设、内容策划等，这些在很多地方是欠缺的。"

"媒体+资本+项目"模式重点将旗下慧源公司打造为一家科技创新板上市企业。慧源公司是长兴传媒集团布局未来智慧发展格局、重建商业模式和盈利模式的重要一步，其数据涵盖多个行业和业务职能领域。比如在项目设计服务上，2018 年公司共完成全县 66 个信息化项目方案设计、评审、招投标工作，涉及项目资金1.8 亿元，取得项目设计、评审等服务费 500 多万元。此外，在提供计算、存储服务，以及组织信息化项目建设等方面均有创收。2017 年慧源公司（含科技公司）共计营收约 4000 万元。

6. 智慧项目

在融媒体的发展道路上，长兴传媒集团积极探索媒体产业的转型升级，涉足智慧项目便是其中最具前瞻性的尝试之一。慧源公司作为智慧项目的主要平台，与航天五院展开合作，统一管理政府投资的信息化项目。政府通过购买服务的方式享受信息化服务，最终实现政务资源的整合和共享。

　　长兴的智慧项目主要基于以下两个技术基点：云计算数据中心和城乡信息栅格平台（CIG）。云计算数据中心是实现"智慧长兴"的硬件基础设施，为实现政务、民生、产业等领域数据资源的集中存储、互联互通和协同应用提供弹性可伸缩的基础云服务，包括"政务云"和"民生云"，两朵云互为备份、双活，在安全环境下进行数据交换，实现对全县信息化资源的有效整合和共享服务。CIG 是城乡全面互联的、端到端的智慧城市信息共享和交换平台。其核心是通过空间栅格集成各类信息资源，按需动态分配给需要的用户，从而打破数据孤岛、突破部门隔阂。

　　由上述技术框架形成的长兴政务大数据，将为各类智慧应用提供数据支持。目前，长兴最具代表性的智慧项目有以下四项：政务服务建设领域的"最多跑一次"（即"浙里办"的长兴拓展平台）、服务经济建设领域的工业亩产大数据平台、生态文明建设领域的"智慧河长"、平安城市建设领域的"雪亮工程"。此外，长兴智慧项目还助力公车改革、智慧邮管、档案利用服务、智慧法院、智慧景区等的建设，涉及行政、文化、医疗、教育、交通、旅游等多个领域，极大地推动了智慧城市建设，目前累计创收已接近 3 亿元，为融媒体工作创造了条件。慧源公司总经理张某某坦言，"慧源公司主要是为县智慧城市服务，传媒只是一小部分。"

　　智慧政务不仅是融媒体工作与智慧城市建设的契合点之一，而且是长兴县融媒体建设的发展方向之一。政务大数据一方面实现了"数据跑路"代替"群众跑腿"，另一方面促进了政府数字化转型。长兴率先提出"最多跑一次"移动办，借助统一政务 APP"浙里办"及 1467 名（专职 289 名+兼职 1178 名）覆盖全县的网格员，百姓的事情由网格员上门办、移动办。

　　由于"浙里办"仅涉及省级层面的政务服务，长兴正计划打造具有县域特色、符合县域受众需求的服务型 APP"掌心长兴"，技术合作方为参与浙江省政务系统研发的南京大汉公司。目前，数据难打通和用户体系难统一是主要的工作难点。特别是数据打通问题，CIG 平台建设仍处于初步阶段，部门数据共享工作将分批次进行，已接入的 48 个部门属于首批目录。同时，慧源公司在行政体制上归大数据中心管理，后者拥有数据权限。出于安全性的考虑，现有数据暂无法与长兴传媒集团共享。因此，现阶段"掌心长兴"的数据联通仍是与相关部门点对点式的单向联通。

7. 人才队伍

长兴传媒集团秉持着"做一名有思想的媒体记者，办一家有灵魂的新闻媒体"的发展理念，始终以"责任、专业、融合、创新"的核心价值理念推动人才队伍的建设进程。"事业单位、企业化运作"的长兴传媒集团，将人才上升到战略资源的角度进行配置和管理，充分体现集团对传媒核心竞争力——人才的重视。

长兴传媒集团自 2011 年 4 月组建以来，始终坚持"新闻立媒"，将"人"置于集团发展的重点地位，其组织框架（如图 8-5 所示）为党委会领导下的董事会、经委会、编委会。其中，编委会设立了一个由十个科室组成的融媒体中心；经委会设立了一个由三个科室组成的品牌营销（产业发展）中心。

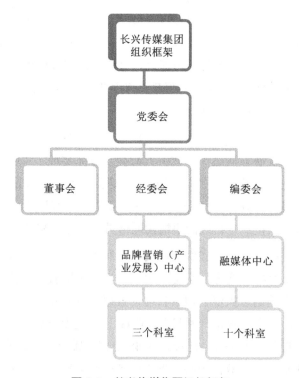

图 8-5　长兴传媒集团组织框架

长兴传媒集团目前现有员工 438 人,融媒体中心下相关工作人员一共 203 人,以下将从年龄、学历、专业、编制、薪资五个角度对该人才队伍进行数据统计分析。

在年龄结构方面（如图 8-6 所示）,融媒体中心 20～29 岁的工作人员最多,有 103 人,比例超过总体的一半（占比约 51%）;30～39 岁的工作人员次之,有 76 人（占比约 37%）;40～49 岁的工作人员有 14 人（占比约 7%）;50～59 岁的工作人员最少,仅有 10 人（占比约 5%）。

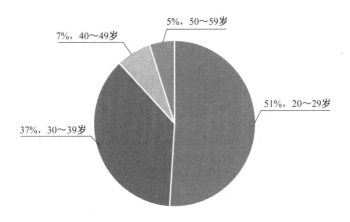

图 8-6　融媒体中心工作人员年龄分布图

长兴传媒集团融媒体中心工作人员的年龄特征以年轻化为主。从年龄构成的比例来看,20～29 岁的工作人员明显较多,占比超过半数;30～39 岁的工作人员占比超过三分之一。这两类年龄区间的工作人员构成了长兴县融媒体中心的主体。

在学历结构方面（如图 8-7 所示）,融媒体中心内 185 人都为本科学历（占比约 92%）,大专学历的有 9 人（占比约 4%）,中专与高中学历的共 6 人（合计占比约 3%）,而研究生学历的有 3 人（占比约 1%）。

本科学历是长兴传媒集团招聘人员时的基本标准,但是人员所毕业的高校排名靠后,名校毕业的应届生很少选择进入长兴传媒集团。长兴传媒集团总编辑王某某介绍说,"我们招聘的都是大本（本科）,但是我们一般都是二本,有些是三本。我们也去复旦（大学）、中传（中国传媒大学）、武汉（大学）、兰州大学招生过,这种顶尖名校、国内 211、985 的最后留下来的不多,生源我们跟人家是没法比的。"他认为,县级媒体的平台限制是毕业生不选择传媒集团的主要原因："对他们（毕业生）来讲，首先第一志向北上广深，再不济省级（城市）；实在糟糕一点，差强人意点（去）地级（城市），不太会到一个县级媒体。在他们眼里，县级融媒体中心似乎平台太小。"

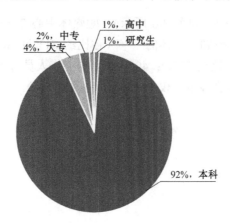

图 8-7　融媒体中心工作人员学历分布图

从资料数据中发现，传媒集团从业人员整体学历较高，本科学历高达 90%以上，同时也有研究生学历的工作人员提高着整体学历水平。各人员相关信息显示，本科及以上的高学历人员往往担任核心工作，如部门主任、记者与主持人；中专及以下的低学历工作人员多负责专业能力、技术水平要求不高的工作，如器材管理、电视值班的非核心工作。

在专业结构方面，长兴传媒集团融媒体中心以文学与传媒型人才为主，其中新闻与传播类专业[1]有 77 人，汉语言文学类专业有 36 人，艺术设计类专业[2]有 23 人，工程技术类专业[3]有 20 人，经济管理类专业[4]有 19 人，体现出该团队专业程度和技术能力较强的特点，这很大程度是长兴传媒集团企业化运作的结果。

---

1 新闻与传播类专业包括广告学、新闻学、传播学、摄影与摄像、播音与主持艺术等专业。
2 艺术设计类专业包括艺术设计与视觉传达、动画等专业。
3 工程技术类专业包括计算机科学与技术、电子信息科学与技术等专业。
4 经济管理类专业包括行政管理、财务会计、国际经济与贸易、经济学等专业。

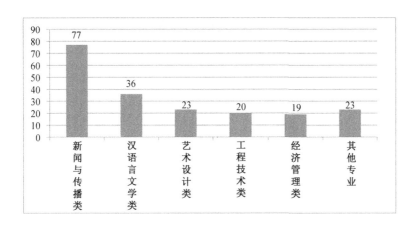

图 8-8　融媒体中心工作人员专业分布图（单位：人）[1]

同时，工作人员的专业背景中，计算机科学与技术、电子信息工程类的技术人才有 12 人；经济管理类专业如行政管理、工商管理、国际经济与贸易等人才约有 13 人。这两类专业人才的部门分布分别体现了长兴传媒集团的强技术力量，以及企业化运作的特点。

技术类专业背景的人才多在编委会下设的技术部任职，且 2018 年成立的慧源科技公司也聘用了传媒集团技术部的人员。经委会下设的品牌营销（产业发展）中心负责集团的营销与品牌化建设，同时集团的企业化日常运作也离不开经济管理类专业人才的支持。

长兴传媒集团在 2011 年便设立全媒体采访部，在随后的发展中提出了融媒体人才"一专多能一尖"的激励计划，致力于打造以全媒体记者为中心的传媒人才库。长兴传媒集团总编辑王某某介绍道，"我们是 8:2 的关系，八成人才在搞内容，两成人才搞技术。"作为长兴传媒集团的核心，全媒体记者的专业以传媒专业为主，有传统新闻类如新闻学、传播学；有文学写作类如汉语言文学、对外汉语专业；也有影视后期类如广播电视编导、摄影与摄像、播音与主持艺术专业等。全媒体记者并不归属于特定的某个部门，而是在多个核心部门分散，如采访（图片）部、大型活动（专题）部、报刊部均有集团重点培养的对象。

---

1 在长兴传媒集团融媒体中心的 203 人中，有 5 人无专业信息。

在人员编制方面（如图 8-9 所示），长兴传媒集团融媒体中心的聘用制人员有 180 人（占比约 89%），剩余 23 人为事业编（占比约 11%）。可以看出，集团内编外人员占绝大多数，仅有一成左右的工作人员具有事业编制。

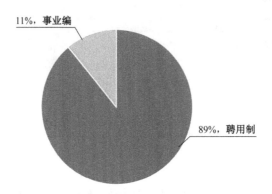

图 8-9　融媒体中心工作人员编制分布图

根据人员的相关信息分析，事业编的工作人员具有年龄长、职位高的特点。其中 6 人学历为专科及以下（约占事业编总人数的 26%），且年龄在 45 岁左右。在编人员多在综合部和技术部，共 9 人（约占事业编总人数的 40%）。

编制是县级媒体从业者非常看重的指标，而长兴传媒集团并没有解决编制的传统，2018 年是个例外："不是每年放 10 个（编制），是今年好不容易争取到了，这是县委书记批的。"对比长兴传媒集团曾经的录用方式，长兴传媒集团总编辑王某某认为这 10 个新增的编制非常宝贵，"我觉得太重要了，我进集团 25 年，都没有看到过有这么多（同时开放）的编制。2000 年以前，通过社招大规模招人，那时分配（人员）多，或者部队转业过来，或者从外单位调过来。"在长兴传媒集团，解决编制不仅意味着员工能获得一份稳定的收入和一个事业编身份，而且还是打破传媒集团人才晋升困境的破局之法，"优秀的员工从员工起步，走到他所能走到的顶端——中层正职，高半级叫编委，比党委班子低半截。他到编委就上不去了。我们要打破这个瓶颈，只能通过进编的办法来解决。这是当时争取 10 个编制的一个根本原因和出发点。"

与一般媒体单位的编制情况不同，长兴传媒集团融媒体中心的非事业编的人员占绝大多数，其根本原因是传媒集团以其特有的激励机制吸引在职员工。"双聘+五档薪酬"的机制（如图 8-10（a）、（b）所示）打破了编制内外人员身份，以"按岗定薪、同岗同薪、量化考核、多劳多得"的模式进行分配；独创的五级贯通升降制度结合科学的"积分制考核体系"，充分调动了聘用人员的工作积极性。

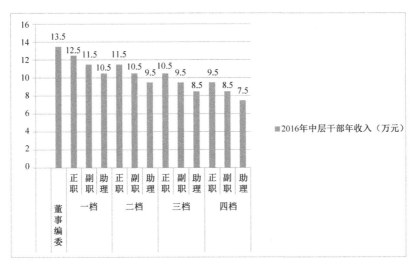

（a）2016年融媒体中心中层干部年收入各档位分布情况统计图（单位：万元）

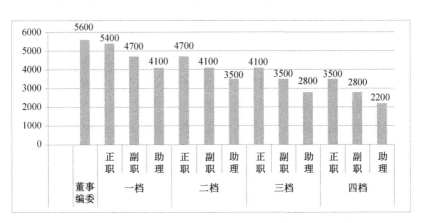

（b）2016年融媒体中心中层干部月度考核奖各档位分布情况统计图（单位：元）

图 8-10　2016 年融媒体中心五档工资情况图[1]

在薪资结构方面（如图 8-11 所示），根据已获得的 173 名人员工资水平进行分析得知，在传媒集团中，被划分为三档工资水平的人员最多（占比

---

[1] 调研时，长兴传媒集团融媒体中心第五档薪酬没有工作人员，故图中没有第五档的相关数据。

57%）；获得二档工资水平的工作人员占比不到四分之一（22%）；一档工资水平作为体系中较高的档位，人员占比为17%；获得四档工资水平的人员最少，为4%。事实上，档位晋升的名额往往较为紧张，每年开放的晋升名额并不多。传媒集团电视部主编王某某介绍道，"二（档）进一（档）每年放的名额比较少，像三（档）进二（档）的话，去年在编委会这边是放了30个名额。因为一档的待遇跟二档、三档这些待遇是能够一下拉开一个单位，所以（晋升）一档比较难。"

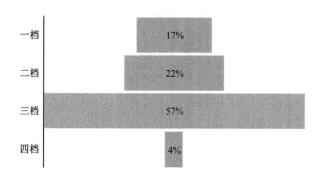

图 8-11　长兴传媒集团四档不同薪资水平的人员分布图

从这四档不同薪资水平的人员分布图中可以看出，传媒集团的整体薪资分布呈现出两头窄、中间宽的"纺锤体"分布。这也与传媒集团工作人员的职位情况紧密相关。总体来说，传媒集团具有中高层管理人员少、核心部门且不同岗位的普通人员多、提供支持性工作的非核心人员少的特点。

2017年，长兴传媒集团将档位和中层的晋升通道完全打通，并成为目前人员晋升的主要依据。五级贯通升降制度不仅打破了人才的部门壁垒、晋升壁垒，还形成了科学的分配激励机制。首先，全媒体记者的培养初衷便是挖掘媒体从业者的人力资源最大潜力，部门壁垒的消失使人才在不同部门之间的流动成为可能，从而形成了全媒体记者跨部门的工作环境。其次，科学的积分机制为五级贯通升降制度提供保障，将工作成果分级化，使集团竞争公平化，让晋升通道透明化。最后，五级贯通升降制度充分调动聘用人员的工作积极性，量化考核、多劳多得的分配模式推动着工作人员的生产能力。

除了五级贯通升降制度外，首席制度也是长兴传媒集团的独有创新。首席制度以除中层外的所有普通员工为评选对象，由集团对聘任人员进行年度考核和聘期考核。各岗位的首席聘期是两年，一个聘期结束后将重新组织竞聘或调整岗位。首席上岗后，需要挑起团队重任，对大型报道、活动、节目创优、技术攻关等重点工作发挥岗位带头人作用；其年度考核分、节目创优、技术攻关等业绩需要在部室内位居前列；同时，还需要负责1～2名年轻同志的业务指导工作。

首席责任重大，不仅担负着该部门的内容创新、业绩领先的重任，还是年轻员工的"职业导师"。但首席的待遇也随之发生改变，长兴传媒集团电视部主编王某某介绍道，"（晋升到）首席之后他的待遇也有升高，比如说二档首席，跟一档中层副职的待遇是一样的。"传媒集团副总编辑副台长王某某介绍道，"拿到了首席之后，他（工作人员）直接可以拿到一档中层助理的待遇，这个就解决了一个问题，以前可能他理论上要通过四年（才能提高待遇），我们这个（首席）通道打通的话，就真正地能够让做业务的人安心做业务。"她认为首席制可以让专业的人在专业的岗位充分发挥自己的特长，在传媒集团提供的舞台上充分实现自我价值。

（三）长兴县融媒体中心发展特色

长兴传媒集团作为县级融媒体中心建设的领军者和全国样板，在体制机制、内容创新、功能拓展、经营升级、对外合作、人才培养、党建互联等方面有许多值得总结学习的经验。

1. 实行集团化运营，组织架构重组

长兴县的媒体融合探索之路开始得较早，在2011年4月就按照中央有关深化文化体制改革的要求，将县级媒体改革纳入工作重点，并提升为全县文化体制改革的破题之举。面对县内媒体机构分头作战、效率低下、资源浪费的情况，长兴县委、县政府采取的创新性策略是整合了原广播电视台、宣传信息中心、县委报道组和政府网新闻板块等具有媒体性质的县内机构，组建了全媒体传媒集团。该集团克服了利益调整、人事变动、资产重组等方面的阻碍，将原有机构的人、财、物等资源融合到统一的整体中。

在集团化运营的情况下，为了贯彻落实"党管媒体"的原则，长兴传媒集团在党委会的领导下，设立了董事会、编委会和经委会，形成了结构完整、

责权明确的领导体系。在整合原有媒体的业务职能、工作流程、人员配备后，长兴传媒集团重新调整了组织架构，每一个委员会对应一个职能模块，在其下重新划分职能部门，形成矩阵式、扁平化的管理结构。

集团化运营的优势在于为媒体深度融合提供体制保障，客观上消除了机构壁垒，从整体工作的角度重新划分组织架构，优化资源配置，升级生产流程，形成紧密联结的一体化传播体系。与其他县为融媒体中心设立事业单位"番号"的做法不同，长兴县用传媒集团的形式运作融媒体中心，获得了更多的自主经营空间，特别是为迈向市场的产业化运作奠定坚实基础。党委会、编委会的设立不仅保证了长兴传媒集团的党媒属性，而且确保了媒体融合沿着正确的政治方向前进和发展。

2. 拓展内容和功能，不断调整定位

长兴县原有的媒体资源较为丰富，媒体实力也较强，融合后借助新技术、新形式，发挥了内容生产方面的优势，在传统媒体和新兴媒体，尤其是移动端上发布了一系列品质较高的原创作品，不仅吸引了大批受众，而且提升了地方媒体的公信力、引导力、传播力和影响力。长兴传媒集团借助内容的转变，不断拓展功能，逐渐从新闻媒体向县域综合信息服务平台转型。

长兴传媒集团把"内容立媒"放在第一位，拓展新闻信息的深度、广度、力度、温度，超越了单一的地方政务新闻和民生新闻视角，开设多类专栏，为内容做加法。借助新兴技术手段，如无人机拍摄、H5游戏、移动直播等，提升内容的即时性、互动性和可视性，从单向新闻宣传发展为将内容作为一种沟通、连接、服务和产品，变"受众"为"用户"，因地制宜地打造特色化、分众化的内容。长兴传媒集团立足地方媒体的近地优势，采取本土化的基层视角，贴近民众内心的关切，排忧解疑释惑，增强情感共鸣，塑造社会共识。民生热线、市民督导团、公益专栏、电视专题片等内容发挥了舆论监督、精神文明弘扬、文化传播、招商引资、盘活县域经济的功能。

长兴传媒集团重点打造"掌心长兴"APP，集新闻、服务、互动、直播、游戏等功能于一体。基于"新闻+服务"的模式，尝试搭建起长兴本地最具影响力的政务、民生、公共资源、自然人文等公共服务平台，用服务聚合用户，壮大阵地，进而实现引导功能。

3. 探索多功能设计和多元化经营，推动创收转型

长兴传媒集团的市场化程度较高，营收情况也处于全国前列，2017年营收2.09亿元。集团经营模式和发展路径的创新之处在于从纯广告业务为主转型升级为产业多元化经营，目前政务合作、活动营销、产业经营、商业广告创收比例基本为3:3:2:2。

长兴传媒集团推行项目化运营模式，推出五项多功能项目，分别是"媒体+会展""媒体+教育""媒体+活动""媒体+理财""媒体+服务"，以"媒体+"为着力点，积极开发媒体融合衍生项目。在产业链拓展方面，长兴传媒集团积极发展会展业，举办精品化、系列化的线下活动，依托立体化的现代传播体系，发挥融媒体的集群优势，还与电商公司合作，打造"县域+媒体+电商"的新型电子商务公共服务平台。在本县的经营收入达到饱和之后，长兴传媒集团开始开拓省内外市场，进行模式输出，提炼核心的广告产品，以"产品经理"和"风险投资"的身份去发展跨区域的联合创收模式。集团的经营创收完全由经委会及其部门负责，采编和经营分开的做法提高了业务的专业性，最大限度地保证了作为公共产品的新闻与商业利益无涉。

在追求经济利益的同时，长兴传媒集团也通过战略投资和产业布局履行社会责任，兼顾社会效益。2012年集团开始布局大数据产业；2015年介入智慧城市建设，与国资委注资成立长兴慧源有限公司。通过与科研院所、科技公司的合作，承接政府社会投资类信息化项目，建设运营云数据中心，布局智慧城市项目，最终形成了长兴"智慧枢纽"。在这个过程中，一方面将数据潜能转化为生产因素和战略资产，构建智慧产业链和引领智慧城市产业发展；另一方面通过数据的汇集、对接和流动，发挥媒体的"连接"功能，实现协同互动、资源共享，提供更优质的公共服务。

长兴传媒集团这种"媒体+"的发展模式有助于帮助市场空间较为狭小的县域媒体突破单一的盈利模式，发挥媒体优势，借助跨界合作实现经营融合，向纵深方向延展产业链，既能培育强大的经营实力，为融媒体中心的运作注入活力，又带动了县域产业经济，赢得社会认可，形成品牌效应。

4. 跨区域平台互联，广泛开展合作

县级媒体自身的力量往往较为单薄，影响力也有限。为了改善这一状况，长兴传媒集团突破了地域和业态的限制，实行"走出去"战略，积极开展多

领域的跨区域合作。例如，与邻近地域的媒体、商业新媒体等合作开办节目、开展活动，根据平台特色互相输送优质内容，共享信息资源，互为流量导入口。其中以长兴传媒集团与新浪浙江的合作成效较为显著。在"东鱼坊"卡通形象、名字、口号征集活动中，通过"东鱼坊悬赏令"话题和视频流的专项推送，"长兴新闻网"微博在半个多月时间内单条阅读量达 2.2 亿，粉丝增长 1.5 万，作品征集数量 189 条。

此外，县级媒体还可以通过嵌入诸如《人民日报》"全国党媒公共平台"这样更大的平台，实现地区之间的广泛互联，吸收学习其他媒体的融合经验，在内容、渠道、运营、盈利模式等各个层面实现共建、共享和共赢的融合发展，作为中央媒体的县域板块发挥正面导向作用。

面对媒体融合发展过程中至关重要的技术问题，长兴传媒集团在组建研发团队、提升自身实力的同时，也根据不同项目的具体要求，选择各具所长的技术公司开展合作，深度整合前沿的信息传播技术，使之适应本县发展的实际需求。以智慧城市项目为例，智慧城市建设技术体系复杂，长兴传媒集团与航天智慧、银江股份、浙江大华、南京大汉等多个公司建立战略合作关系，根据智慧城市细分领域，与不同企业共同成立项目子公司，用于项目建设和运营。

5. 创新运作管理机制，坚实人才基础

在"事业单位企业化运作"原则的指导下，通过深入推进人事分配制度改革等举措，长兴传媒集团建立了符合传媒业发展要求的现代企业管理制度。

在人力力量培养方面，集团秉持着"人才为本、人才优先"的发展理念，以打造"一专多能一尖"的融媒体采访队伍为目标，结合内部锻炼、跨岗交流、外部引进、师徒结对、集体学习等多项措施，全方位提升人才队伍的素养，培育内部良好的工作氛围和集团文化。

在激励机制方面，集团通过加强动态监测评估、强化绩效考核评价、完善薪酬体系和晋升机制等方式，实现了按岗定薪、同岗同酬、量化考核、多劳多得的分配模式，从而打破了编制内外人员身份的差异。不仅调动了聘用人员和体制内人员的工作积极性，逐步建立起注重能力、实绩优先、标准统一、科学量化、跟踪监测的分配激励机制，而且最大限度地激发了工作人员

的潜能，杜绝了"干多干少一个样儿"的消极怠惰心理，逐步实现了人才管理的科学化、系统化和规范化。

长兴传媒集团在人才管理方面的另一创新之处在于实行了管理和业务提升双轨制，即"因材施教"，让具备不同能力的人员都能寻找到最合适的晋升途径。对于那些工作能力较强，但是管理协调能力不足的业务骨干，虽然无法进入中层管理岗位，但是可以通过竞争的方式享有配套的特殊人才年金制和首席人员首席待遇制度，享受到中层同等福利待遇。这极大地减少了其他单位出现的业务骨干远离基层的现象，使员工获得了最大化的提升空间，确保人才队伍结构合理、永葆创新活力。

6. 坚守舆论阵地，打造党建品牌

在发展过程中，长兴传媒集团始终坚持弘扬主旋律、传播正能量的原则和方向。为了使媒体融合更好地服务于党和国家工作大局，坚持正确的舆论导向，提高舆论引导能力；为了在新形势下做好党员教育和党建宣传工作，将党的声音唱响在网络空间，巩固壮大主流思想舆论阵地，长兴传媒集团与县委组织部密切合作，积极探索"融媒体+党员教育+党建宣传"新模式。

除了为县委组织部运营"长兴先锋"微信公众号等部门、人员力量的融合之外，长兴传媒集团发挥自身内容生产和立体传播渠道的优势，运用微党课、微视频、H5游戏、直播等形式丰富党教载体，拍摄精品专题片，开设《先锋颂》党建电视栏目，增强内容吸引力。为了扩大覆盖面和影响力，长兴传媒集团还向县委组织部争取建设了"党员远教"项目，将系统延伸至每位党员的家中，开发电视屏幕的互动功能，使每位党员都可以在家中获取各类资讯，并借助他们的示范引领作用，让党的声音通过"远教入户"的形式主动"走"到党员身边。

此外，县委组织部也与技术公司合作搭建起以党员身份证信息系统为核心，上接全国党员信息管理库，下联基层党建的智慧党建云平台。该平台运用大数据记录、采集、分析、评估党组织和成员的行为数据，通过整合各类信息资源，从而创新推进基层党建工作，并且构建了信息化时代基层党建工作新体系。

长兴传媒集团与县委组织部这种以部门、阵地、项目间的合作为基础的新型宣传模式打造出一系列本土特色显著、原创水平高超的新闻产品，既保证了党建内容素材丰富、导向正确、紧跟政策，又实现了让"专业的人做专业的事"，在新的传播环境下探索出以纪录片、远教平台等为代表的品牌化的、浸入式的、更具黏合性和传播力的呈现形式。

（四）长兴县融媒体中心发展中存在的问题

虽然长兴传媒集团在机构重组、平台搭建、流程再造、经营创收、人才管理等方面均走在了全国前列，但实际了解中发现还是存在编制不足、资金压力大、产权结构单一等问题。

1. 编制不足，人才育留难度大

长兴传媒集团的编制十分有限。调查获得的数据显示，长兴传媒集团融媒体中心的 180 人均为聘用制，占比约 89%，只有 11%左右的工作人员为事业编。事业编的工作人员具有年龄长、职位高的特点，几乎均在 2000 年之前进入集团。从 2018 年开始，在长兴传媒集团的争取下，县委、县政府每年为其开放 10 个编制名额，但也必须通过考试择优发放，远远满足不了实际需求。

虽然长兴传媒集团通过薪酬体制改革基本打破了编制内外人员的身份界限，总编辑王某某也认为编制的观念已经很淡了，但是没有编制使得优秀员工的晋升存在天花板，无法真正上升到集团的领导层顶端，发展空间存在极大的局限性："接下来我们要打破目前碰到的瓶颈。就是优秀的员工，他从员工起步，走到他所能走到的顶端，就是中层正职，高半级叫编委，比党委班子低半截，但是他到编委他就上不去了。那么我们要打破这个瓶颈，只能够通过进编的办法来解决。这是今年要招 10 个编制的一个根本原因。接下来我们要做什么事情呢？把天花板彻底掀开捅破，让优秀员工一路走，直接让他进班子，进党委班子，就变成真正领导层。"

此外，长兴县虽然经济实力较强，但毗邻上海、杭州等一线城市，对高端人才的吸引力本就有限，愿意进入长兴传媒集团工作的主要都是一些寻求稳定和安逸的回乡人员，倘若没有编制的保障和身份上的安全感，可能会造成这些回流人才的再次外流。

2. 资金压力大

长兴传媒集团虽然营收已经达到两亿元，但实际利润率并不高，全集团成本利润意识不强。长兴传媒集团总编辑王某某在访谈中也提到集团面临着钱的问题："碰到最大的问题就是资金压力。这是最大问题。当然一方面是有负债，另一方面我们有营收。现金流进来，但还无法跟负债平衡掉，所以我们等于是每年都在借新账还旧账。经营环境当然是跟一个地区一样的，比如整个长兴在发展，它也是负债经营，我只想说资金压力对一个已经发展到一定程度的地方来讲，无论是地方还是单位，都是如此。"

慧源公司总经理张某某在访谈中也提到盈利不多的问题："看似我们的营业额还是比较大。我们一千多万元，网络科技公司 4000 多万元，加起来5000 多万元，实际利润也还行。但是它的后续的可持续发展增长这一块有点欠缺。什么事情都开头比较难，我们现在其实还是处在一个起步阶段，没这么快。"

与其他县缺少政策扶持和资金投入不同，长兴传媒集团可以承担运行的成本，但是由于体量较大、前期的投入较多，目前还处在负债经营阶段，每年的营收也仅仅是"借新账还旧账"，是否能形成良性的、可持续的盈利循环还有待时间验证。

3. 产权结构单一

目前来看，长兴县的产权结构、资金来源都较为单一，产权全部属于国有，资金来源主要依靠自身经营获得，没有其他形式资本的参与。这导致长兴传媒集团的市场化程度不高，在实际运作中受到掣肘，容易畏葸不前。可以在保证国有资本占主导的情况下，引入民间资本，适时以股权激励的形式推动项目落地，通过组建混合所有制公司的方式，为集团实业发展培育具有市场竞争力的经营项目或子公司，以改革促发展，以创新增活力，以全面深化改革提供新的驱动力。

（五）未来发展策略

针对长兴县融媒体中心发展的实际情况和存在的问题，提出一些可供参考的发展策略与对策，以期解决问题、推动发展。

1. 出台长期人才政策，增强建设力量

在调研中我们了解到，目前长兴县级媒体融合人才来源的主力仍然是本县原有的媒体从业人员，大多数情况是将本县传统媒体工作人员纳入了集成技术系统，人才数量和质量都仍待加强。未来县级融媒体中心的建设一方面是要结合实际，提升开发本县原有媒体人才的能力，通过业务、技术、理念等层次的长期培训和外出学习机制，提升原有媒体人员的综合资质，强化本县融媒体中心建设力量。另一方面，长兴县还需要出台一些具体的长期政策，吸纳融媒体领域的专业技术人才或内容生产人才进入本县工作。这些政策要考虑到在县一级环境中人才的薪资待遇、福利待遇、长期发展等实际问题，特别要给予核心专业人才在职业路径上的发展"弯道"，保障基层单位留得住人才。此外，长兴县还可以与高校相关专业进行长期合作，搭建专业化的实践基地，实现"校地合作"。这种合作形式是"提升高校与地方产业创新能力的重要战略选择，也是双方实现资源共享、发挥各自优势、实现互利共赢的合理有效的方式"[1]。对于县级融媒体工作来说，能够确保源源不断高素质的专业人才进入本县，阶段性地为县级融媒体中心的建设献计献策献力，这也是长期人才流动的重要手段。

2. 因地制宜创新发展，鼓励成熟模式推广

目前长兴模式已经对外进行推广，有偿帮助（"连方案带建"）前期基础相对薄弱的县孵化融媒项目，目前已经帮助包括浙江三门县在内的四个县完成搭建工作。长兴传媒集团总编辑王某某认为，"长兴模式"对外推广的核心是运作管理体制，包括组织管理体制、绩效考核机制、人才培训机制等，但

---

1 秦媛. 聚合与创新——校地合作视野下网络与新媒体人才培养模式研究[J]. 新闻研究导刊, 2018, 9(14):30-31.

需得到当地县委支持，根据当地情况因地制宜。实际上，县级融媒体中心的建设，不能只靠一县一部的力量，而是牵扯到资源分配、利益调节、资金紧缺等问题，只有依靠中央和省级层面的统一部署和高位推动才能得到妥善解决。但是各县的内部环境不一样，镶嵌其中的媒介生态也呈现出不同的特色，如果罔顾各县的实际情况，要求全省、全国都按照指定的唯一模板建设县级融媒体中心，则既不利于各县发挥主动性实现基层创新，也容易流于"为融合而融合"的形式主义。因此，针对长兴县这种融媒体建设模式对外输出的同时，一定要结合各县实际，贴合区县的真正需求，因地制宜进行发展。出台具体政策时不能陷入僵化思维，照搬已有经验，而是要全盘考虑本县诸如经济实力、资源配置、政治生态、文化氛围、工作习惯等的实际情况，设计出极具针对性、操作性、科学性的融合方案。

二、江西省分宜县融媒体中心案例

【案例提要】[1]

分宜县位于江西省新余市中部地区，经济发展水平在全省处于靠前位置，新闻宣传工作较为领先。2016年，在江西省委宣传部和新余市委宣传部的支持下，分宜县作为县属媒体融合试点，率先开始融媒体中心建设工作。

分宜县融媒体中心归口县委宣传部管理，为县委直属正科级全额拨款公益类事业单位，由县内七个媒体整合而成，配齐配强"两正三副"的领导班子，由总编室、办公室、新闻采访部、编辑制作部、技术部共"两室三部"构成。依据新的组织架构调整人员结构和业务流程，实行薪酬改革。分宜县融媒体中心专门成立了文化传媒公司，通过独立核算、自主经营、自收自支的方式负责经营创收。

---

1 以下数据、资料如无特殊说明，均来自实地调研，由分宜县融媒体中心官方提供。

　　总体来看，分宜县融媒体中心具有"高位推动，整体规划""机构融合，整合资源""企事分开，注入活力""功能融合，职能升级"等特点，发展面临人才、资金投入不足、"赣鄱云"系统适用性不强、大量交流活动耗费精力、业务对接不畅等实际问题。据此，从发展可持续性、服务性、人才、技术、业务等角度出发，为分宜县融媒体中心长期发展提出建议。

（一）分宜县概况

　　分宜县位于江西省中部偏西，袁河中游，总面积 1389 平方公里，下辖 7 镇 3 乡 1 场 1 个街道办事处和 1 个省级工业园，134 个行政村和 23 个社区，总人口 34 万。2018 年实现生产总值 245 亿元，同比增长 8.3%。财政总收入 24.2 亿元，税收占比达 85.6%[1]。

　　分宜县是"第十八届全国县域经济强县"、"2018 年中国中部县域经济百强县"和"2018 年电子商务进农村综合示范县"（由商务部授予）。分宜县内媒体资源相对丰富，其中主流新闻媒体共 7 个，分别是《分宜报》、"分宜发布"微博和微信账号、"江西手机报"分宜版、分宜广播电视台（含电视综合频道和广播 FM99.1）、"中国·分宜网"。

　　改革前分宜县媒体资源分归不同部门机构管理。其中《分宜报》、"分宜发布"微博和微信账号、"江西手机报"分宜版由中共分宜县委宣传部承办，分宜广播电视台属于分宜县文化广电新闻出版局二级单位（副科级），"中国·分宜网"由分宜县信息中心承办。基于此架构，媒体之间存在职能错位、各自为战、覆盖率和影响力不大、宣传力度不足、文化产业经营停滞不前等问题。分宜县融媒体建设工作在这一基础上展开。

---

1 来源：分宜县人民政府官方网站，http://www.fenyi.gov.cn/4456920.html.

（二）分宜县融媒体中心建设情况

在实地考察分宜县融媒体中心后，本书对其发展历程、组织架构、人才队伍、技术支持、平台运营、经营管理等进行梳理总结。

1. 发展历程

2016年起，在江西省委宣传部和新余市委宣传部的支持下，分宜县率先在全省开始县属媒体融合试点工作，拉开融媒体建设的改革和发展大幕。

在改革发展过程中，分宜县坚持机构融合先行，成立了以县委副书记为组长的专项改革工作领导小组，把推动媒体融合发展列入县深化改革重点项目，不仅制定了县属新闻媒体融合发展改革工作方案，而且建立了联席会议制度以确保改革顺利稳步推进。

2016年9月1日，分宜县融媒体中心挂牌成立。该中心整合了县属7个媒体，归口县委宣传部管理，升级成为县委直属的正科级全额拨款公益类事业单位。

2017年4月，分宜县融媒体中心依托江西日报社"赣鄱云"平台，通过技术成果分享，建成"中央厨房"并上线运行。同年7月，"新余市融美文化传媒有限公司"成立，该公司负责中心7个媒体平台的经营创收，而且通过独立核算、自主经营、自收自支的模式，将事业、企业分开，实现"专业人做专业事"。

2017年9月，分宜县融媒体中心制定出台全媒体考核评价和薪酬分配制度。绩效核算统一采取"采编发数量+优稿数+网上供稿数量+阅读点击量"的考核指标，打破了编内人员和编外人员的身份差别，实现用一把尺子量人才、评业绩，真正做到"同岗同责、同工同酬、优劳优酬"。

综上，分宜县融媒体发展历程可总结为率先试点、体制改革、优化经营三个阶段，如图8-12所示。

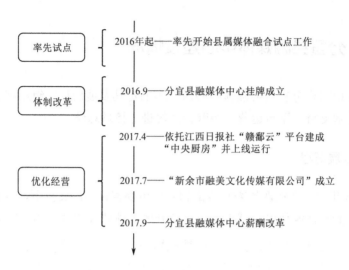

图 8-12　分宜县融媒体中心发展历程图

2. 组织架构

促进机构融合、明晰组织架构是分宜县融媒体建设的一大特色。首先，分宜县将报纸、微信、微博、手机报这 4 个媒体平台从县委宣传部剥离出来，将县广播电视台、网络传输中心从县文化广电新闻出版局分离出来，将县政府网新闻频道从县信息中心分离出来；然后，将它们整合并成立分宜县融媒体中心，该中心归口县委宣传部管理，升级成为县委直属的正科级全额拨款公益类事业单位。

在组织架构上，分宜县融媒体中心下设"两室三部"（如图 8-13 所示），分别是办公室、总编室、新闻采访部、编辑制作部和技术部。并为其配强配齐了相应的融媒体中心领导班子，由原来的一个副科升级为"两正三副"，即主任一名、总编一名、副主任一名、副总编两名。

为了与组织架构改革相配套，分宜县对原有媒体的业务职能、业务流程、人员配备等进行了有效调整。采用"编随事走、人随编走"的方式，实现人员融合和机构融合，从而倒逼媒体融合。

县广播电视台、县网络传输中心原来在编在岗的人员全部划入县融媒体中心管理，他们原有的身份、待遇和经费渠道维持不变；县广播电视台原来的借出人员和《分宜报》、"分宜发布"微博和微信账号、"江西手机报"分宜版原来的人员及县新闻网络宣传中心原来在编在岗的人员，分别根据其个人意愿及其专业技能水平，理顺他们的归属关系。这样既解决了人员关系不顺的历史遗留问题，又优化了资源配置，提高了效能。为了便于对口联系，对外仍保留"分宜广播电视台"的牌子。

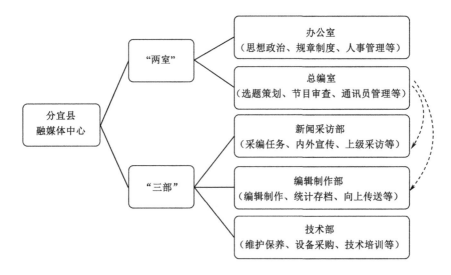

图 8-13　分宜县融媒体中心"两室三部"组织架构图

3. 人才队伍

据统计，目前参与分宜县融媒体建设的相关工作人员共有 32 人，以下将从年龄、学历、专业、编制四个角度对该人才队伍进行数据统计分析。

在**年龄结构**方面（如图 8-14 所示），主要以 30～39 岁与 40～49 岁年龄段的工作人员为主，分别有 11 人（占比约 34%）和 10 人（占比约 31%），20～29 岁工作人员有 7 人，占比约 22%，50～59 岁工作人员有 4 人，占比最小，约为 13%。结合其职位分析，该团队中 30～49 岁的中年人群成为中坚力量，同时 20～29 岁的新鲜血液为团队注入活力，而较年长者中的非领导层则在一定程度上体现了团队的老龄化趋势。

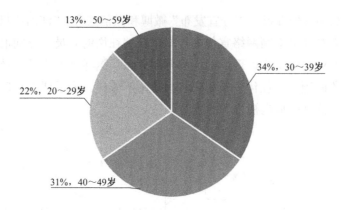

图 8-14　分宜县融媒体中心工作人员年龄分布图

　　在**学历结构**方面（如图 8-15 所示），团队中 25 名成员为本科学历，占比约 81%；5 名为大专学历，占比约 16%；仅有 1 名为高中水平，占比约 3%。可以看出，该团队的学历水平整体较高。值得注意的是，年龄在 50～59 岁之间且具有高中学历的工作人员 W，担任记者职位。

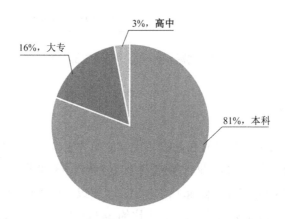

图 8-15　分宜县融媒体中心工作人员学历分布图[1]

　　在**专业结构**方面（如图 8-16 所示），分宜县融媒体中心团队以文学与传媒型人才为主：汉语言文学专业和新闻学专业人员最多，各有 7 人；传媒类

---

1 学历分布仅收集到其中 31 人的数据。

专业，如播音与主持艺术、广播电视专业等合计有 7 人，可见该团队的专业水平较高。

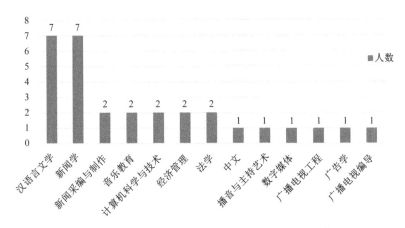

图 8-16　分宜县融媒体中心工作人员专业分布图[1]

　　在**人员编制**方面（如图 8-17 所示），融媒体中心的 32 人均为事业编。值得注意的是，分宜县融媒体中心还成立了一家独立核算、自主经营、自收自支的文化传媒公司——融美文化传媒有限公司（以下简称"融美公司"），公司的 21 人均为聘用制，充分体现了分宜县融媒体建设的"企事分开"原则。关于融美公司人员的编制与聘用情况，分宜县融媒体中心副主任盛某某介绍道，"（融媒体）中心不再另外聘用人员了。假如说，我们需要什么岗位的人，公司会统一聘用进来，然后这个人会跟公司来签合同，所有的工资代发，还有养老保险，这些全部是由公司来交的，我们只负责用人就可以了。"

　　为了深入分析分宜县融媒体人才队伍情况，接下来将对融美公司聘用的 21 人进行分析。该公司人员年龄分布如下：年龄区间在 20～29 岁的员工有 13 人（占比约 62%），30～39 岁的员工有 5 人（占比约 24%），40～49 岁的员工有 3 人（占比约 14%）。公司内没有员工处于 50～59 岁的年龄区间。整体来看，公司员工年轻化，多处于 20～39 岁的年龄区间，且其职位都属于一线实践层，没有员工位至管理层，详见图 8-18。

---

1 专业分布仅收集到其中 30 人的数据。

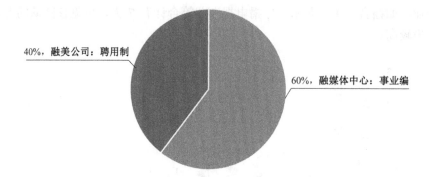

图 8-17 分宜县融媒体建设工作人员编制分布图

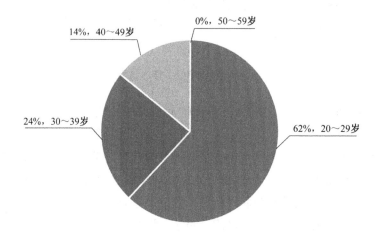

图 8-18 分宜县融美公司工作人员年龄分布图

融美公司的员工学历多为本科与大专，分别为 9 人（各约占总体的 43%），剩余 3 人为高中学历（约占总体的 14%），与分宜县融媒体中心的事业编工作人员相比，学历层次较低，详见图 8-19。

在工作人员专业方面，融美公司工作人员总体以传媒型专业为主，如广播电视学、新闻采编与制作、播音与主持艺术等。相较分宜县融媒体中心的事业编工作人员，融美公司工作人员的专业更多元，详见图 8-20。

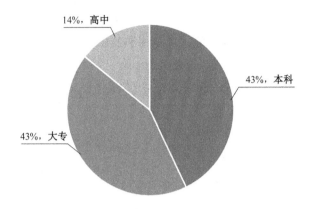

图 8-19　分宜县融美公司工作人员学历分布图

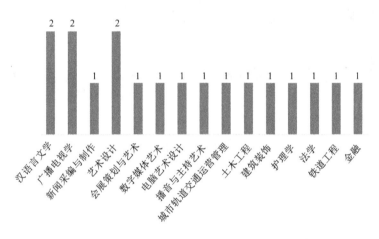

图 8-20　分宜县融美公司工作人员专业分布图[1]

4. 技术支持

主要依托于江西日报社"赣鄱云"平台所提供的技术支持，分宜县融媒体中心包括一个 200 平方米的指挥中心、一个智慧云平台软件、一个独立客户端和一个移动采编系统。通过对中心所属媒体、人力等资源的调控，实现

---

[1] 分宜县融美公司工作人员专业分布仅收集到其中 18 人的数据。

新闻产品采编发的高效率、低成本。移动采编、舆情监控、大数据分析是目前分宜县融媒体系统的主要功能，详见图8-21。

图 8-21　分宜县融媒体中心实时展示平台

面对市面上越来越多的融媒体技术产品，分宜县选择与"赣鄱云"合作的原因主要有以下两个方面：

一是江西日报社对融媒体系统的研发相对较早，在同期产品中技术相对成熟，与分宜县试点工作的时间线和工作要求相契合，因此双方一直保持着联系。

二是"赣鄱云"的平台数据直接与江西日报社旗下的"大江网"对接，通过与省、市媒体公用一个平台实现互联互通互动，形成了连接省、市、县的新闻素材库和新闻生产链，省、市、县实现了自下而上的"三级联动"，满足了县级媒体信息资源共享、新闻素材外推的需求。

打通向上传播渠道是"赣鄱云"平台的最大优势。此外，在后台安全性、前后端联通、移动采编、一键签发等方面，"赣鄱云"平台同样表现不俗。然而，相比于融媒体建设的迅速开展，"赣鄱云"平台的研发工作稍显滞后，其缺点也逐渐暴露。据分宜县融媒体中心李某某所说，"'赣鄱云'的上线跟媒体融合的整个进程相比有些滞后，我们从 2016 年 9 月成立，他们一直到 2017 年 3 月才研发出 1.0 版本。"

目前，"赣鄱云"平台主要存在以下两个方面的不足：

一是"赣鄱云"平台主要侧重于图文信息的采编发，在音视频资料的处理能力上非常薄弱。"赣鄱云"尚无法解决音视频信息存储量大、音视频在线编辑难等技术难题，因此在涉及广播电视新闻生产时，仍然是"分灶吃饭"，广播电视新闻需单独采编，形成成品后再上传至"中央厨房"。

分宜县融媒体中心总编李某某表示，技术仍然是困扰分宜县融媒体发展的重要因素，"在生产平台上，'赣鄱云'还不能突破一些瓶颈，所以现在我们也在想一些办法，跟一些技术公司合作，尽量去突破这些东西。"

针对广播电视体系，目前江西广播电视台也在研发相应的融媒体系统"赣云"，并开始在省内各县推广。相比于"赣鄱云"，"赣云"更侧重音视频资料的采集和处理，两者在某种程度上可以实现功能互补。但由于两个系统存在技术壁垒，难以打通，实际上给各县带来了方案选择上的困扰。

二是由于技术瓶颈，"赣鄱云"平台的功能还在逐步完善，主要表现在：部分功能和权限尚未彻底放开，选题策划、采访任务指派等事关融媒体采编流程的深度功能尚未开通；新闻素材处理能力较差，移动音视频编辑功能及微信排版等功能尚未开通；个性化建设反应周期长，针对各县的个性化需求，"赣鄱云"无法做出及时的更迭，以至于针对工作实际的功能调整时间周期偏长，磨合期过长，耗费了时间。

综上所述，"赣鄱云"平台的主要优缺点如图 8-22 所示。

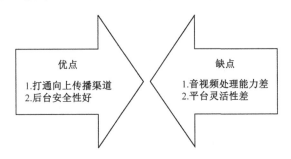

图 8-22　"赣鄱云"平台的主要优缺点

5. 平台运营

分宜县融媒体中心与江西日报社共建共享"中央厨房"，搭建起了集"采、编、摄、传、播"于一体的云平台，实现了新闻生产流程（如图 8-23 所示）的技术再造。

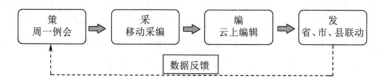

图 8-23　分宜县融媒体中心新闻生产流程图

策：分宜县融媒体中心实行周一例会制度，每逢周一宣传部相关领导都会与融媒体中心工作人员召开例会，在总结上周工作经验的基础上，通过融媒体平台、上级任务安排、各单位供稿、乡村宣传员、基层通讯员等渠道获取新闻线索，讨论并确定选题计划，据此组织、调配记者力量。

采：改革后的融媒体报道一般仅需一名记者即可。记者利用移动采编系统，可将现场采集到的、经一级筛选通过的文字、图片、音频、视频等资料同步至云稿库，同时需要生成一篇通稿，供后期编辑进行二次处理。此外，记者还担任乡村宣传员，负责基层新闻宣传、理论宣传及融媒体运营发展，为融媒体报道提供了更多的线索和素材，极大丰富了融媒体报道的内容和形式。

编：分宜县所采用的采编系统打破了原有的平台界限，以"大编辑部+垂直采编团队"的模式，实现新闻的"云上编辑"与"多样生成"。针对不同的平台性质和议程设置，编辑可将素材库中的资源进行二次加工处理，以图文、音视频、H5 等多种形式进行编辑，完成后将成品送审。

发：横向上，经编辑、审核后的新闻成品，可发送至分宜县报纸、广播、电视、互联网、移动客户端等媒体平台；纵向上，"赣鄱云"打通了县级新闻稿件向上传播的渠道，中国江西网、江西手机报、新余发布、画屏分宜等平台的编辑可进入"中央厨房"，按需对分宜县所上传的新闻素材进行加工编辑后，在各自平台进行分发。此外，全县现已开通基层微信公众号 182 个，拥有微信群 300 多个，实现了村级（社区）微信公众平台全覆盖，确保向下的声音也能通畅传达。

舆情监测是分宜县融媒体平台的另一大功能，同样由"赣鄱云"提供技术支持。舆情监控系统（如图 8-24 所示）可以对全国范围内涉及分宜县的网络媒体信息进行采集，进而了解分宜县在网络上的舆情情况以及时发现舆情热点，从而服务于新闻生产与舆情引导工作。

图 8-24　分宜县所使用的舆情监控系统

对于舆情工作，融媒体中心主要承担舆情收集、上报及权威发布的职责。依据宣传部要求，重大舆情需要在六小时内上报。因此，融媒体中心全天 24 小时值班，同时舆情监控系统在检测到负面舆情后，还会将相关信息报送至个人的电子邮箱。融媒体中心将舆情上报至网信办，由网信办具体负责舆情处置，或再上报，或交由相关部门处理。在得到处理结果或调查结果后，融媒体中心将统筹利用媒体资源进行权威发布，将官方的声音扩散出去以完成舆论引导。

6. 经营管理

在薪酬分配制度上，分宜县融媒体中心顺应融媒体发展趋势、依据融媒体建设要求适时改革，制定出台了全新的薪酬分配和考核评价制度。基于定岗定员定责和岗位评价，薪酬分配制度以岗位责任与工作业绩为依据，以岗定薪，同工同酬，在逐步缩小不同身份员工的收入差距的同时，又适当地拉开了岗位及其绩效薪酬的分配档次，实现员工由身份管理向岗位管理的转变。

具体而言，员工薪酬（如图 8-25 所示）由基本工资、绩效考核工资、政策性津补贴和创先争优奖励四部分组成。

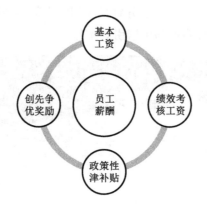

图 8-25　分宜县融媒体中心员工薪酬构成图

其中，针对不同编制的人员，依据相同的考核标准，通过不同渠道发放工资。比如，基本工资依据员工基本工作量的完成情况发放，编内员工工资由政府财政统发，编外聘用人员工资由融美公司发放；绩效考核工资由奖励性绩效考核工资和完成任务奖励考核工资两部分组成，绩效考核指标由四项构成，分别是采编发数量、优稿数、网上供稿数量和阅读点击量，各岗位员工的绩效考核工资由中心发放，公司聘用人员的绩效考核工资由融美公司发放。这样的薪酬分配制度打破了编内人员和编外人员的身份差别，通过统一标准的业务考核，真正实现了"同岗同责、同工同酬、优劳优酬"。近期，上述绩效考核制度将就实际工作中发现的新问题、原有制度中仍不完善的部分进行二次调整。

在**经营模式**上，设立融美文化传媒有限公司是分宜县融媒体建设的另一大特色所在，即事业、企业结合运营。

2017 年 7 月设立融美公司，归口国资办管理。该公司是一家独立核算、自主经营、自收自支的文化传媒公司，现由曾在分宜县广播电视台任台长助理的胡冰担任董事长。公司主要负责融媒体中心的经营创收，分宜县融媒体中心副主任盛某某介绍道，"融美主要帮助处理经济类事务，比方说在接一些专题片时，涉及费用的问题，都由他们来谈，我们中心就不接触了，只负责制作。"这样的经营模式，一方面保持了采编业务的相对独立性，始终坚持正确导向，另一方面保持了经营创业和产业发展的升级与活力，真正实现了"专业人做专业事"。融美公司的设立是解决人员编制及薪酬分配、绩效考核等延伸问题的重要基础。

（三）分宜县融媒体中心发展特色

分宜县融媒体中心作为全国县级融媒体中心建设工作的探路者，在短时间内取得了较大突破，并在组织领导、机构设置、功能融合、人才培养等方面积累了一套值得其他地区借鉴和学习的工作经验。

1. 高位推动，整体规划

县级融媒体中心的建设涉及财政投入、人员编制、设备场地等多方面的问题，仅仅依靠宣传部的力量很难协调好其中的利益关系，在工作推进中也会遇到较多的行政壁垒。为解决这一难题，分宜县采取的做法是提升媒体融合工作的重要性，将其列入县委全面深化改革重点项目，成立以县委副书记为组长的专项改革工作领导小组，建立联席会议制度，从较高的站位统筹各部门、机构之间的关系，充分调用自上而下的行政力量，确保改革顺利稳步推进。

而从更广的范围看，分宜县融媒体工作的顺利推进也得益于省、市层面对县级融媒体建设工作的高度重视和扶持。江西省委省政府将县级融媒体中心建设纳为2017年省委全面深化改革领导小组年度重点工作任务，从总体要求、基本原则、工作目标、主要任务、工作保障、组织领导等方面对全省县级融媒体中心建设做出部署和指导，并将其作为对各市、县文化体制改革工作考核的重点内容，计划到2019年6月实现全省县级融媒体中心建设全覆盖。新余市也大力支持和推进这项工作，在人员编制、财政投入等方面给予了政策支持。省、市层面的重视、部署、指导和推动，为分宜县融媒体中心建设提供了坚实保障。

新余市网信办主任敖某某也认为县级融媒体中心工作的推进不能只依靠一地一部的力量："必须从市级层面来推动县级融媒体改革，这不是一个县的事，更不是一个县委宣传部的事。如果只靠县委宣传部的力量，根本推不动融媒体改革，因为它涉及人员、编制、资金等，还有场地。……在全国这种严重压编压人的情况下，能增加（分宜县融媒体中心的编制），这是与市里的重视密不可分的。"

2. 机构融合，整合资源

分宜县以机构融合倒逼媒体融合。为彻底打破县内不同媒体机构各自为战的困局，分宜县整合了县内媒体资源，然后成立了分宜县融媒体中心，归口县委宣传部管理，升级为县委直属的正科级全额拨款公益类事业单位，不仅增加了人员编制，而且配强配齐了融媒体中心领导班子。在整合原有媒体的业务职能、工作流程、人员配备后，融媒体中心根据融合理念和目标，重新调整了组织架构，划分了职能部门，设立了总编室、办公室、新闻采访部、编辑制作部和技术部。在编人员全部划入县融媒体中心管理，原有人员的身份、待遇和经费渠道维持不变。

相较于其他一些县的融媒体中心只有"牌子"而无编制，工作浮于表面的情况，分宜县此举在体制上实现了深度突破。正式的"番号"一来可以作为一种整合力量，将原有机构中的媒体和人力资源整合到一起，破除行政壁垒，减少沟通低效、资源浪费的现象；二来可以从整体工作的角度重新划分组织架构，优化资源配置，升级生产流程，拓宽职能范围，形成紧密联结的一体化传播体系。

3. 企事分开，注入活力

分宜县融媒体中心在经营管理上的一个重要特色是"企事分开"，成立了一家负责中心7个媒体平台经营创收的文化传媒公司。该公司独立核算、自主经营、自收自支，实现了"专业人做专业事"。分宜县融媒体中心和公司实现了机构分开、人员岗位分开、业务流程分开、财务安排分开、考核评价分开，但同时又通过薪酬改革确保体制内外的工作人员在工资待遇、身份认同上不会出现显著差别。既保证县级新闻工作坚持正确导向，不被商业利益裹挟，又能创新经营模式，为融媒体中心注入发展活力，还规避了体制内外工资待遇差别导致的消极怠工现象。分宜县7个媒体平台各有优势，互为支持，在融合中集聚了强势传播能量，赢得了市场的认可。

4. 功能融合，职能升级

"赣鄱云"的技术系统中采编系统、舆情监控、大数据中心等配套平台的综合使用将新闻采集、舆情监测、用户分析等功能融为一体，可帮助工作人员准确了解分宜县在网络上的舆情情况，汇聚新闻线索，把握用户时下最关心的热点、重点问题，了解社情民意，使新闻生产"有的放矢"，也可建立数据库，追踪跟进用户反馈，分析用户喜好和习惯，科学评估传播效果，指导新闻生产。

借助"赣鄱云"，分宜县融媒体中心还能与省、市媒体加强联动、共享资源，打造连接省、市、县的新闻生产和传播通路。既能丰富内容来源，解决县级媒体资源不足的问题；又能统一宣传口径，保证在重大问题上的导向与上级媒体保持一致；此外，还能扩大县内活动的传播效果，助力对外宣传工作。

针对其他县出现的融媒体中心工作人员因循守旧，不愿使用新平台的问题，分宜县要求记者和编辑必须将采集的素材、完成的稿件传入云稿库，否则不计入绩效考核。这一做法有效提高了平台使用率，缩短了磨合期，促使工作人员转变工作习惯，适应新平台。据分宜县融媒体中心总编李某某所说，"现在记者也是往里面传稿件，我们这边决心比较大，你这稿件不传进去就不能给你算分。必须得走这个流程。这个对一个县级媒体来说，工作更规范了。"

分宜县融媒体中心的职能进一步升级，不但具备新闻传播功能，而且担负起了网络问政、便民利民等职责。在网络问政方面，在媒体平台上开设互动栏目，畅通民意，拓宽群众参政议政的空间和渠道；在便民利民方面，增设违章查询、网上购物、公交出行、公积金缴纳等功能，方便群众掌上办事，还将县内其他政务新媒体集纳在一起，构建"分宜政务微矩阵"，实现"一端打开"，降低了群众获取信息的成本。

（四）分宜县融媒体中心发展中存在的问题

虽然分宜县融媒体中心在体制改革、组织架构、流程再造、经营管理等方面走在了全省乃至全国的前列，但在实地调研中发现在实际运作中还存在人才和资金投入不足、"赣鄱云"系统适用性不强、大量交流活动耗费精力、业务对接不畅等问题。

1. 人才和资金投入不足

人才方面，当前融媒体中心的工作人员主要由两部分构成：一部分是由传统媒体转型而来的人员，普遍年纪较大，还需要时间转变思维，适应新形势和新技术；另一部分则是公开招考的年轻人，虽然思维活跃、学习能力强，但是实战经验不够丰富。而且改革后所有采编人员都面向传统媒体和新媒体供稿，需要主动走出"舒适区"，对人员的采编能力、技术水平、创新能力都提出了新的挑战，急需培育一支综合素质过硬的全媒体人才力量。

资金方面主要体现在技术投入额不足。分宜县融媒体中心的"中央厨房"与江西手机报、大江网等上级媒体合作开发，每年都需要支付使用和运行维护的费用。这些费用尚未列入财政预算，而公司又未形成可持续的盈利模式，产生的净利润只有100多万元，只够维持聘用人员的基本工资福利，每年还存在近100万元的资金缺口。分宜县融媒体中心技术部主任李某某希望能从国家层面对县级融媒体中心的费用给予一定支持："我们的'中央厨房'跟江西日报社签了三年的合同，第一年建设费用是69万元，然后第二年的更新迭代包括升级是30万元；舆情监控建设费是20万元，也是三年，每年维护是12万元……第一年的建设费用是县里给了我们900万元的重点项目。第二年、第三年现在还不知道怎么弄，还没有到付款的时候。所以就是希望中宣部对这一块有技术上的统一标准，和最低资金保障。"

2. "赣鄱云"系统适用性不强

目前，分宜县融媒体中心使用的是江西日报社的"赣鄱云"系统。该系统虽然具备移动采编、云编辑、舆情监控等功能，但也存在明显的缺陷。最重要的一点就是"赣鄱云"中的编发功能还不成熟，更侧重于文字、图片类稿件的编辑，对传统的广播电视媒体的兼容性不强，而且编辑样式较为死板，无法适应新媒体平台的表达风格。这也导致编辑在实际工作中往往需要借助其他编辑软件进行作业，降低了工作效率，无法真正发挥"一次采集、多种生产、多元发布"的功能。技术部工作人员李某某负责融媒体中心软件和硬件的维护，他表示"赣鄱云"系统在日常运用中还是有很多缺陷的："比如说原来我们创建节目单，它原来的设计当中不能创建明天的串联单，或者说这篇稿件被调用过之后不能再次被调用。但是很有可能一篇稿件，比如说今天我播过了，我一周轮播的时候还要播这篇稿件，那就不能被重复调用了。"

在与上级媒体的互联互通上，分宜使用的是江西日报社下属系统，所以目前只能与江西日报社及其他使用"赣鄱云"系统的媒体共享资源，和江西电视台等使用省内其他技术系统，比如"赣云"的媒体的联通工作还存在技术上的难点。而且，地方内容必须借助省级媒体才能继续向上传播，省级层面的系统不兼容为县级融媒体扩大影响力设置了阻碍。

新余市网信办主任敖某某认为这一技术层面的难题只有通过中央的顶层设计才能解决："'赣鄱云'更多的是文字跟图片这块，音视频是它的一个短板。还有一个是'赣云'，'赣云'是江西广播电视台的，它的特长是音视频的编辑。这两者没办法融合，所以我们必须同时使用……也就是说必须跟这两朵'云'合作之后，我才能借助它们腾云驾雾到中央这个层面去。但是这两个又没有融到一起，所以我必须同时跟两个合作。在中央这个层面，如果说有一个顶层设计，比如说人民日报社或者新华社，或者几家联合在一起建立一朵大的云，然后直接可以通到乡村，真正重要的是达到村里面，必须是畅通无阻的。"

3. 大量交流活动耗费精力

分宜县自 2016 年实行媒体融合改革以来，取得了较大的成就，成为了全国媒体融合改革的县级样板，吸引了超过 400 家媒体和同行前往参观学习。这种活动虽然能够加强同行交流、推广优秀经验、共同探索建设路径，但在某种程度上也为分宜县融媒体中心带来了困扰。技术部工作人员李某某就表示学习团来访时的演示工作平均下来会占到他一天工作的 1～2 小时。频繁的交流活动严重挤压了工作人员的工作时间，打乱了正常的生产节奏，影响了工作秩序。

4. 业务对接不畅

分宜县虽然正式成立了建制化的融媒体中心，但仅仅只在地方层面得到批准，尚未在国家层面备案。而且全国范围内县级融媒体中心的建设模式不一，还未形成统一规范，有的县有县级融媒体中心，有的县则没有，因此用"分宜县融媒体中心"的名义进行对外联络时往往出现找不到对口的接洽单位的问题。目前分宜县采取的做法是对外仍保留"分宜广播电视台"的牌子，但这并非长久之计，长此以往可能会导致融媒体中心的工作重新分化，工作人员难以形成集体的身份认同感，媒体融合浮于表面。

分宜县融媒体中心总编李某某认为这是县级融媒体中心未来发展中面临的首要问题："分宜广播电视台现在挂在分宜融媒体中心下面，我们的机构编制后面带括号，分宜县广播电视台。因为跟上面要进行工作对接……广电部门是一条线，频道频率的申报，包括我们记者证的核发，都是要走这条线的……所以说业务沟通上确实是一个问题。这个中心到底是归属什么口子，我们跟什么口子对接，这是一个问题。"

（五）未来发展策略

针对分宜县融媒体中心发展的实际情况和存在的问题，需要提出相应的政策建议，以期解决问题、推动发展。

1. 制定长远规划，尝试模式输出

分宜县的融媒体中心建设和发展在江西全省乃至在全国都是相对领先的，"分宜模式"成为各县借鉴的模式之一。但就目前而言，大量交流活动在一定程度上给本就有限的人才队伍带来了工作负担，影响了分宜县融媒体中心自身的发展进程。分宜县有必要在已有建设基础上，以更长远的眼光看待并规划融媒体中心建设。

一方面，分宜县应明确长远目标和阶段性目标，统一思想，从而指导建设工作有计划、有步骤、可持续地展开，将工作落到实处。现阶段，分宜县

应重点解决融媒体中心运行过程中存在的人才、资金、技术、机构、业务等方面的问题，确保融媒体中心平稳、高效运转。未来，分宜县融媒体中心应增强服务属性，拓展服务功能，真正实现"引导群众，服务群众"。

另一方面，分宜县可尝试模式输出，从而丰富盈利方式，并通过与其他县市（特别是周边县市）加强合作，建立融媒体集群，实现规模效益。实现模式输出需做到"知己知彼"：首先，分宜县需对"分宜模式"有清晰的认识，找准自身特色，如"高位推动""机制保障""薪酬改革"；其次，分宜县同样应该"走出去"，了解其他县市的发展特色，同时找到其存在的问题，结合自身优势，论证模式输出的可能性。目前，已有河北衡水、宜春袁州区等多地借鉴了"分宜模式"，但合作方式仍停留在交流学习层面，分宜县可进一步探索更成熟的模式输出方案，如可对融媒体发展条件相对薄弱的县市进行定点帮扶，建设方案可将技术搭建与制度设计相结合等。

2. 拓展服务功能，提升造血能力

目前，分宜县融媒体中心仍以新闻宣传为主，服务属性不强。拓展服务功能应是分宜县融媒体中心建设的发展方向。调研中，访谈对象均表示，在如今激烈的市场竞争中，若仅做资讯类平台，县级媒体一定占劣势。因此必须加入服务功能，切实瞄准当地受众的实际需求，让受众既"想看"又"想用"。一来可以增强用户黏性，二来可丰富互动场景，拓展盈利边界，提升造血能力。

拓展服务功能主要从以下两个方面入手：

一方面，分宜县融媒体中心将需求反馈至技术提供方，要求后者进行功能设计和更新。若超出技术提供方的服务范畴，应要求其打开接口，接入其他可满足需求的技术平台。同时，融媒体中心需花大力气与政府相关部门对接，打破部门间壁垒，实现数据联通或端口接入。

另一方面，分宜县可将其具有特色的"乡村宣传员"机制与服务功能拓展相结合。乡村宣传员可下沉至基层开展用户调研，收集基层群众的需求，并将反馈纳入到服务功能拓展方案的设计之中，真正做到"从群众中来，到群众中去"。在服务功能上线后，乡村宣传员可对基层群众普及相关应用，培训操作流程，从而促进线上与线下的联动，形成立体式的综合服务体系。

3. 加强业务培训，打造学习氛围

在人才队伍建设上，分宜县融媒体中心既有对薪酬分配制度的改革，也有对人才业务培训的探索，如乡村宣传员、新闻阅评会、业务研讨会、专题培训、外派学习等制度。但这些培训设计与实际情况不完全相适应，既不能完全满足工作人员的实际需求，同时在具体实施上也存在难度。

问题突出表现在：一方面，分宜县融媒体中心人员本就有限，而新闻采编、基层宣传工作又使工作人员分散性强，给业务培训的组织工作带来难度；另一方面，现有培训制度以新闻报道业务实践为主，而记者在开展乡村宣传工作时，缺少针对社会宣传、理论宣传的知识储备。同时，随着全媒体记者及乡村宣传员的身份转变，对记者提出了更高的要求。

因此，分宜县融媒体中心应对现有业务培训制度进行切实调整，实现以下三个"结合"，着力打造学习氛围：

一是线上与线下相结合。针对人员组织难的问题，分宜县融媒体中心可利用自己的移动产品，打造在线课堂或读书专栏，为工作人员利用碎片化时间实现移动学习提供渠道，并通过设立相关机制鼓励工作人员在线学习。线下活动除了定期组织培训班、研讨会、外派学习外，还可以在办公区域增设图书角，为工作人员提供看书充电、休息调整、创作交流的空间。

二是理论与实践相结合。人才培训的目的不只是提升工作人员的业务能力，非业务层面的知识储备和理论水平，对于一名全媒体记者，特别是乡村宣传员而言，同样是非常重要的。因此，应重视理论教育，可定期举办读书会、组建学习小组等。只有夯实了乡村宣传员的理论基础，村民们才能接受到最新、最全、最准确的理论教育。这也是乡村宣传员制度真正奏效的保障。

三是广度与深度相结合。融媒体时代，需要的是全媒体记者，而县级层面的人才队伍往往学历背景复杂。在业务培训上，应将广度与深度相结合。一方面，要发挥优势，继续精进本专业优势；另一方面，要查漏补缺，拓展工作能力范围。应该以"一精多能"为培训目标，打造一支有活力、有弹性的团队。既可通过专业优势保证内容质量，又可通过人员机动组合应对复杂情况。

4. 活用采编系统，形成工作规范

实地调研发现，尽管分宜县使用"赣鄱云"采编系统已有一年多的时间，

但在实际工作中，该采编系统的适用性有限，工作流程没有发生根本性改变，对工作人员而言"只是多了一套系统"，更没有建立相应的工作规范。在可能的情况下，分宜县融媒体中心应向技术提供方反映问题，并要求其加以完善。若超出其技术能力范围，则可通过外接系统（如索贝系统）的方法，提高系统整体的操作性、实用性。

应活用采编系统，而非被系统限制工作。针对不同工作流程的不同要求，使用相应的系统加以处理。例如，在进行内容采编时，可使用移动采集能力、编辑处理能力更强的索贝系统；在进行内容外推时，可使用联通性、安全性更强的"赣鄱云"系统。

在此基础上，应形成工作规范。可由总编室牵头，召开工作规范意见征询会议，讨论并明确各部门的角色定位和职责范围，听取一线工作人员的实际需求和工作困难，最终制定工作规范。工作规范形成后，全中心应严格执行：总编室依照规范进行工作督查和内容把关，各部门依照规范开展任务安排和绩效考核，工作人员依照规范调整思想观念和工作方式。成熟的工作规范将有助于分宜县融媒体中心凝聚共识，科学运行，提高效率。

三、甘肃省玉门市融媒体中心案例

【案例提要】[1]

玉门市是甘肃省酒泉市下属的县级市，地处河西走廊西端，有良好的工业基础，经济发展水平位于全省县级市前列。

玉门市融媒体中心于 2018 年 12 月正式挂牌，隶属于玉门市广播电视台，是广播电视台主导媒体融合的典型案例之一。玉门市融媒体中心以"新闻+政务+应用服务"为思路建设融媒体，打造以云计算技术为基础、集"一中心四系统"和"爱玉门"APP 为技术架构的融合媒体共享平台，统一管理各种计算、存储、网络、数据、服务等资源，打通频道、频率、纸媒、新媒体等各端口，优化配置，

---

[1] 以下数据、资料如无特殊说明，均来自实地调研，由玉门市融媒体中心官方提供。

提高资源利用率，实现多来源汇聚、多工具编辑、多渠道发布，推动媒体转型升级和融合发展。

玉门市融媒体中心的特点和创新之处有：广播电视台主导融合、技术落地保障融合、平台流程深度融合、智慧城市升级融合等，但也存在体制机制、管理模式等方面的问题。据此，本书从经营模式、功能拓展、数据开放等角度出发，为玉门市融媒体中心长期发展提出针对性的对策建议。

（一）玉门市概况

玉门市地处河西走廊西端，是甘肃省酒泉市下属的县级市，总面积 1.35 万平方公里，辖新老两个市区、3 个工业园区、10 个镇两个民族乡，人口约 18 万。玉门市有良好的工业基础，是中国石油工业的摇篮，新能源产业及装备制造产业优势明显。2017 年，玉门市地区生产总值 133.6 亿元，城镇居民和农民人均可支配收入位列全省县级市前列，分别为 29758 元和 15625 元。玉门市被评为"全国生态文明先进市"和"国家园林城市"[1]。

在传媒领域，玉门市拥有广播、电视、"爱玉门"APP、微信、微博、户外 LED 电子大屏等多个媒体平台。2015 年，玉门市委宣传部开通了官方新媒体账号"玉门发布"微信号，玉门市广播电视台开通了其下属的"玉门新闻"微信号、"玉门新闻中心"微博。2016 年，玉门市广播电视台正式上线运行集"资讯+应用服务"于一体的"爱玉门"APP，开放 iOS、Android 等下载渠道，当年总注册用户数达到 17000 人。

（二）玉门市融媒体中心建设情况

在实地考察玉门市融媒体中心后，本部分对其发展历程、技术支持、平台运营、经营管理、人才队伍等进行梳理总结。

1. 发展历程

2016 年 4 月，玉门市将玉门广播电台、电视台、新闻中心进行整合，成立了玉门市广播电视台，理顺了广电管理体制、优化了内部人力资源。此后，

---

1 来源：玉门市人民政府官方网站，www.yumen.gov.cn/zoujinyumen/yumengaikuang.htm.

玉门市广播电视台以"智慧玉门"项目为依托，建成了覆盖城区公共区域的免费无线 WiFi，通过资源置换户外 LED 大屏 4 块，在城乡安装调频音柱 1000 多台，吸引"两微一端"粉丝接近 5 万，建成了覆盖城乡的立体宣传网络。

　　基于已有的工作，2018 年，玉门市广播电视台投资了 1108 万元，以"新闻+政务+应用服务"的融媒体建设为思路，建设了"一中心四系统"，分别是"祁连云"数据融合中心、融媒体生产系统（中央厨房）、融媒体报道指挥系统、融合媒资管理系统和全景演播室系统。同年 8 月中旬，试运行以"爱玉门"APP 为技术架构的云计算融合媒体共享平台。该平台致力于实现统一指挥调度的多媒体采编、内容生产流程的融合和媒体信息"一次采集、多种生产、多元传播"的目标。玉门市融媒体发展历程如图 8-26 所示。

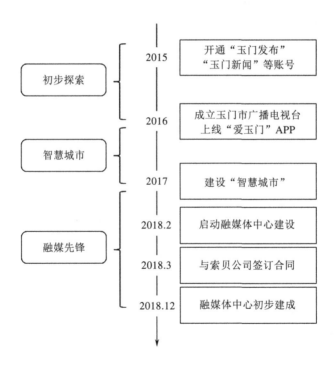

图 8-26　玉门市融媒体发展历程图

2. 技术支持

玉门市融媒体中心的建设，由成都索贝数码科技股份有限公司（以下简称"索贝公司"）提供技术支持。该公司主营业务是为融媒体业务提供解决方案和个性化设计，凭借近十年的丰富经验，在全国中央级、省级融媒体技术市场份额已达 70%。相较其他融媒体技术提供方，如北京新奥特集团和中科大洋公司，索贝公司占据了同类市场之首，也掌握着较为先进的县级融媒体中心的建设技术。目前由索贝公司建成的具有代表性的县级融媒体中心有浙江省长兴县融媒体中心、江西省分宜县融媒体中心和甘肃省玉门市融媒体中心等。

玉门市融媒体建设以"新闻+政务+应用服务"为主要思路，致力于打造以云计算、"一中心四系统"（如图 8-27 所示）+"爱玉门"APP 为技术架构的融合媒体共享平台，统一管理各种计算、存储、网络、数据、服务等资源，打通频道、频率、纸媒、新媒体等各端口，优化配置，提高资源利用率，实现多来源汇聚、多工具编辑、多渠道发布，推动媒体转型升级和融合发展。

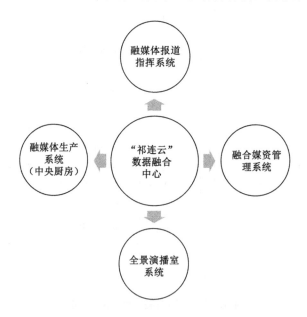

图 8-27　玉门市融媒体技术建设"一中心四系统"结构图

其中，"一中心"即"祁连云"数据融合中心，由公有云和私有云组成，为融合媒体和政务部门统一提供计算、存储、网络等基础云服务；"四系统"包括融媒体生产系统（中央厨房）、融媒体报道指挥系统、融合媒资管理系统及全景演播室系统。

融媒体生产系统（中央厨房）：囊括云线索汇聚、手机回传、图文编辑和全媒体发布工具，同时还植入了语音写稿、脸部识别、打点拆条等人工智能技术，从而建立统一的内容平台。目前融媒体生产系统可以实现文字、视频内容的资源共享，详见图8-28。

图8-28　融媒体生产系统文字及视频内容编辑页面

融媒体报道指挥系统：以数据为核心，对生产流程进行全程监控，利用大数据分析互联网信息汇聚和网络舆情；通过 GIS 地图，对突发事件进行直观调度采编资源；收集用户数据，评估新闻影响力，并通过建模分析，得出用户的消费习惯，为融媒体运营与舆论引导提供策略依据；跟进节目策划制作，根据反馈随时调整。

融合媒资管理系统：为融媒体发展提供全媒体资源支持、超大容量存储空间、高效内容管理引擎，而且具备智能检索、上传、下载、自动精细编目等全套功能以满足节目制播需求。

全景演播室系统：功能范围扩展到社交媒体平台等新媒体平台上，划分为五个区域，即新闻播音区、访谈区、互动区、栏目采访区、虚拟演播区，从而实现场内外的交互联动。

目前，上述融合媒体共享平台已基本搭建完成并经过试运行后成功上线。后期，玉门市还将致力于建立全方位的用户服务管理体系，不断提升内容传播力；采用通用、兼容性好的软/硬件基础架构，为未来服务于"祁连云"的各种类型的信息系统奠定基础；建立符合广电各项安全制度及标准要求的安全保障体系；制定所需各类接口规范，从而完成系统集成。

3. 平台运营

玉门市广播电视台融媒体中心的运营工作主要围绕指挥中心开展。指挥中心设置有九块大屏，可以将融媒体生产系统、融媒体报道指挥系统、融合媒资管理系统、全景演播室系统中的内容按照需求展示在屏幕上，通过实时传输和跨屏互动的模式确保指挥中心具备集中指挥、采编调度、高效协同、信息沟通等功能。玉门市广播电视台台长李某某对指挥中心的定位是资源聚合、流程再造的"资源池"。以指挥中心和集成工作平台为支撑，融媒体中心形成了一套新的运行机制，体现在新闻的"策、采、编、发"等环节上。集成工作平台如图 8-29 所示。

在策划上，指挥中心的工作人员通过大数据热点信息分析、地方政务或媒体发布、用户爆料等多渠道内容汇聚，掌握全面的新闻线索，并在此基础上策划新闻选题。确定好选题和需要获取的信息后，在平台上直观地调度采访资源，向外出记者指派相应的采访任务，也可通过 GIS 地图和记者沟通具体的地理位置，防止因信息不对等造成的资源浪费。

图 8-29　集成工作平台

在采访上，有现场直播和素材回传两种途径。针对一些重大活动或突发事件等需要现场感的新闻，前线记者通过与系统配套的手机 APP 和指挥中心连线，将直播现场画面第一时间传送到前端，这样指挥中心就可以在第一时间根据现场情况调整报道方向。对于其他需要后期编辑的新闻，则将采集到的图文、视频、音频等多媒体格式的素材即时回传至平台中的内容库，也可以为了节省时间和流量先进行一些简单的处理，比如视频截取、加字幕、加特效后传入内容库，等到时间充裕时再进行精细化处理。融媒体中心内容库如图 8-30 所示。

图 8-30　融媒体中心内容库

通过智能分析技术对多信源收录的素材进行语言识别、人脸识别、片段识别、语义分析等，实现自动聚合、自动标引和自动拆条入库，按照新闻主体、主题、类型等将素材分门别类地存储。基于资源共享的理念，系统内的记者、编辑按需检索和使用内容库中的素材，省去了交接复制的烦琐流程，促进了信息资源的自由流通和高效利用。素材同步才能确保步调一致、消除杂音，这也是提高县级媒体影响力的基础。

在编辑上，融媒体中心负责的是传统广播电视新闻和新媒体新闻的生产。虽然生产模式大不相同，但可以调用同样的素材，借助融媒体生产系统完成。

针对广播电视新闻，可以根据视频的内容对照编写新闻稿，包括导语、正文、同期声等，参照语速调整文稿的长度。改造过的高清全景演播室与指挥中心相连，由指挥中心利用大数据统筹电视节目制作，实现画面内容的即时传送和跨屏互动，从而为观众提供更具临场感和生动性的视觉享受。

针对新媒体稿件，不需要调动专业的图片、音视频处理软件就可以对文字、视频、图片等格式的多媒体素材进行智能化编辑和混合编排，既可使用系统中预嵌的 1300 多种样式，也可自行往后台中添加新的样式，还能即时制作短视频、GIF 动图、动画特效、花式字幕、配音等增强趣味性，从而达到一次性生成适应微信公众号、微博、网站、APP 等互联网发布形态的稿件。处理视频时，融合生产系统上进行的主要是一些简单的粗编工作，但是和电视台的精编工作站格式互通，可以在专业机器上完成后续的节目合成。

在发布上，经过逐级审核的稿件可以一键推送到"爱玉门"APP、"玉门新闻"微信号、"玉门新闻中心"微博等多个平台，在节约时间的同时提升了不同平台、渠道之间多向传播的能力。稿件发布后，融合平台可以收集用户数据，分析用户的行为习惯，科学评估传播力和影响力，以此为指导提供运营策略、策划后续节目，形成一个生态闭环。

除了新媒体文稿的编排外，上述的各环节都可以通过手机 APP 实现。遇到一些紧急或突发情况（如图 8-31 所示），工作人员可以"轻装上阵"，随时随地开展工作，打破了设备、场景之间的界限，真正提高新闻生产的时效性和可读性。

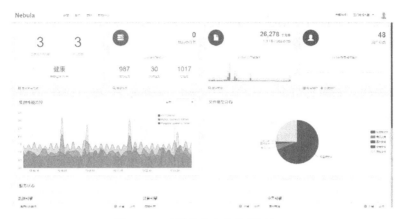

图 8-31 融媒体中心舆论监测页面

以指挥中心和工作平台为核心的运营工作不仅解决了生产效率的问题，还解决了人员绩效考核的问题。工作系统不仅可以对任务流程进行监控，及时发现热点或异常情况，还能将每个人的工作量、工作成果记录存档，作为考评的重要依据，调动人员工作积极性。

综上，融媒体中心的工作流程可归纳为如图 8-32 所示。

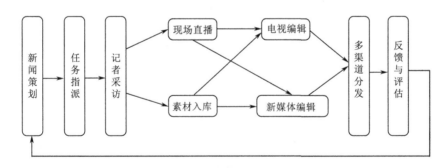

图 8-32 融媒体中心工作流程图

4. 经营管理

在外部机构关系上，融媒体中心主要由广播电视台主导，整合和重组的也是广播电视台原有的内部资源，包括媒体平台、工作人员、硬件设施等。市委宣传部作为广播电视台的管理机构，并没有直接给予资金上的支持，而是从宏观上对建设方案的整体方向进行把关，对域内的广播、电视、政府网站、纸媒等资源进行职能的划转和整合。

广播电视台和索贝公司则采取招标制的形式进行合作。广播电视台在对融媒体工作领先的县市进行实地调研考察，邀请知名度较高的厂商进行技术沟通和交流后，形成需求，撰写招标文件，让厂商承报技术设计方案，从中筛选最优方案。双方于 2018 年 3 月 15 日签订合同，项目搭建资金为 1108 万元，包括系统集成建设、演播室搭建、指挥中心搭建、高清频道建设、室内装修等。6 月下旬完成系统集成建设，8 月初完成搭建，8 月 15 日正式投入使用。1108 万元的资金来源主要是政府配套资金、前期广告收入和广播电视台自行申请到的 600 万元的中央财政文化专项资金。

在内部组织架构上，融媒体中心将原广播电视台新闻部、编辑部、专题部、制作部、新媒体部等进行了整合，并重新构建了内部机构。目前，玉门市融媒体中心计划设立以下五个内设机构：

综合办公室（政策研究室），负责中心日常事务和综合协调工作，承办公文、信息和信访、档案、保密、接待联络及重要会议筹备工作；负责重要文件和会议决定事项的督查工作；负责统计报表、人事劳资、财务管理工作；统筹处理党政、综合治理、后勤服务、安全保障等工作；负责该中心职工的日常考核和年终考核工作；负责整理研究中央、省、市关于融媒体和广电事业建设的政策措施，提出相对应的项目可研论证和具体实施方案。

总编室（创意孵化部），负责制订宣传工作计划、阶段性工作报道计划，统计和分析宣传成果，充分发挥舆论引导和监督作用；负责策划重要新闻、专题报道及重大主题活动的报道；负责审查、校对和监制融媒体的新闻稿件，制订刊播计划以确保刊播安全；审查引进的广播电视节目；负责学术交流、作品评优、对内对外通联工作，抓好通讯员队伍、网点建设；负责各类音视频及图片收集、分类、存档工作；负责向融媒体中心和社会层面征集事关事业建设和业务发展的金点子、新创意，并进行预论证评估，对具有可行性的创意实施孵化；完成领导交办的其他工作任务。

信息采编部，执行总编室制订的报道计划，统筹安排新闻采访和编辑、发布工作，办好办活各类广播、电视、新兴网络媒体等融媒节目，积极主动向中央、省、酒泉市各级新闻媒体报送玉门新闻信息；协助、配合上级媒体和新闻单位来玉门市采访及其他工作；负责"爱玉门"APP、微信、微博后台维护、管理工作；完成领导交办的其他工作任务。

专题文艺部，承担广播电视各类文艺节目、专题栏目、纪录片的策划、采访、编辑、制作工作；负责社会公益广告和应急信息制作事务；完成全年节目创优和上送稿件任务；做好大型文艺活动的策划与组织和市内重要会议、重大活动的现场直播、录播任务；增加民生类、社会监督类、文化生活类的自办节目体量，不断丰富节目形式以提升内容品质，拉近媒体与群众的距离；完成领导交办的其他工作任务。

技术部，负责全市广播电视"村村通"无线发射节目转播的监听、监看；负责自办广播电视节目安全播出、中央广播电视节目无线数字化覆盖工程的运行、维护工作；负责融媒体共享平台的运行、维护，智慧城市、服务功能的融合和与其他网络平台对接等技术工作；保障中心所需播出技术设备的维护管理和安全运行，尤其突出重大活动、重要节日和敏感时期的安全播出；负责广播电视技术类、播出类报表的统计上报工作；完成领导交办的其他工作任务。

5. 人才队伍

人才队伍方面，由于玉门市融媒体中心的部署建设主要由玉门市广播电视台主导进行，因此对玉门市融媒体中心工作人员的统计范围包含玉门市广播电视台的综合办公室、总编室、信息采编部、专题文艺部、技术部等工作人员。这些工作人员也均是玉门市融媒体中心新闻采编系统的成员。

据统计，截至 2019 年 3 月，参与玉门市融媒体建设的相关工作人员共有 58 人，以下将从年龄、学历、专业、编制四个角度对该人才队伍进行数据统计分析。

年龄结构上（如图 8-33 所示），主要以 30～39 岁和 20～29 岁两个年龄段居多，分别有 24 人（占比约 41.38%）和 18 人（占比约 31.03%）。40～49 岁共 7 人，占比约 12.07%，50 岁以上共 9 人，占比约 15.52%。总体而言，虽然该团队中生力军力量相对充足，但也面临老龄化的问题。

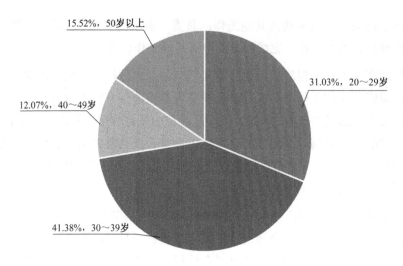

图 8-33　玉门市融媒体建设工作人员年龄分布图

学历结构上（如图 8-34 所示），该团队成员中的 36 人为本科学历，占比约 62.07%，22 人为大专及以下学历，占比约 37.93%，该团队的学历层次中高学历居多，但高端人才仍显不足。

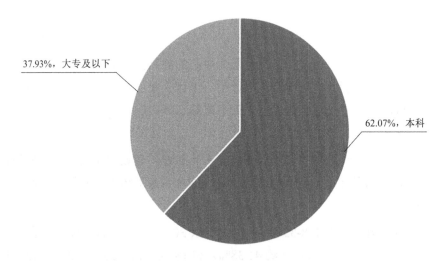

图 8-34　玉门市融媒体建设工作人员学历分布图

在专业结构上（如图 8-35 所示），该团队以文学或传媒型人才和管理型人才为主，其中管理学专业背景的工作人员有 12 人，汉语言文学专业背景的工作人员有 11 人。此外，播音与主持艺术专业和广播电视编导人数也相对较多，分别是 5 人和 4 人。

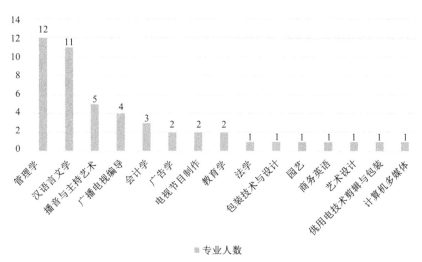

图 8-35　玉门市融媒体建设工作人员专业分布图[1]

在编制结构上（如图 8-36 所示），有 35 位工作人员为编制人员，占比约 60.34%，其他 23 位工作人员为临聘人员，占比约 39.66%。在编制问题上，为配合融媒体工作的开展，玉门市广播电视台于 2016 年便开始了体制调整，将机构资源和人力资源整合到了一起。

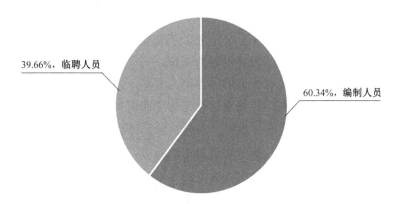

图 8-36　玉门市融媒体建设工作人员编制分布图

---

1 专业分布仅收集到 48 人的数据。

目前对体制内的工作人员而言，玉门市通过行政手段，将广播电视台编制划进融媒体中心；对体制外的工作人员而言，电视台成立了云鼎玉传媒公司，由融媒体中心运营和考核，并将编外人员划进该公司。不同编制的工作人员通过上述两种渠道进行薪酬分配。

在绩效考核上，玉门市电视台也在不断地摸索和尝试。目前，融媒体中心采用"岗位等级工资+工作量+工作成效"的绩效考核方式，即根据工作进度评估工作完成任务量，同时借助传播量统计数据，如稿件转发量等，对工作成效与工作能力进行考核。

6. "智慧城市"的发展蓝图

目前玉门市广播电视台的融媒体中心工作已步入正轨，未来将从以下三个方面进一步探索：

一是拓展渠道和平台。目前融媒体中心内的媒体平台仅有广播电视台及其下属的"两微一端"，未来还会将政务新媒体，比如"玉门发布"微博、微信号及其他单位的新媒体，以及社会自媒体、上级媒体端口、商业视频网站等整合到一起，共享新闻素材，一键发布、删除，形成具有扩散效应的传播矩阵。此外，广播电视台还通过资源置换的方式将玉门市四块户外 LED 大屏也纳入了融媒体中心系统，下一步计划打通发布终端的接口，使其也成为"一键发布"中的一环。

二是建立"广电智库"。基于基层人才匮乏的现状，融媒体中心计划从专家和用户两方面来建立"广电智库"，提高舆情监测和处理能力。一方面邀请新闻和舆情方面的专家、学者提供智力支持，另一方面通过大数据分析，将用户提供的线索、生产的有价值的内容纳入智库，为其提供一个更具公信力和权威性的发布平台，同时将基层百姓变为"通讯员"，倡导"全民记者"，拓展信息汇集渠道，丰富自身内容，为舆论引导积累素材、指引方向。

三是借助融媒体中心统揽"智慧城市"建设。融媒体中心脱胎于"智慧城市"建设，未来将以融媒体中心为支点，继续拓展这一项目。玉门市融媒体中心的功能定位为"新闻+政务+应用服务"，依托"祁连云"数据融合中心拓宽业务范围，建立超越单一的新闻传播功能，不仅为媒体和政务部门统一提供计算、存储、网络等基础云服务，而且可以连接、分析和整合城市运行中核心系统的各项关键信息，将政务服务、政府信息公开、生活服务等有机嵌入融媒体中心的工作中去。

（三）玉门市融媒体中心发展特色

玉门市融媒体中心作为甘肃省第一家县级融媒体中心，在指导思想、技术架构、功能设置、运作流程等方面均走在全省乃至全国前列。虽然目前存在一些不足和阻碍，但其在组织领导、技术合作、融合机制、"智慧城市"建设等方面的经验还是值得甘肃省内其他区县学习的。

1. 广播电视台主导融合

玉门市融媒体中心是广播电视台在新形势下探索发展路径，重夺主流媒体话语权的一次尝试。融媒体中心脱胎于"智慧城市"建设，广播电视台台长李某某最初的想法也是想以"智慧城市"为契机提升广播电视台的传播力、引导力和影响力。"2016 年，广播电视和新闻中心整后之后，首先面临的就是传统媒体职能弱化的问题，当时就提出了单位存在感这个概念。我们考虑今后的发展方向是什么，怎么来提升我们作品的收视率和知晓率，我们做了一些调研，研究大家喜欢看什么样的东西。针对年轻收视群体习惯改变，我们有针对性地开通了微信、微博公众账号，并争取到了市里的'智慧城市'项目，前期工作的成效较为突出，同年就实现了'两微一端'齐全，微信关注量达到 8000 人，'爱玉门'APP 总注册用户数达到 17000 人，2017 年广播电视台的广告费已经达到了 200 万元。"

广播电视台具有较强的前瞻性，具备较强的内容生产和经营管理实力，申请到财政专项资金后在人才、技术、资金等方面优势凸显，有条件和能力发挥核心作用，引领融媒体中心的建设，确保每项措施落到实处。而且玉门市广播电视台作为县内规模最大、音视频生产能力最强的传统媒体，在各方面都较为强势，建成后的融媒体中心在传统媒体和新媒体资源的调度和融合方面可以省去很多机构壁垒导致的沟通低效问题。

2. 技术落地保障融合

技术在媒体融合发展中的重要性是不言而喻的，主要表现在推动力和支撑方面。软件方面，县级融媒体运作如果没有统一的工作平台和操作标准，一来不便于树立全局观，对工作进行统筹管理，二来也可能导致流程混乱、效率低下，媒体融合浮于表面。一般而言，县级没有自主开发软件系统的能力，而且县级媒体体量较小，也没有必要自主研发，可以通过外包的形式和第三方公司合作，租用或改进已有的系统。通过招标的方式，玉门市和索贝公司达成合作，由该公司提供融媒体中心所需的技术支撑，包括搭建集成工作平台、演播室装修、指挥中心装修等，保障了玉门市融媒体中心工作的顺利开展。索贝公司长期以来致力于为各级宣传部门、大型媒体集团及省、市、县的主流媒体机构提供服务，其主营业务是为融媒体业务提供解决方案和个性化设计，占据的市场份额达到 70%。相较其他提供类似服务的公司，索贝公司的优势在于：一是系统功能完备、易上手、好操作；二是有丰富的与县级媒体机构合作的经验，大型产品均进行过轻量化处理。索贝公司在已有技术架构的基础上根据玉门市的实际情况进行了适应性调整，并为玉门市定制了移动端审片功能。后续应用过程中如果有与流程不符的地方，索贝公司的技术人员也可以在产品后台进行优化，期望以更贴合的工作习惯达到工作人员用起来更加得心应手的效果。

技术合作方面，不论是起初的搭建期和试运行期，还是后期维护、解疑释难、技术保障等，索贝公司都有相关的工作人员长期驻守在玉门市提供技术支持。目前技术上存在的一些难题，比如数据迁移、端口打通等也正在攻克中。索贝公司还对玉门市融媒体中心工作人员进行数期业务培训，帮助玉门市组建融媒体人才队伍。

3. 平台流程深度融合

首先，玉门市广播电视台融媒体中心在平台融合方面站位高远、视野开阔。从浅层看，将下属的广播、电视、"两微一端"、实体的户外 LED 大屏的内容生产同步运营，使广播电视媒体、新兴网络媒体、移动媒体和户外媒体形成一个庞大的媒体资源聚集池，信息共享、渠道互通、上下协调，由平台统一管理和运营。从深层看，通过对区域内机关事业单位和社会自媒体平台进行整合，推动形成了覆盖广泛的传播矩阵。公共信息在不同性质的平台上流动和再现，深化丰富内涵，让县内各媒体在了解彼此动向、交换掌握的资源的同时塑造并强化共识。在此过程中，面对版权方面的争议，玉门市广播电视台台长李某某的态度是坚持开放共享，以扩大传播力和影响力而非吸引粉丝为第一要务。"我们去年做了好几件事情，内容方面做了好几件事情。我说你们别管我们的粉丝量，我们尽可能吸粉，对外是开放的，就管传播效果……只要我的东西做出来传播得到就行……只要大家都转了就行，所有的内容推给他，我无偿推给他们。这个应用到我们地方是适合的，但是应用到全国可能不适合，这涉及产权保护的问题。我们主流媒体的作用和功能到底是什么，就是做一些好内容，不管它在哪个平台，可以对任何渠道开放，不能守着自己的平台不放……但是我还是坚持开放共享，只要传播力和影响力有了就行。"

其次，在运作流程方面围绕技术平台也实现了深度融合。融媒体中心的规模并不大，但是基本将台中的各生产要素都整合到了一起，打破以往部门各自为战的状态，提高了工作的及时性和协同性，以集中化的资源反哺多样化的渠道。融媒体中心在运作流程方面的深度融合体现在：一是不仅仅只运用在节庆、重大场合、重大主题报道中，而是形成了常态化的生产流程，应用于日常工作；二是不仅将从融媒体中心获得的材料看成是可以直接摘取和转载的成品，而且要将其作为半成品资源的聚集池，重视线索，尤其是对用户生成内容的搜索和挖掘。

4. "智慧城市"升级融合

玉门市融媒体中心不仅承担新闻工作，还统揽了"智慧城市"建设，未来将集党政宣传、政务发布、信息公开、便民服务于一体。以"爱玉门"APP为例，其中设置有新闻资讯、直播、商超、票务、政务在线、爆料、同城交易、招聘等多个模块。还专门开设了基层党员板块，其内容包括"党政信息""民生问政""作风我承诺""作风红黑榜""党风廉政""聚焦十九大"等，是玉门市将党政宣传工作与融媒体工作相结合的重要尝试。

除了党政类的新闻资讯外，"爱玉门"APP还为用户提供了覆盖衣、食、住、行的便民信息、政务服务和生活服务，以及搭建了一个具有地域特色的、由同城网友组建的社区。用户可以在"互动"板块中针对县内的公共事务畅所欲言、交换意见，提供新闻线索，维护个人权益，从这一角度看，"爱玉门"

APP像一个线上的玉门"议事厅";也可以将其当作一个私人的互动平台,发布和交流摄影作品、生活经验、思绪感悟等,维系社区成员的身份认同感。

新闻、社交、生活的连接,既帮助融媒体中心聚合核心数据、汇集新闻线索、广纳民众智慧、把握舆论导向,将此转化为新闻生产的素材,也为用户提供了多种多样的消费和服务场景,在消费新闻的过程中满足社交需求、提升生活质量、创造个人价值,加深了与APP之间的纽带,增强了用户黏性。

这一思路的优势是跳出了新闻发布的限制,从"连接"的角度理解媒体。融媒体中心不仅生产和传播新闻,还要将城市运行产生的核心数据收集、整合后再重新分发,使其流动到最适合的地方,实现人与信息、人与物、人与人的连接。

(四)玉门市融媒体中心发展中存在的问题

虽然玉门市融媒体中心的建设在诸如平台搭建、流程打造、经营管理等方面都取得了一定的突破,但在实际运作中还是存在体制不顺、人才匮乏和资金紧缺、体量过大等问题。

1. 体制不顺

融媒体中心隶属于玉门市广播电视台,并没有单独建制,因此在编制、职能、人才和资金投入等方面缺乏支持和保障。目前的融媒体中心仅仅是名义上的,这带来的主要问题有:

一是组织架构不完善。由于刚刚建成,目前的融媒体中心只是将原来新闻部、编辑部、新媒体部、制作部的工作人员纳入了集成工作系统,还未按照职能重新划分部门,因此也未形成适应新的技术平台和生产模式的组织架构和管理体系,工作人员一时之间难以完成身份转变。如何进一步整合和调配资源,加强各部门之间的沟通协调,从日常工作、管理、绩效考评、身份认同等方面形成一体化的组织结构和传播体系,将是下一阶段工作的重点和难点。

二是行政级别较低,发挥空间受到限制。目前融媒体中心的工作只涉及广播电视台内部资源的整合,运行起来还较为顺畅。但是后续拓展,尤其是

"智慧城市"建设必然会牵涉县内其他媒体机构和政务部门，级别和权限不够的问题可能会制约融媒体中心发挥中枢协调和统筹调度功能。

三是编制不足导致"同工不同酬"。融媒体中心的人员编制还是在广播电视台原有的规定数目之内，而且广播电视台作为全额拨款事业单位，一部分编制人员的工资并未到位，总体来说较为紧张。为了解决这一问题，广播电视台将工作人员分为编制内人员和编制外人员。编制内人员通过常规的行政手段发放工资，编制外人员则通过成立公司的形式实行薪酬分配。这一做法的本意是延揽更多人才，扩充基层人员力量，但是却导致"同工不同酬"的现象。依据国家规定，编制内人员的工资数目几乎没有浮动的空间；编制外人员则可以按照绩效考核发放工资，因此往往在同样工作表现的情况下获得不同的酬劳，这严重打击了体制内工作人员的积极性。

2. 人才匮乏和资金紧缺

人才和资金是目前包括玉门市在内的县级融媒体中心建设和发展过程中的两大痛点。

首先是专业人才匮乏，对技术的运用和维护能力较低。这一方面是由于玉门市地处偏僻，广播电视台又只是事业单位编制，地理环境对高端人才缺乏吸引力；另一方面是因为玉门市没有匹配的特色人才引进政策，导致了广播电视台没有用人自主权，靠人社部门招聘的工作人员难以胜任媒体工作。目前只能通过购买社会服务的方式进行技术平台的搭建和维护，但这种方法"治标不治本"，对平台的后期维护和创意应用还是需要凝聚人才力量。

其次是资金紧缺。融媒体中心前期建设较为顺畅主要是由于获得了中央财政专项资金 600 万元的补贴和前期依靠"智慧城市"取得的营收，但是后续在平台维护、人才引进和培训、"智慧城市"建设等方面还需要投入大量资金，目前并未得到财政的专项支持。后续资金的保障问题是玉门市融媒体中心建设工作下一阶段面临的重要阻碍。

3. 体量过大

目前玉门市电视台对融媒体中心的功能定位为"新闻+政务+应用服务"的模式，由此面临的最主要问题是体量过大，广播电视台自身的力量难以支撑。为实现政务功能，首先在底层技术层面要搭建智慧云平台，为县内媒体和政务部门提供基础云服务，实现政务部门信息端口的统一和数据迁移；然后要在"爱玉门"APP或其他平台中增加政务服务办理，连接政府机构职能。这其中牵涉的数据过于庞大，有些涉及国家信息安全、公民个人隐私和财产安全等问题，广播电视台自身力量和权限级别能否支撑数据运行的稳定性和安全性尚存疑。为实现缴费、票务等生活服务功能，则势必要与已经占据优势地位的一些垂直类生活服务APP或网站竞争，广播电视台目前的人员和技术力量可能尚不足以和资本驱动的商业公司争夺用户。

（五）未来发展策略

1. 创新工作机制，实行"双轨制"经营

玉门市融媒体工作主要是在电视台这一传统媒体下进行开展的，在工作机制上基本沿袭了传统媒体的思路，部门设置分为传统的新闻部、编辑部、新媒体部、技术部。未来玉门市真正的融合模式，应当是打破部门壁垒，重塑内容生产流程，升级传统生产和传播模式。针对同工不同酬、人才编制有限等问题，可以效仿江西省分宜县的做法，成立自主经营的文化传媒公司负责融媒体中心的经营创收，不仅可以实现中心和公司的机构分开、人员岗位分开、业务流程分开、财务安排分开、考核评价分开，同时通过薪酬分配改革确保体制内外的工作人员以同样的绩效考核标准"同工同酬"，使得工资待遇、身份认同上不会出现显著的差别。

2. 主管部门统领全局，进一步加强引导和服务

主管部门应当主动参与融媒体中心的建设，站位全局，掌舵护航，贯彻落实"党管媒体"的原则。玉门市宣传部出台《玉门市加强融媒体中心建设工作方案》，指导融媒体中心建设工作。将全市各部门内刊、资料性出版物、政务信息网、微信公众号、微博等中的新闻报道职能和人员编制等资源向融媒体中心整合；制定并向全市各部门分解了融媒体中心建设任务。在此基础上，宣传部还可以将新闻和网信工作有机结合起来，利用融媒体的要素融合、资源共享、渠道互通等特征体系化、科学化、智能化地开展工作。由于互联网正在逐渐成为党和政府同群众交流沟通的平台，也是了解群众、贴近群众、

服务群众的新途径，因此，作为最贴近基层、贴近群众的县级融媒体，最重要的职能就是通过舆论引导功能坚持管建同步、管建并举。因为单一的舆论引导功能不能满足县级融媒体建设和基层群众工作生活的需要，所以，县级融媒体的功能定位应当是"1+N"。"1"就是舆论引导功能，"N"就是根据县级融媒体的实际发展情况不断叠加的群众工作生活需要的功能，如政务服务功能、公共服务功能、电子商务功能、文化服务功能、娱乐服务功能、本地社交功能等。在未来的发展中，玉门市融媒体中心主管部门应进一步整合县域媒体资源及其他资源，进一步加强融媒体中心服务功能建设。

3. 整合数据，开放共享

"智慧城市"功能的实现以数据的搜集、传输、共享、分析和开发为基础，因此需要从政策的层面解决"信息孤岛"的问题，推动政府信息化建设，统一数据结构和标准，确立公共数据开放制度，将融媒体中心作为公共信息平台，要求城市运行涉及的各部门向其开放更多有价值的数据，并加大数据安全性投入，更好地服务于当地百姓。玉门市已经有意识要开始将城市数据进行集合，将融媒体和数据服务、"智慧城市"相结合，打通公共数据共享，让县级融媒体中心真正具备公共服务功能，真正服务于玉门市居民的日常生活。

四、吉林省农安县融媒体中心案例

【案例提要】[1]

东北地区的农安县位于吉林省长春市，是吉林省工农业实力和媒体资源较具优势的县级基层单位。2018 年 2 月末，农安县被吉林省委宣传部列为吉林省首批县级融媒体中心三个试点之一，由此开始建设农安县融媒体中心。

---

1 以下数据、资料如无特殊说明，均来自实地调研，由农安县融媒体中心官方提供。

目前农安县融媒体中心由新华社新闻信息中心和新华移动传媒公司提供技术支持，融媒体集成系统平台包括采集端（或直播端）、制作端（或后台）、分析端、客户端四大部分。在平台运营方面，农安县融媒体中心通过设立新闻指挥中心和指挥大屏开展工作，由农安县融媒体中心建设领导小组进行指挥。

总体来看，农安县融媒体中心的特点是：一个中心保融合、技术外包促融合、大屏指挥强融合、横纵联通广融合。发展过程中面临着人才和资金不足、创新手段不多、原创内容单一等实际问题。本书从发展主动性、资源整合、技术、人才、资金、功能等角度出发，为农安县融媒体中心长期发展提出一些有针对性的对策建议。

（一）农安县概况

吉林省农安县位于松辽平原腹地，隶属吉林省长春市。全县总面积 5400 平方公里，辖 4 个街道、22 个乡镇，包括 3 个省级工业园区、3 个市级工业园区、377 个行政村，人口约 120 万人，年人均收入约为 25100 元，是吉林省内区位优势明显、工农业发达的县级基层单位。[1]

农安县内广播人口和电视人口的覆盖率分别为 97% 和 82%。县域内拥有一个县级广播电台、一个县级广播电视台、县级新闻网站（平均月访问量为 7 万次）、县级微博账号（2018 年 7 月数据显示粉丝数为 3600 万）、县级微信公众平台（2018 年 7 月数据显示粉丝数为 400 万）、县级移动新闻客户端、县级今日头条号等媒体资源，形成了传统媒体与新媒体相结合的媒体矩阵。

在媒体工作层面，2016 年，农安县成立了"幸福农安"微信公众平台，对农安县网信办、农安广播电视台进行资源整合，达到了初步的信息共享，迈出了农安县新媒体发展的第一步。

2017 年，农安县依托本县新闻采编系统，创新新闻传播方式，获得了"长春市宣传思想文化工作创新奖"。2018 年 2 月末，农安县被吉林省委宣传部列为吉林省首批县级融媒体中心三个试点之一，由此开始了农安县融媒体中心建设发展道路。

---

1 来源：农安县人民政府官方网站，http://www.nongan.gov.cn/zjna/lsyg/.

（二）农安县融媒体中心建设情况

在实地考察农安县融媒体中心后，本书对其发展历程、技术支持、平台运营、经营管理、人才队伍等进行梳理总结。

1. 发展历程

早在 2013 年，农安县委宣传部便基于自身媒体资源基础，顺应媒体融合的发展趋势，与新华社展开合作，建立了"掌上农安"手机客户端，初步展现了农安县媒体融合发展的雏形。

2016 年，在对山东章丘、湖北襄阳等地进行考察后，为了进一步推动媒体融合发展及其平台运营业务，农安县委宣传部、农安县信息网络中心和农安县广播电视台统筹了新闻资源和采编力量，共同运营了"幸福农安"微信公众平台。

2018 年 2 月，吉林省委宣传部决定将农安县作为首批融媒体建设三个试点之一，给予农安县更大的平台和更高的自由度。农安县抓住此次发展机会与新华社合作，积极开展融媒体中心筹建工作。

2018 年 5 月，以《吉林省县级融媒体中心暨全省融媒体集群建设总体方案》为指导意见，吉林省委宣传部引导各县依托广播电视传统媒体建设县级融媒体中心，并同步建设全省融媒体集群，旨在解决各县资金、人才不足的问题，缩短各县融媒体建设的探索路径，节约建设成本，形成规模效益，同时有利于新闻宣传与舆论监管，站稳舆论阵地。

据此，农安县在已有融媒体中心建设基础上，迅速与省网络电视台主导的融媒体系统进行技术对接，并已基本完成相关对接工作。

目前，农安县融媒体中心已基本搭建完成，融媒体指挥大屏、"农安之声"APP、飞鸽网信互动管理平台、e 采编系统等技术产品均已投入使用。通过线上指挥平台（广播、电视、政府门户网站、"两微一端"、舆情监控管理系统与采编系统）与线下队伍建设（宣传部、网信办、县广播电视台、其他各部门网评员和宣传委员）的互联互通，融媒体建设项目逐步实现了以"融通农安"为目标，构建领导体系、工作平台和传播平台的一体化，落实包括技术支持、软硬件设施、统一标识统一形象、集成系统平台在内的四大基础板块，有效地整合了县内资源以确保融媒体工作有序开展。

综上，农安县融媒体发展历程可总结为初现雏形、自主尝试、试点先锋三个阶段，如图 8-37 所示。

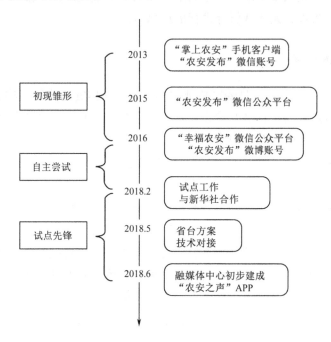

图 8-37　农安县融媒体发展历程图

2. 技术支持

农安县融媒体中心的建设工作主要由新华社新闻信息中心和新华移动传媒公司负责。具体合作方式是：首先，作为第三方的新华社新闻信息中心，负责促成农安县和新华移动传媒公司的沟通与合作；其次，作为新华社定向的技术合作方，新华移动传媒公司负责为农安县提供技术支持。

目前，新华移动传媒公司为农安县搭建了一个融媒体集成系统平台，以内容、渠道的互联互通和资源共享为目标，紧紧围绕媒体传播要素，以技术驱动重构业务流程。其中包括采集端（或直播端）、制作端（或后台）、分析端、客户端四大部分的技术支持（如图 8-38 所示）。

图 8-38　农安县融媒体集成系统平台架构图

采集端（或直播端）以智能采集手机 APP 为主要采集工具，具备采集文字、图片、音频、视频、直播、直播推流、VR 图片、VR 视频等多种媒体形式素材功能。新华移动传媒公司基于现场云技术平台，为农安县提供了 e 采编服务。记者可通过 e 采编实现新闻素材的移动端采集和上传，并在签审通过情况下完成在线新闻发布。

制作端（或后台）具备全媒体编辑功能，包括图文一键排版功能、抓取功能、多端分发功能、舆情互动管理平台功能、分级移动签审功能等。其中，多端分发功能可通过技术手段，实现政府网站集群、微信公众号、微博、已运营的商业媒体（今日头条等）及自建新媒体的打通融合，实现稿件多端分发、一稿多签，相同稿件在不修改格式、内容的前提下可同时上传多种终端进行展示。舆情互动管理平台功能则借助飞鸽网信互动管理平台，实现对网络舆情信息的集中分析管理，并实现对社会化编外信息员的集中导控指挥。

分析端具备应用分析、用户分析、内容分析、考核分析、广告统计分析、活动分析等功能。新华移动传媒公司通过租用阿里云服务器，对农安县相关新闻的热词进行检索和抓取，分析当前县域内的网络关注重点。此外，农安县还与联通公司合作，联通公司为融媒体中心提供网络支持与云存储，利用大数据，对新闻成品的阅读、转发、评论进行统计，对社会舆情进行跟踪。上述统计数据都将直观地呈现在指挥中心的大屏上。

客户端具有全媒体内容展示、智慧城市、移动办公等功能，并实现轻量级微网页功能。新华移动传媒公司为农安县开发客户端"农安之声"，该平台集全媒体新闻资讯、实时直播及回放、媒体平台嵌入、生活服务功能等板块于一体，内容丰富，形式多样，关乎民生。同时为落实全省融媒体集群建设，农安县也在积极与省台进行沟通对接，将"农安之声"融入到全省的融媒体建设蓝图中，通过打通技术壁垒的方式避免了重复建设，将其打造成为集新闻发布、党务政务、理论宣讲、舆论监督、生活资讯、便民服务、交流互动等于一体的新型综合党媒。

此外，上述来自新华移动传媒公司的技术支持是软件层面的，硬件层面的技术支持，诸如指挥大屏、音频系统、多媒体办公桌、联通专线等，还需要由网信办的网络运维科提供。

目前，农安县融媒体中心建设在技术层面已经进入了后期维护阶段。新华移动传媒公司随时对农安县融媒体中心的运营情况进行监控，一方面，根据农安县定期反馈的实际需求对产品服务进行调整；另一方面，若发现执行不顺畅的问题，公司将派出技术人员进行培训指导。

3. 平台运营

农安县融媒体中心通过设立新闻指挥中心，为广播电台、电视台、网站及"两微一端"等各种宣传业务系统建立统一生产、播发、审核的管理指挥系统，实现对各地现有媒体的统一管理、新闻的统一策划、稿件的统一分发、业务的集中管理与业务流程的全程监控，并可通过大屏进行融合可视化数据呈现。

目前，指挥中心的大屏主要分为三部分，即包括新闻热点、素材等相关统计数据的融媒体指挥平台（如图 8-39 所示），与新时代文明实践中心等机构实时连线的视频画面，以及飞鸽网信互动管理平台。相应地，融媒体中心的运营工作也主要包括三部分，即新闻的"策、采、编、发"，与传习所等机构的互联互通，以及舆情的监管与引导。本部分将对新闻的"策、采、编、发"和舆情的监管与引导进行介绍，与传习所等机构的互联互通将在下面进行重点介绍。

新闻的"策、采、编、发"。 首先在选题上，指挥中心通过信息采集获取新闻线索，结合党政宣传任务确定选题并组织采访团队。采访团队一般由电视台和网信办人员配合组成，据网信办新闻发布科科长李某某所说，"这种做法有效地实现了人力资源整合，节省了人力成本。比如说一些重大的新闻，我们就跟电视台沟通，文字记者是哪方面出？他们派我们就不派了，然后他们出个摄像，我们出个摄影，一般采访出去三个人左右就可以了。要是以前的话，各出各的，他们一组我们一组，他们甚至有的时候出两组。"

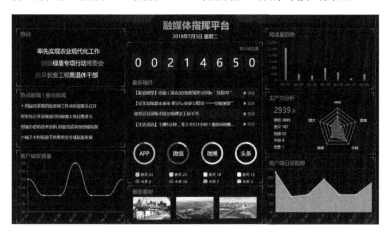

图 8-39 农安县融媒体指挥平台

在采集素材时，前线记者或相关通讯员可使用 e 采编系统对文字、图片、音视频等多种形式的媒体素材进行集中采集。对于采集到的素材，有以下两种处理方法：一是在采集端进行直播，即前线记者或相关通讯员可对采集到的素材进行简单编辑后即时送审播发，由具有签审权限的签发人签发，即时呈现新闻信息；二是对素材进行编辑入库，前线记者或相关通讯员使用采集端对已采集的素材进行简单编辑上传后台素材库。素材库对相应素材进行自动分类储存。

在编辑上，除直播等即时类素材外，上传素材库的素材，可由编辑在制作端按需求进行二次编辑，并将成品送审。由具有签审权限的签发人对稿件进行签审。一般采用三审制，重大选题需要四审。签审后的稿件将以成品素材形式进入成品素材库储存，作为备用素材方便后续使用。

审过的稿件可通过制作端后台进行多端分发，即在所需渠道后打钩，便可一键将稿件投放至相应的渠道。目前政府网站的接口尚未能接入该分发系统，而"两微一端"、第三方平台、自建融媒体平台等均可实现多端分发，如"农安发布"微信公众平台、微博账号、头条号、"农安之声"APP 等。

稿件播发后将生成数据反馈内容，反馈至分析端。指挥中心大屏将以可视化形式展示其浏览量、各终端发布情况，建立即时互动反馈机制，形成有效的大数据管理模式，从而为后续新闻生产工作提供指导。此外，指挥中心可实时监控融媒产品的生产过程，确保融媒产品的高质量与安全性。

综上，融媒体新闻的"策、采、编、发"流程可归纳为如图 8-40 所示。

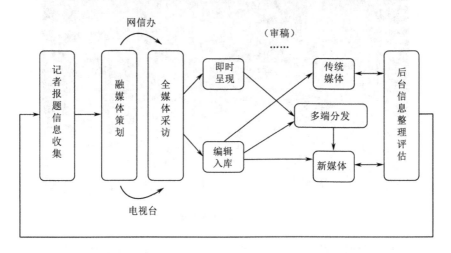

图 8-40　农安县融媒体新闻"策、采、编、发"流程图

舆情的监管与引导。主要包括"发现舆情—任务指派—过程跟踪—成果上报—数据分析—绩效考核"六个环节，如图 8-41 所示。

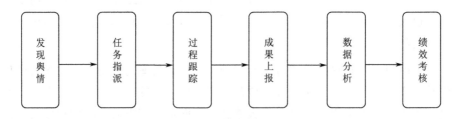

图 8-41　舆情监管与引导工作流程图

环节 1：发现舆情。通过网络舆情自动抓取、人工上报、软件预警等多种途径发现舆情信息，并第一时间反馈上报。

环节 2：任务指派。在获取舆情信息后，通过 PC 端后台或移动端，由监管人员发布集中处理任务或点对点针对性任务，并设置任务细节，完成指派。

环节 3：过程跟踪。各级网评员领取任务后，按时保质完成，期间舆情监管人员可通过分级权限，在 PC 端或移动端查看舆情发展情况及任务进度。

环节 4：成果上报。完成任务后，网评员需通过截图等形式向系统反馈任务成果，系统据此反馈任务完成信息，即时将任务成果上报。

环节 5：数据分析。后台通过网络抓取、人工录入、网评员反馈等方式获取舆情信息的相关情况数据并进行可视化呈现。

环节 6：绩效考核。基于发布任务的难度，对网评员的任务数据进行分析。以标准化的管理机制和奖惩制度，提升任务协作效率。

以永安人工增雨舆情事件为例，部分群众误以为人工增雨的行为是在"驱散云彩"，由此形成网络谣言，甚至引发了群体性事件。监测到该舆情事件后，网信办第一时间联系气象部门获取权威信息，一方面通过"农安发布"微博、微信、各乡镇单位传播权威信息，另一方面通过向网评员队伍下达转载任务，实现对权威信息的二次扩散，进一步扩大信息覆盖面。宣传部新闻科科长何某某表示，"朋友圈太强大了，我也没看这个实况，但是一传十、十传百，我们就看到了……这次的永安人工增雨说明，你一定要及时地给老百姓声音。"此次舆情引导工作清除了线上与线下的隔阂，真正实现了线上指挥平台与线下队伍建设的互联互通。

4. 经营管理

农安县融媒体中心建设由县委宣传部牵头开展，并成立了农安县融媒体中心建设领导小组，县委常委、宣传部部长徐某某任组长，宣传部副部长梁某某、县电视台台长吴某某任副组长，还有来自宣传部新闻科、网信办及电视台等部门和单位的 12 名成员。

在外部机构关系上，宣传部处于相对"强势"的地位，特别表现在对网信办和电视台的掌控力上。宣传部部长徐某某认为，"在融媒体中心建设过程中，宣传部的核心地位是必要的。一个真正的融媒体中心和新闻中央厨房，不应该交给任何一个媒体机构来做，首先是彼此之间的沟通协调往往不到位，其次他们无法站在党委的立场去思考问题。"

宣传部将政府网站纳入网信办，使网信办成为兼具新闻采编、网站及"两微"运营、舆情监管的"大团队"，使得宣传部、网信办、电视台间的沟通合作顺畅而有力，从而牢牢把握了县域内的主要媒体资源。

此外，宣传部还和新华社保持着长期良好的合作关系，融媒体中心试点建设为双方谋求共赢提供了机遇。一方面，宣传部需要新华社提供技术支持和建设方案；另一方面，新华社作为党媒的代表，致力于为县级融媒体建设开拓路径，需要以农安为试点，兑现技术设想，形成品牌效应。

在内部组织架构上，农安县融媒体中心计划实行开放式、扁平化管理模式，通过去中心化、多中心化，使在融媒系统中的每一位工作人员都可以在任何一个节点成为阶段性的中心，基于融媒体的后台系统，每个工作人员作为节点，可彼此自由连接，组成新的连接单元作为新闻工作小组。

但由于融媒体建设仍处于起步阶段，由总编辑、常务副总编辑、副总编辑等组成的指挥中枢需要为融媒体的日常工作、发展方向提出具体安排及指导意见，其核心地位突出。同时，融媒系统的功能建设仍未全面完成，工作人员的自主性和自由度未能得到充分发挥和保障，开放式、扁平化的管理模式仍有待探索。

指挥中心由采访中心、编辑中心和技术中心三部分构成。采访中心和编辑中心的构成是一样的，分别是电视组、新媒体组和网信组三个小组，充分整合了电视台和网信办的人才、信息、技术资源。农安县融媒体中心组织框架如图 8-42 所示。

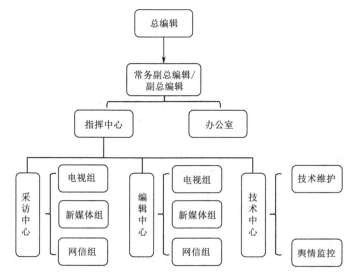

图 8-42　农安县融媒体中心组织框架

在财政投入上，农安县融媒体中心建设费用依赖县级财政支持，除新华社提供的无偿系统援建以外，必要的硬件设施购置等支出均由"县里拨钱"。相比之下，省台的模式可以节省很多经费，但该模式下的各县融媒体中心相当于省台的一个平台，只能拥有其中的一部分功能，要想实现真正意义上的融媒体，还需要进一步沟通和挖掘。

正如前文所述，农安县和新华社开展的互惠合作，确实为农安县减轻了一大笔财政负担。在宣传部部长徐某某看来，这是一件互惠互利的好事儿。新华社通过在农安这个基层打点，打出了新华社的品牌，打出了新华社的技术优势，通过农安这个成功案例，为新华社创造了无形资产和品牌价值，未来带来的效益和推广的空间可能是更大的。

在新华社新闻信息中心吉林中心韩某某看来，农安县本身确实有试点的价值，"农安资金相对充裕，而且它的城镇建设优化。作为吉林省的一个县，有很多的宣传优势，它会形成一个很好的宣传点。农安县成为一个全省的融媒体工作试点，成为一个非常亮的点，也有助于我们继续把我们的融媒体产品向下推。所以我们选择了农安。"可见，农安县和新华社双方在彼此的利益诉求的契合点上开展合作，各取所需。

5. 人才队伍

据统计，目前参与农安县融媒体中心建设的相关工作人员共有 24 人，以下将从年龄、学历、专业、编制四个角度对该人才队伍进行数据统计分析。

在年龄结构上（如图 8-43 所示），20～29 岁和 30～39 岁两个年龄段各有 9 人，分别占比 37.50%，40 岁以上有 6 人，占比 25.00%，该团队出现老龄化现象。

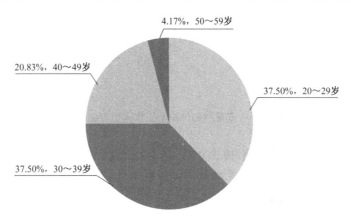

图 8-43　农安县融媒体中心工作人员年龄分布图

在学历结构上（如图 8-44 所示），该团队成员中的 22 人为本科学历，占比约 91.66%。此外，硕士学历和专科学历的各有 1 人，各自占比约 4.17%。

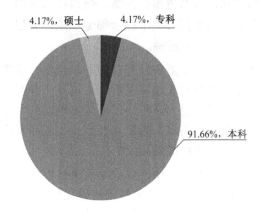

图 8-44　农安县融媒体中心工作人员学历分布图

在专业分布上（如图 8-45 所示），有 1/3 的工作人员大学毕业于中文专业，其他工作人员的学科背景相对混杂，且多数与新闻传媒领域关系不大。

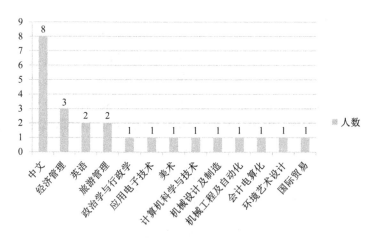

图 8-45　农安县融媒体中心工作人员专业分布图

在编制分布上（如图 8-46 所示），有 1/2 的工作人员是事业编制，还有 5 位工作人员为公务员，其余的编制类型分别为台聘 3 人、教育 2 人、劳务派遣 1 人，还有 1 人无编制。

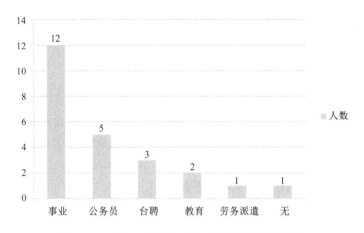

图 8-46　农安县融媒体中心工作人员编制分布图

可见，尽管融媒体中心在组织架构上有统一的融合规划，但在人员编制方面尚需探索和落实。以网信办为例，在现有的 11 位工作人员中，仅 1 人有编制，其余 10 人均为其他单位借调人员。宣传部新闻科仅有 2 人，负责农安融媒体建设的全局统筹和外联对接；电视台与融媒体建设紧密联系的新媒体部仅有 6 人。

目前，融媒体中心建立了人才培训机制和政策，尚未建立人才引进机制和奖惩机制。已有的融媒体人才培训包括赴浙江省长兴县等地的外出调研、融媒体平台使用教学等，未涉及对工作人员自身媒介素养和工作技能的培训，事实上很多工作方法都是工作人员自己在工作中摸索出来的。网信办对外宣传科科长刘某某在谈及其 H5 作品时说到，"这个软件可能就是触类旁通，我们工作中可以接触到很多软件。因为我负责宣传工作，有的时候会做一些画册，这涉及图像处理，或者是一些图文、动画的东西，H5 就属于一种小动画的形式，但是为了美观我们要美化，所以这个东西也是工作中摸索的，也是从不熟练到熟练的。"

（三）农安县融媒体中心发展特色

农安县融媒体中心建设在短时间内取得了显著的成效，在吉林省媒体实力整体不强的省份较为突出。虽然目前存在一些不足和阻碍，但其在组织领导、技术合作、融合机制、省市互联等方面的经验还是值得其他尚在探索中的区县学习的。

1. 一个中心保融合

农安县融媒体建设的很大一个特色就是从先期筹谋到实际运作都由县委宣传部主导。农安县委宣传部部长徐某某认为县级融媒体中心建设不应该交给任何一个媒体机构做，第一是它们之间互相协调不到位，第二是它们的站位都不够高，无法站在党的立场思考问题。

由于在县文化体制改革时，农安县广播电视台、农安县人民政府网站都划分到了宣传部，所以农安县的融媒体建设是由宣传部主导的。宣传部通过直接管理或间接任命的方式领导这两大主流媒体，在新闻宣传方面资源丰富、基础较强，因此宣传部作为中心力量指挥统筹融媒体建设具有明显的优势。第一，通过明确的核心枢纽可以充分地发挥指挥引领作用，使得各机构之间沟通顺畅，指令得到高效迅速的执行，方便整合和重组各类有效资源，比如人员、设备、信息等，避免了其他县出现的宣传部和主要媒体机构之间存在行政壁垒、调度困难的现象；第二，通过宣传部把控方向可以更好地贯彻落实党管媒体的原则，对于打造县级新型党媒、壮大主流舆论阵地、确保党的声音唱响在基层具有重要意义。农安县电视台新媒体部主任牛某某也认为由宣传部整合媒体资源、构建联系网络可以促进信息的共享互融，并且宣传部的行政指令可以帮助他们解决之前遇到的基层乡镇不配合采访的问题。"其实我就觉得有必要成立这么一个组织，或者说是一个联络的网络。由宣传部来成立这么一个网络，各个乡镇的宣传委员就是咱们的通讯员，通过这儿就能掌握很多的信息，之后我们就有针对性地下去采。有的时候我们新闻部主任主动就跟下边各乡镇的一把手打电话直接联系，但是不一定能特别顺畅地了解情况，比如说人家就不想做这方面的宣传，咱们也挺尴尬。如果说能形成一个整体的宣传网络的话，从中心辐射到各个乡镇，统一来派，就更好一些。"

2. 技术外包促融合

技术是媒体融合发展的重要推动力和支撑。软件方面，县级融媒体运作如果没有统一的工作平台和操作标准，一来不便于树立全局观，对工作进行统筹管理；二来也可能导致流程混乱、效率低下，媒体融合浮于表面。一般而言，县级没有自主开发软件系统的能力，而且县级媒体体量较小，也没有必要自主研发，可以通过外包的形式和第三方公司合作，租用或改进已有的系统。由新华社新闻信息中心吉林中心牵头，农安县和浙江新华移动传媒公司达成合作，由该公司提供融媒体中心所需的技术支撑，包括开发客户端"农安之声"，搭建采编平台、飞鸽舆信管理平台、大屏指挥展示平台等，使得农安县融媒体中心的新闻要素深度融合、报道资源充分共享、媒介渠道互联互通成为可能。浙江新华移动传媒公司原是新华社新闻信息中心的下属基地，为新华社的所有产品提供技术支持，现主要为传统媒体和新兴媒体融合发展提供一体化的系统解决方案，长期服务于各级宣传部门及新华社、经济日报社、杭州日报报业集团等主流媒体机构。浙江新华移动传媒公司的产品主要服务于省市级大型媒体集团，因此在已有产品的基础上根据农安县的具体需求进行了轻量化处理，使之更适应农安县的实际情况。这种技术合作不是一次性的而是持续进行的，新华移动传媒公司、新华社新闻信息中心的相关工作人员在搭建期和试运行期间长期派人驻守在农安，提供后期维护、技术保障，并对农安县融媒体中心工作人员进行业务培训，帮助农安县组建融媒体人才队伍。

3. 大屏指挥强融合

农安县融媒体中心将新闻、舆情、传习所三块工作用大屏展示和指挥的形式紧密地联系起来。融媒体中心的指挥中枢设置了三块大屏，一块展示新闻生产和传播中的重要信息和数据，比如网络舆情、新闻成品的受众反馈、新闻线索等，一块用于和乡镇、街道的新时代文明实践中心进行实时连接，还有一块则通过飞鸽系统管理全县网评员。通过指挥大屏，融媒体中心的领导和指挥小组不仅可以时刻获知业务动态变化，远程调度采访力量，远程指导传习所开展活动，向网评员下达指令和监测任务完成情况，实现指挥中心和基层实践人员的双向互动，还可以站位全局，将这三块工作有机联系起来。比如，在融媒体首页中为文明实践中心开设专栏，通过视频直播、图文直播的形式将传习所开展的活动向外扩散并监测传播效果，既扩大了党的声音的传播范围，又可以通过数据反馈总结经验，改进传播策略，还可以根据舆情监控管理的实时结果对飞鸽系统中的网评员下达具有针对性的指令，为舆情引导和处置工作提供智力支撑。

4. 横纵联通广融合

农安县作为吉林省融媒体集群建设的试点县之一，目前已接入省网络电视台的总指挥系统，实现了和省委宣传部、省网络电视台的即时互动。虽然农安县的融媒体建设前期多靠自我探索，但被纳入省级融媒体集群后，一定程度上会在组织架构、生产流程、技术平台等方面和省市县保持同一标准、同一规范。纵向上联通了县到省的媒体通路，既使农安县能够方便获取全省的信息资源，减轻内容生产压力，又能加强对新闻舆论工作方向的把控，确保主流声音传达到基层；横向上可以借鉴学习其他兄弟县市，在对比参照中共同进步、协作共赢，形成规模效应和宣传合力。最终打造成为与省内各级各类媒体上下贯通和横向联通的新型综合融媒体平台。

（四）农安县融媒体中心发展中存在的问题

农安县融媒体中心建设虽然在平台搭建、流程打造、经营管理、思想引领等方面都取得了一定突破和成就，但在实际运作中还存在媒体从业人员危机意识不足、资金紧缺、技术力量相对薄弱、传播效果不佳等问题。

1. 媒体从业人员危机意识不足

新兴媒体有自身的发展特点和独特的话语体系，因此在技术手段和传播时效的要求上有别于传统媒体。融媒体中心的建设主要就是通过思想、方法、手段的融合来实现的。但对于传统媒体尤其是管理团队的人员来说，很多人不仅对新媒体的快速发展不以为然，而且认为传统媒体的正统地位仍旧是四平八稳的，报纸和新闻才是端得上桌面的正餐。他们并没有意识到推动县级融媒体中心建设与自身事业发展的迫切关系。

2. 资金紧缺

农安县融媒体中心的各项支出费用依赖县财政的专项支持，每笔开销都必须通过财政审批，往往手续烦琐、耗时长，然而融媒体发展在软硬件方面又的确需要投入大批资金才能实现生产、经营、管理的整体更新换代。虽然县里会大力支持，但后续平台的维护、人才引进和培训、日常工作投入等方面的资金问题依然成为农安县融媒体建设工作的重要掣肘。

3. 技术力量相对薄弱

农安县融媒体中心人才力量不足主要体现在人员编制不足、人员老化、专业不对口等方面。农安县互联网信息中心现有工作人员 11 人，除 1 人有编制外，其余 10 人均为其他单位借调人员；广播电视台全员编制 84 人，新媒体部 4 人，新闻中心工作人员 12 人，其中文字记者仅 3 人，编辑人员仅 2 人。此外，在运行机制、薪酬体系、人员引进培养等方面，缺乏灵活性和竞争力，难以吸引优秀的信息技术人才，致使发展中的技术支撑明显不足，仍需要继续探索。

4. 传播效果不佳

推动县级融媒体中心的建设，其根本就是先进技术和内容建设的支撑，核心仍然是要关注内容生产。目前看来，农安县的融媒体表面上看渠道丰富，但报道主体还是领导活动、党政工作动态、工作总结等，既缺乏受众想知道的信息，又鲜少涉及反映基层百姓生活的稿件，而且缺乏节目形态和样式的创新，导致吸引力不足。在对群众的走访中，使用"农安之声"，关注"农安发布""幸福农安"的人比例较低，大部分群众还是通过全国媒体和农安当地的社会自媒体接收新闻。融媒体中心没有在受众自行生产的和通过网络反馈的内容中寻找新闻线索，没有在新闻产品中融入受众创造的价值，也就是对社会力量的重视和体察还不足。

（五）未来发展策略

1. 把握发展机遇，推进融媒体工作

理念是行动的先导，也是行动的指南，贯穿了行动从初步设计到具体执行的各个阶段。在各省级单位中，吉林省较早地看到了雨后春笋般冒出的新兴媒体将对传统媒体的地位造成冲击，充分认识到县级融媒体在全国宣传思想工作中、在基层政权建设中的不可忽视的基础作用，因此率先开始县级融

媒体中心建设试点工作及全省融媒体集群建设工作。

因此，农安县宣传部及融媒体中心需要学习领会中央高层的指示要求，把握融媒体发展的战略机遇期。具体来说，一方面农安县融媒体中心建设规划要遵循中央的整体部署，共同推动传统媒体与新媒体齐头并进发展，并且注重省级融媒体集群的建设和整体部署。要做到这一点，必须灵活运用互联网知识，坚持正确的政治方向，坚持党管媒体的原则，推进传统媒体和新兴媒体在内容、渠道、平台、经营和管理等方面的深度融合，利用融媒体在基层政权中做好思想宣传工作，努力打造出多种多样、技术先进、深得群众喜爱并具有较强竞争力的新兴主流媒体，巩固壮大主流思想舆论阵地。另一方面，要考虑到县级政府在基层治理中的枢纽作用，县级融媒体承担着联系政府与县域群众的重要职能，是现代传播体系中十分重要的一环。该体系要求县级融媒体具备覆盖全面、立体多样、融合发展的特点，同时也在基层中传递着党的声音。这就要求县级融媒体在发展的同时，必须明确推进媒体结构优化、布局调整、效能提升，通过自上而下的县域媒体体制机制革新，以新闻宣传和公共服务为目标，同时要充分利用县级媒体资源，努力解决服务群众的"最后一公里"问题。

2. 整合多方资源，建立县级融媒体机构

农安县的县一级媒体资源主要由县级广播电视台、县委宣传部和县网信办下属新闻媒体、政府网等组成。为了增强县级融媒体的传播声量，发挥其在县级宣传中的核心引领作用，可以深度整合农安县媒体资源，包括县级广播、电视、网站等传统媒体和"两微一端"等新媒体资源，优势互补、扬优去劣，达到"1+1>2"的效果，形成有统一标识的强势媒体矩阵，推动县级媒体完成功能转变和传播力的升级。

在具体的融合机制上，要不断提升灵活性、协调性、实效性。为了贯彻落实党管媒体的原则，媒体融合的主导权隶属于县委宣传部。可以在农安县县委宣传部的统一规划协调下，由县委宣传部、网信办、广播电视台的负责领导组成的领导小组统筹决策，明确网信办、广播电视台等部门在建设融媒体中心过程中的分工和责任；另外，融媒体中心还肩负着整合、调度全县宣传资源和力量的作用，是一个中枢协调机构，并在机构建制、人员编制方面

享受一定的政策支持。

3. 加强人才支持，推动融媒体可持续发展

针对农安县基层人才不足的问题，从编制、薪资待遇、发展机会等方面增强对高素质人才的吸引力，加强人才储备，培养一支业务能力强、创新意识强、对生产流程各个环节都比较熟稔的全能型融媒体工作团队。各级领导干部特别是县级主要领导要高度重视融媒体发展的人才队伍建设，不能故步自封、任人唯亲，而是要构建有竞争力和创新力的融媒体年轻团队，注意吸引、激励和留下人才。

针对农安县县级媒体没有用人自主权、录用人员难以胜任媒体工作的情况，可以给予县级融媒体机构一定的选聘自主权，使其招到与自身发展相契合的人才。然而基层毕竟资源有限，对人力资源的投入只能根据每个县的实际情况，在财政允许的范围内有所倾向，对于一些没有竞争优势的县，可以考虑提升现有团队，与周边县市、高校或相关研究机构合作，采用诸如交换学习、实习生学习、定期学习和培训等创新学习方式，增强团队的学习意识，提高团队的自我学习和革新能力。还可以灵活地借用外部人才，动员社会力量，比如县内热心受众、写作爱好者、摄影爱好者或者具备专业能力的传媒公司等，通过项目合作等方式，让他们创造的价值也能够融入到媒体产品中。为了进一步扩大传播声势，还可以打造一支政治觉悟高、熟悉新媒体的社会化网评员队伍，引导网评员对县内热点新闻点赞、转发和评论，正确引导舆论思想走向，发动群众力量，扩大影响力，创建一批深得人心的县级融媒体。

资金保障方面，除了接收专项资金外，农安县也可以在采编经营两分开的基础上挖掘融媒体自身的"金矿"，延伸融媒体的产业链，在旅游、商务、会展、文创等不同领域寻找盈利点，内外兼修，发现融媒体自身的价值和盈利点，增强整体竞争力。

4. 服务当地百姓，让党的声音深入基层

县级融媒体中心的服务功能已经从业界实践、学界讨论上升为国家的战略定位。农安县媒体融合的发展路径最终也是要将新闻媒体转换为信息与服务平台，用自由流动的数据、广泛链接的网络、实时实地的互动消融新旧媒

体之间的界限。而县级融媒体中心的紧迫性和必要性在于如果只做内容生产，很难与更高层级的媒体或者市场化的商业媒体竞争，势必会面临受众流失的困局。县级媒体最大的特色在于近地区位优势，即与基层群众的紧密连接性。县级融媒体中心应当充分发挥这一优势，弥补上级媒体难以嵌入社区生活的缺憾，在丰富服务功能上加强设计，挖掘本地群众的实际使用需求，包括使用者年龄、语言、使用习惯、金融需求等侧重点，这样才能实现融媒体中心在用户心中落地生根，达到具体服务的目的。

目前来看，农安县融媒体建设仍处于发展初期，融媒体中心发布的客户端在县内的市场份额较小、传播效果较弱，主要以发布新闻资讯为主，缺少服务功能。未来，农安县融媒体中心及其"农安之声"APP，要更多地提供移动化、场景化的政务服务和生活服务，方便群众办事，扩展服务项目，引入购物、医疗和文化娱乐等方面的服务功能，利用大数据挖掘用户需求，增强用户黏性，提高用户使用频率，提升服务质量和水平。

从"连接"的角度理解媒体，农安县融媒体中心不仅要生产和传播新闻，还要增强社会服务属性，将城市运行产生的核心数据收集、整合后再重新分发，使其流动到最适合的地方，实现人与物、人与信息、人与人的连接。这一功能的实现以数据的搜集、传输、共享、分析和开发为基础，因此需要从政策的层面推动政府信息化建设，统一数据结构和标准，确立公共数据开放制度，将融媒体中心作为公共信息平台，要求城市运行涉及的各部门向其开放更多有价值的数据，打破"信息孤岛"割裂现状，更好地服务于当地百姓。通过丰富县级融媒体的服务功能，让群众真正用起来、离不开，在潜移默化中接受并认同党的声音，让主流价值观始终牢牢占据网络空间的主导权。

五、对县级融媒体中心建设的启示

本书选取的四个案例来自东部、中部、西部、东北四个地区，各地结合自身实际情况选择了不同的建设路径，对全国其他各县开展融媒体中心建设工作具有借鉴意义。与此同时，在共性上，四地的县级融媒体中心建设之所以能够成为典型案例，主要是在机制体制、平台搭建、功能设置等方面取得了一定的突破。

机制体制方面，无论是否有正式的番号，四县均成立了县级融媒体中心这一实体机构来维系和组织媒体资源的运转。县级融媒体中心建设的根本目的是巩固基层舆论阵地，服务群众，而县一级媒体资源本身就不充裕，因此主要思路是要使县内本身就非常稀缺的媒体资源发挥最大效益，形成专业优势强的统一的信息传播平台，进一步的目的则是扩大传播力、公信力和影响力。各地都选择将县内从属不同机构、部门的媒体以人员融合、业务融合或者机构融合的方式整合起来，破除机构壁垒，一方面是将原来内嵌于行政系统中的政务新媒体与传统的广播电视台纳入到同一个传播体系中，解决行政系统内非专业化的运营人员生产力不足的问题，降低分头运行和管理的成本；另一方面是要将传统媒体的内容生产力和影响力延伸到新媒体平台，壮大新闻宣传力量，掌握网络舆论主导权，使官方意识形态在新的媒体格局中始终位居主流。这一调动涉及多方利益，在四县的案例中，都有一个明确的核心力量来推动，分宜县、长兴县、农安县都在宣传部的统一规划下进行县级融媒体中心建设，长兴传媒集团虽然采取企业化运作模式，但是归口县委宣传部管理；玉门市因为广播电视台实力较强，因此以广播电视台为主导，但也受到宣传部的指导和监督。宣传部作为主导力量，一来贯彻落实"党管媒体"的原则，二来在各地的案例中也发现宣传部可以发挥党的统领作用，谋篇布局，优化资源配置，协调各方利益，确保融媒体中心建设工作在导向正确的路上稳步高效推进。

平台搭建方面，主要是从技术架构的角度解决了县级融媒体中心的运转问题。四县技术架构的建设模式基本囊括了"自主建楼""借梯上楼""自建+借用"等模式，与省级媒体或者市场上的技术提供商合作，嵌入更高一级的系统，遵循"标准化+个性化"的思路，既有规范化的统一模板，又允许各县根据自身情况开发新功能，设计新应用，获取内容资源和技术资源，纵向和横向上实现广泛互联。这些技术平台基本都具备了移动采编、"策、采、编、发"一体化、数据分析、舆情监控等功能，以技术为驱动，重构与基层用户的关系，重塑媒体生产流程，创新基层媒体的传播生态。

功能设置方面，四县的融媒体中心都有意从新闻传播功能向政务沟通、场景化生活服务的方向拓展，以提供更优质的公共服务来实现社会治理。比较基础和普遍的做法是在 APP 上开发与生活服务、政务服务相关的模块，将单一的传统媒体转换为信息与服务平台，用数据的流动激活融媒体中心的运作，嵌入县域互联网发展的战略规划，推动优质服务向农村延伸。长兴县因为经济实力较强，采取了市场化的运营方式，成立了长兴传媒集团，在这方面也先行一步，参与投资了"智慧长兴"等项目，与政务部门合作，在市政生活的各个领域积极探索媒体产业的转型升级。四县融媒体中心也具有十分明确的导向意识，与党政宣传工作联系得较为紧密，将其作为一个主阵地传播党的理论知识，尤其是农安县等地和新时代文明实践中心互联互通的实践，借助新技术、新形式带动党政宣传工作深入基层，凝聚党群关系。

而四县融媒体中心在发展中存在的主要问题，也基本验证了第三章问卷调研中发现的问题，主要集中在规划不足、技术通用性、基层资源匮乏、工作浮于表面、传统思维习惯转变难等方面，并通过深入访谈获取了更详细具体的图景，为县级融媒体中心建设未来发展提供了重要参考。

第九章　媒体融合发展各阶段的政策与法律

　　互联网起源于美国，对当时的中国来说完全是个陌生的领域、新鲜的事物。但自 1994 年接入互联网以来，我国各级党委政府对互联网是持拥抱和欢迎态度的。从信息通信基础设施建设到互联网新技术、新应用的部署与推广，从媒体数字化转型到网络化、融合化发展，互联网和新媒体的发展一直受到党和政府的高度重视，在政策环境、管理和法律规范方面进行了不断的创新和求索。

　　党管媒体是我们党执政的一条基本原则。媒体融合的时代背景不同，发展阶段就不同，党管媒体的政策侧重点也不同。但相同的是，网络信息技术发展和应用程度都是重要的政策考虑因素，党和政府希望通过政策引导和法制规范，既鼓励支持各类媒体运用现代网络信息技术提升传播力、影响力、引导力、公信力，又加强新媒体发展的管理和规范引导，让新媒体在法治的轨道上健康发展。

一、以传统媒体为主推动报台网络化阶段的政策与法律

　　在人类文明发展史上，技术进步始终与国家兴衰紧密相关。随着信息传播技术的变迁，宣传阵地也在不断发展变化，从报纸到广播，从广播到电视，从电视到互联网。近 20 多年来，以互联网为代表的信息技术发展引领和推动了媒介传播革命，带来了网络内容信息生产与消费的极大繁荣。面对新兴的信息传播技术，是打压、逃避，还是接受、支持、管理、规范，我们党的媒体管理政策选择了后者。

（一）传统媒体上网从外宣领域获得政策突破

媒体的报道事关舆论阵地建设，事关意识形态安全，党管媒体原则一直是严格落实、严格要求的，不过具体形式并非一成不变，而是经常根据形势要求做出适当调整的。

1. 严格管理与媒体上网落地几乎并行

对互联网的政府管理规定始于 1995 年，当时我国对互联网是从国际角度来认识的。1995 年 12 月，中共中央办公厅、国务院办公厅就加强计算机信息网络国际联网管理的有关问题发出通知，要求对网络上出现的色情信息等问题采取有效措施解决[1]。这个文件可以说是就网上出现的不良信息采取管理措施的第一份文件，从中也可以看出，互联网从进入中国伊始就被纳入政府管理的范畴。尽管如此，国内各类单位，包括传统媒体在内，接入互联网的口子已经打开，国内互联网的发展也就此掀开了新的序幕。

2. 首次明确由国家新闻办公室主管互联网宣传管理工作

1991 年 1 月，中华人民共和国国务院新闻办公室（简称国务院新闻办）组建成立，主要职责是推动中国媒体向世界说明中国，包括介绍中国的内外方针政策、经济社会发展情况，以及中国的历史和中国科技、教育、文化等发展情况。由于我国党和政府对互联网的认识也是从国际网络角度来看待的，因此，很自然地就将互联网宣传管理工作交给了国务院新闻办主管。在管理制度方面，自 1997 年以来，相继出台了《利用国际互联网络开展对外新闻宣传暂行规定》、《关于利用国际互联网络开展对外新闻宣传的补充规定》、《关于国际互联网络新闻宣传网站域名命名的建议》[2]。其中，《利用国际互联网络开展对外新闻宣传暂行规定》是国务院新闻办关于利用互联网开展新闻宣传工作下发的第一个规范性文件，文件对不同的报刊入网问题做了明确规定，指明了具体负责主管的部门，使得报刊入网变得具体可操作。这份文件对传

---

1 加强计算机信息国际联网管理[J]. 航天技术与民品，1996(05):28.
2 徐光春. 发挥我国新闻媒体独特优势抢占网上宣传制高点——在互联网络新闻宣传工作会议上的讲话[J]. 新闻三味，2000(3):4-7.

统媒体上网是持明确支持态度的，也反映了当时的主管领导对互联网的一个开放、开明的态度。

3. 传统媒体获得独立上网权限

《关于利用国际互联网络开展对外新闻宣传的补充规定》虽然对新闻单位上网开了口子，但对上网渠道做了明确规定，就是必须通过中央对外宣传信息平台统一入网，而且对其他上网渠道做了禁止性规定[1]。这条规定没有赋予各新闻单位独立上网的权利。但在实际运行过程中，国务院新闻办公室的技术基础和网络条件难以满足各新闻单位统一接入国际网络的实际需要，具体操作也难以成行。于是采取了变通管理的方式，将管理的重点从入网渠道管理转向新闻单位入网资格管理上，放弃了统一平台的入网要求。1998 年，国务院新闻办公室和新闻出版署联合发文[2]，允许新闻宣传单位自行申请独立域名，建立自己的网站，不再需要通过统一的中央对外宣传信息平台入网。这一条修改打开了传统媒体上网、发展新媒体的政策空间，相当于给传统报纸发了上网许可证，国内报纸全面触网的序幕由此正式拉开。此后，我国的电子报纸如雨后春笋般发展起来，据《中国报刊月报》（1999 年第七期）统计，截至 1999 年 6 月，我国的网上报纸种类为 273 种，有独立域名的网上报纸为 116 种[3]。

4. 我南联盟大使馆遭轰炸导致中央更加重视网络宣传工作

1999 年发生的"五八"事件对传统媒体办新闻网站起到了意想不到的加速度作用。1999 年 5 月 8 日发生了美国轰炸机轰炸中国驻南斯拉夫联盟大使馆事件，我国派驻的三名记者当场被炸死，受伤者数十人，大使馆建筑受损严重。中国政府就南联盟大使馆被炸一事向美国政府提出强烈抗议，中国各地人民群众对此相当激愤，多地爆发大规模反美示威活动。在此事件期间，中国爱国黑客（即红客）首次崭露头角，登上网络斗争的历史舞台，开始大肆攻击美国网站，在美国的一些网站插上中国的红旗，美国的一些网民对此进行了反击，也在中国的网站上插上美国的国旗。这场中美网络大战让党和

1 1997年的中国网络媒体与网络传播"第四媒体"互联网初露峥嵘[N/OL]．人民网，2014-04-15，http://media.people.com.cn/ n/2014/0415/c40606-24898175.html.
2 武志勇，赵蓓红. 二十年来的中国互联网新闻政策变迁[J]. 现代传播，2016(2):134-139.
3 谢新洲. 数字出版技术[M]. 北京：北京大学出版社，2002:9.

国家领导人认识到互联网的重要价值，就是具有宣传党和国家的主张、统一思想认识、凝聚群众力量的重要作用。1999 年 10 月，中共中央办公厅转发《中央宣传部、中央对外宣传办公室关于加强互联网络新闻宣传工作的意见》[1]，要求中央主要新闻宣传单位把网站建设作为一项重点工作，尽快办成全球性的知名网站，各省区市和计划单列市也可以集中力量建立一两个重点新闻网站。以现在的眼光来看，这份文件在当时具有相当的前瞻性和思想性，已经认识到互联网将成为思想舆论斗争的制高点。文件带来的政策效果是十分明显的，人民日报社、新华社等中央新闻单位率先行动，立即着手建立人民网、新华网等中央重点新闻网站。一些省区市也起步较早，比如，北京迅速开办了千龙网，上海开办了东方网，重庆开办了华龙网，江西、湖南、山东等省区市也抓紧成立了本地的重点新闻网站。

（二）传统媒体网络化的法规支持

20 世纪 90 年代，正是社会主义市场经济体制建设加快推进时期，当时社会各界普遍认同市场经济也是法治经济的观念。因此，关于某一方面工作的政策规定出台后，往往会出台配套的法律规定。关于传统媒体上网也是如此，政策明确表态鼓励支持之后，制定相应的法律法规也进入议程。从 1994 年到 1997 年，国务院相继出台了三部重要行政法规，让互联网的发展和传统媒体网络化有法可依。

1. 信息系统安全有了法律保障

从接入国际网络开始，我国政府就认识到计算机系统安全问题是非常重要的，必须通过法律的形式增强入网单位对维护计算机系统安全的重视。1994 年国务院发布《中华人民共和国计算机信息系统安全保护条例》[2]，对信息系统安全的内涵、主管部门、建立等级保护制度等重大问题做了详细规定。这部条例也构成了此后我国信息安全、网络安全制度的主体框架。

---

1 武志勇，赵蓓红. 二十年来的中国互联网新闻政策变迁[J]. 现代传播，2016(2):134-139.
2 1994 年 2 月 18 日中华人民共和国国务院令第 147 号《中华人民共和国计算机信息系统安全保护条例》，详细参见：国家互联网信息办公室政策法规局编. 中国互联网法律法规汇编第一版[M]. 北京：中国法制出版社，2015:17-20.

2. 国际联网管理法制化

1996 年国务院发布《中华人民共和国计算机信息网络国际联网管理暂行规定》[1]，明确了几个对中国互联网发展非常重要的关键性问题。一是明确国家信息化领导小组负责协调、解决有关国际联网工作重大问题。二是明确计算机网络国际联网必须使用国家公用电信网的出入口信道。这就是中国电信、中国移动、中国联通等三大运营商主要承担了我国通信基础设施建设者任务的法律依据。后来国家推行"三网融合"政策，允许国家广电网络也可以提供互联网信道，等于变成了四大运营商。三是明确可以利用国际互联网络开展经营活动和非经营活动，从而给我国互联网行业的大踏步发展奠定了法律基础。四是明确要求从事国际互联网络经营活动必须申领经营许可证。

3. 网络内容和技术安全保护的基本架构形成

1997 年 12 月，公安部发布《计算机信息网络国际联网安全保护管理办法》[2]，规定网络安全包含网络内容信息安全和网络技术系统安全等两大部分。《计算机信息网络国际联网安全保护管理办法》虽然是公安部制定的部门规章，但其对网络安全内容和范围的界定对后续网络管理法律法规产生了重大影响。2016 年 11 月制定出台的《中华人民共和国网络安全法》，沿袭了从内容和技术两个方面界定网络安全的范围和管理的基本架构。

（三）传统媒体内部环境变化

随着国家对传统媒体上网政策的放开，越来越多的传统媒体开始在网络化方面做出新的尝试和突破。

1. 单一传统主流媒体网络化步伐加快

1999 年 1 月 1 日，中国新闻网（简称中新网）挂牌成立，它由中国新闻

---

1 1996 年 2 月 1 日中华人民共和国国务院令第 195 号《中华人民共和国计算机信息网络国际联网管理暂行规定》，详细参见：国家互联网信息办公室政策法规局. 中国互联网法律法规第一版[M]. 北京：中国法制出版社，2015:21-23.
2 1997 年 12 月 16 日公安部令第 33 号《计算机信息网络国际联网安全保护管理办法》，详细参见：国家互联网信息办公室政策法规局. 中国互联网法律法规第一版[M]. 北京：中国法制出版社，2015:24-28.

社主导成立，追求"快速、平实、客观、理性、专业、雅致"，在众多的网络媒体中别具一格。上网内容也不只是报纸内容的数字化，而是突出内容和表现形式上的特点、特色，增加多种网络服务功能。网站名称方面也有了新的变化，开始有自己的独立名称，而不再附属于传统媒体。比如，申网就是上海文汇新民联合报业集团开办的网站，从名字已看不出两者之间有什么直接关系。改变的不仅是名称，网站的独立经营理念也在改变和提升。

2. 媒体集团的网络化力度大

一些地方媒体采取了组团上网的做法，比如，四川新闻网 1999 年年底上线运行，汇集了省内 90 余家传统媒体的内容，包括党报、行业报、地市州报、杂志社、广播电台、电视台等刊发、播报的各类新闻信息、时政信息、商业信息等[1]。

3. 网络媒体评选与学术研讨推动发展

中国记协从学术研讨方面对新闻网站的建设给予了有力的支持和推动。1999 年 7 月，中国记协在杭州召开中国新闻媒体网络传播研讨会[2]，与会的新闻媒体负责人、专家等就网络新闻传播理论与实践开展了广泛交流和研讨，取得了很好的效果。1999 年举行的第二届中国互联网大赛首次开展了优秀网站评选，2000 年 1 月"中国优秀网站"评选结果公布，人民日报社、新华社等 14 家新闻媒体网站榜上有名。这些评选活动和学术交流研讨对当时还是新鲜事物的网络媒体发展起到了重要的推动作用[3]。

---

1 闵大洪. 新闻媒体网上发展之考虑[J]. 新闻战线，2000(03): 43-45.
2 闵大洪. 1999 年的中国网络媒体与网络传播新闻媒体网站"更上一层楼" [EB/OL]. 人民网，2014-04-15，http://media.people.com.cn/n/2014/0415/c40606-24898191-2.html.
3 闵大洪. 1999 年的中国网络媒体与网络传播新闻媒体网站"更上一层楼" [EB/OL]. 人民网，2014-04-15，http://media.people.com.cn/n/2014/0415/c40606-24898191-2.html.

二、新媒体相对传统媒体独立发展阶段的政策与法律

2000 年对中国的新闻网站来说是新生的一年，一系列支持互联网和新闻网站发展的政策与法规密集出台，一批中央新闻网站和地方新闻网站站在了时代的潮头，迎来了独立发展、蓬勃发展的新时代。

（一）新媒体独立发展的主要脉络

2000 年是中国互联网发展从量变到质变的分水岭。对比相关数据可以看到，2000 年上网用户规模达到 2250 万人，比 1999 年的 890 万人增长 152.8%；上网计算机数达到 892 万台，比 1999 年的 350 万台增长 154.8%；CN 下注册的域名数量 122099，比 1999 年的 48695 增长 150.7%[1]。这三个指标说明，网络用户数量、上网计算机、网站数量都实现了翻倍增长，使得新媒体独立发展有了良好的互联网环境和用户基础。

1. 新媒体网站矩阵形成

报纸网站经过几年的发展，在运用网络传播规律方面不断进步，很多网站已经不限于将报纸的内容搬上网，而是根据互联网的特点不断创新内容发布形式和方式，提供更丰富、更及时、更快速、更多样的网络内容和信息服务。从 2000 年到 2012 年，在党中央的政策支持和统一部署下，中央主流媒体和各部门、各地区采取了一系列重大改革措施，有规划、有步骤地建立了一系列重点新闻网站和指导建立了一批商业网站，形成了具有中国特色的网络媒体矩阵和网络内容生产传播体系。这些媒体网站可以分为中央重点新闻

---

1 来源：中国互联网络信息中心(CNNIC). 第 7 次中国互联网络发展状况调查统计报告[EB/OL]. 2001-01-31, http://www.cnnic.net.cn/hlwfzyj/hlwxzbg/200906/P020120709345369819758.pdf；以及第五次中国互联网络发展状况调查统计报告[EB/OL]. 2000-01-01，http://www.cnnic.net.cn/hlwfzyj/hlwxzbg/200905/P020120709345371437524.pdf.

网站、地方重点新闻网站、行业类网站、城市新闻网站、商业门户网站等五种类别，各自都有自己的内容特色和用户群，整体上呈现出繁荣发展的景象。

2. 新媒体发展的政策波折

新闻网站的发展并不是一帆风顺的，各地区、各部门蜂拥而起办网站，也带来了各种各样的问题。中宣部对新闻网站出现的一些问题，采取了断然的管理措施，影响比较大的主要是在 2000 年的"西山会议"上，会议明确要求新闻网站不得融资和上市。资金来源主要是合作的新闻单位和政府拨款，新闻网站的功能以新闻宣传和资讯提供为主。这一规定立即对当时过热的办网热潮起到了冷却剂作用。直到党的十七大后开始全面推进文化体制改革，将新闻网站转企改制问题提上日程，新闻网站融资问题才重新回归正常化。

3. 中央重点新闻网站方阵初步成形

人民网在中央重点新闻网站发展上具有相当的典型性和代表性。2000 年 10 月，人民网启动新域名 www.people.com.cn。".com"是公司域名的标记，用这个域名意味着人民网的企业化改革开启，与人民日报社的事业体制形成了相对的对立性，这也意味着人民网正式开启了独立运行的历史。2003 年 6 月，人民网全新改版，增设强国论坛，加强了与网民的互动，让网民对国际国内大事拥有表达的空间，人民网也因此被社会各界公认为是最具影响力的新闻网站之一。2005 年 2 月，人民网发展有限公司成立。2010 年 6 月，人民网发展有限公司变更为人民网股份有限公司。2012 年 4 月 27 日，人民网实现首次公开募股后，正式上市交易，公开发行 6910.57 万股，募集资金达 5.27 亿元[1]。新华网等其他中央重点新闻网站也都从传统媒体逐步分离出来，后来相对独立发展，但在内容建设、队伍建设等方面仍然与母体媒体联系紧密。中国台湾网、中国西藏网两家网站出现时间较晚，是作为全面报道台湾事务和两岸关系的重要新闻资讯网站及权威涉藏新闻综合网站而成立的。

---

1 人民网于 27 日上市交易净募资 13.4 亿元[EB/OL]. 网易财经，2012-04-25，http://money.163.com/12/0425/22/7VVJCA9I00254ITV.html.

4. 地方重点新闻网站的出现

千龙网是北京市着力打造的全国第一家地方重点新闻网站，由北京日报社等 5 家传统媒体共同发起设立，2000 年 5 月 25 日正式开通上线。总体上看，在过去的 19 年时间里，虽然千龙网在网络新闻业务上创新频繁，创造了多个业内第一，但综合实力和影响力始终不是国内顶尖，以至于在 2018 年与新京报、北京晨报等深度整合，失去了独立发展的空间。东方网由上海多家新闻媒体联合组建成立，于 2000 年 5 月 28 日正式开通，总投资达 6 亿元，这对新闻网站来说是一笔相当巨大的投资，这与上海传统媒体经济实力比较强有关。东方网没有走单纯的互联网新闻信息服务模式，而是开辟了互联网信息服务产业化的发展道路，总体发展策略是，在抓好互联网新闻信息服务的基础上增加信息服务和电子商务，丰富了服务的内容和形式。

5. 网络视听节目兴起

我国广播电视的数字化、网络化相对报纸、期刊来说是滞后的，这与当时的互联网基础设施条件有关，音视频节目对带宽和网速要求较高。不同于报纸的网络化，广播电视的数字化、网络化采用两条腿走路，一个是将广播电视传输和电视节目本身数字化，另一个是将广播电视节目搭载在自建网站或者其他商业网站的平台上播出。正因如此，广播电视传输的数字化一直跟"三网融合"政策密切关联。"十五"计划纲要首次提出促进电信、电视、互联网三网融合，"十一五"规划纲要再度对此做了部署。2008 年 1 月，国务院六部委发布鼓励数字电视产业发展若干政策的通知，提出 2010 年东部和中部地区县级以上城市、西部地区大部分县级以上城市的有线电视基本实现数字化[1]。实际情况是，截至 2012 年年末，全国数字电视用户 1.43 亿户，数字化比例 66.5%[2]。虽然没有达到预期目标，但数字电视发展成效还是非常显著的，对提升收视率和用户满意度发挥了重要作用。

---

1 国务院办公厅转发发展改革委等部门关于鼓励数字电视产业发展若干政策的通知[N/OL]. 中华人民共和国人民政府网, 2011-10-28, http://guoqing.china.com.cn/gbbg/2011-10/28/content_23753714.htm.
2 中国广播电影电视发展报告（2013）[M]. 北京：社会科学文献出版社，2013:92.

网络电视台虽然大多没有实现独立发展，但网络视听节目却开启了如火如荼的发展之路。2012年，网络视频用户规模达到3.25亿人，使用率提升至63.4%，成为中国网民的第五大应用[1]。随着4G建设全面铺开，网络视频用户增长迅速，截至2018年12月，用户规模达到6.12亿，占网民总数的74.9%[2]。网上看视频已经成为网民的一大基本需求和日常消费。

（二）新媒体独立发展的政策指引与规范管理

无论是从传统媒体脱离出来的新媒体，还是依靠民间资本努力发展起来的商业媒体，都离不开中央和国家政策的引导和规划，离不开必要的规范和管理。

1. 中央文件支持新兴媒体独立发展力度明显加大

2000年5月，中央下发《国际互联网新闻宣传事业发展纲要（2000—2002）》，明确将互联网新闻宣传作为党的一项重要事业来建设，提出了工作指导原则和主要奋斗目标，并确定了首批支持发展的重点新闻网站。2002年11月召开党的十六大，报告中提出"互联网站要成为传播先进文化的重要阵地"。这是互联网站的提法首次在党的全国代表大会政治报告中出现，说明党和国家领导人充分认识到互联网站在先进文化传播中的重要地位和作用，体现了党中央对我国互联网站发展所取得成就的充分肯定，以及对未来所起作用的殷切期望。

2. "数字报业"得到国家主管部门政策支持

2005年8月发布的《中国报业年度发展报告（2005）》第一次提出了"数字报业"的概念[3]。《中国报业年度发展报告（2005）》代表新闻出版总署的官方态度和意见，表明"数字报业"战略已经成为全行业的行动和布局。2006

---

1 中国互联网络信息中心(CNNIC). 第29次中国互联网络发展状况统计报告(2012)[EB/OL]. 2014-05-26, http://www.cac.gov.cn/ 2014-05/26/c_126548744.htm.
2 中国互联网络信息中心(CNNIC). 第43次中国互联网络发展状况统计报告[EB/OL]. 2019-02-28, http://www.cnnic.net.cn/ hlwfzyj/ hlwxzbg/hlwtjbg/201902/P020190318523029756345.pdf.
3 王国庆解读2005《中国报业年度发展报告》[EB/OL]. 人民网, 2005-08-05, http://media.people.com.cn/ GB/40710/40715/3595542.html.

年的《全国报纸出版业"十一五"发展纲要》对"数字报业"做了进一步的详细部署，从应对传播技术变革挑战、推动报纸与网络传播的深度融合、运用先进传播技术、创新业务架构、保护信息网络传播权等方面做了具体规定。

3. 网络内容建设得到国家发展规划纲要支持

2006年9月国家"十一五"文化发展规划纲要发布，纲要及时回应了互联网对新闻、出版、文化等行业带来的重大影响，对新兴媒体发展和网络内容建设等内容做了比较详细的规划[1]。比如，在重点工程部分提出要积极发展新兴传播载体，促进数字和网络技术的应用等；在新闻事业部分提出要办好新闻网站，做大做强重点新闻网站；在文化产业部分提出要发展数字内容、动漫产业和网络文化产业等；在文化创新部分提出要加强核心技术的研发和应用，推动文化与科技融合发展，丰富表现形式，拓展传播方式，鼓励具有自主知识产权的网络文化产品的创作和研发等。国家"十一五"文化发展规划是关于文化建设与发展未来的权威规划，规划第一次全面、详细地将互联网与文化的未来发展紧密联系起来，规划内容相当翔实具体，充分体现了政府对网络文化发展的高度重视和前瞻思考，体现了宣传思想文化工作主管部门对互联网给文化发展带来变化的规划和布局。

4. 加强对新媒体的管理和规范

有专家称2003年是"网络舆论年"，当年发生了一个轰动全国的因为收容制度导致死亡的孙志刚案，引发广大网民通过互联网跟帖、发帖、发博文等方式参与讨论，迅速在网上形成了声讨收容制度的社会舆论热点，直接促使政府废除收容制度[2]。这个事件也成为我国党和政府重新审视和认识互联网的一个导火索，开始强调要将互联网新闻与信息传播纳入重点监管范畴，并相继制定出台了一系列政策文件。2004年，党的十六届四中全会召开，全会通过了《中共中央关于加强党的执政能力建设的决定》（以下简称《决定》）。《决定》对互联网等新型传媒对社会舆论带来的影响问题做了回应，首次提出了网上舆论的问题，开始认识到网上舆论已成为社会整体舆论的重要组成

---

1 国家"十一五"时期文化发展规划纲要[EB/OL]. 中华人民共和国中央人民政府网，2006-09-13，http://www.gov.cn/jrzg/2006/09/13/ content_ 388046.htm.
2 闵大洪. 2003年的中国网络媒体与网络传播孙志刚事件掀起"网络舆论年"[EB/OL]. 人民网，2014-04-15，http://media.people.com.cn/n/2014/0415/c40606-24898329.html.

部分，到了必须重视和加强管理的时候。《决定》提出了要形成网上正面舆论的强势目标，方法和途径是加快建立互联网管理体制与加强互联网宣传队伍建设。这个文件出台后不久，中共中央办公厅、国务院办公厅联合下发了《关于进一步加强互联网管理工作的意见》，文件全面论述了加强互联网管理工作的重要性和必要性，明确提出了以行业主管部门为主、协管部门紧密配合的互联网治理机制。

2007 年 6 月，中共中央办公厅、国务院办公厅下发了《关于加强网络文化建设和管理的意见》，第一次明确提出互联网的产业功能和文化功能问题，中央政策的态度明显转向鼓励支持互联网新兴媒体独立发展，推进产业化和提供文化服务。2010 年，中共中央办公厅、国务院办公厅又下发《关于进一步加强和改进互联网管理工作的意见》，再次就加强和改进互联网管理问题提出更加具体的意见，特别是要求由专门机构来负责这项工作。这个文件出台后不久的 2011 年，国家互联网信息办公室正式宣告成立，虽然并没有完全独立运行，而是在中央外宣办的基础上加挂国家互联网信息办公室的牌子，但在机构设置和人员队伍建设上做了充实和调整，增强了互联网管理工作力量。

中央密集出台一系列加强互联网发展与管理的文件，一方面说明互联网的发展速度很快，对经济社会发展的整体影响力越来越大；另一方面也说明，互联网的快速发展开始带来治理难题和风险隐患，到了必须加强管理的时候了。

（三）新媒体独立发展的法律制度保障

从 2000 年到 2005 年，六部重要的法律法规的出台，为新媒体的独立发展和互联网行业的快速发展营造了良好的法律环境。

1. 互联网服务管理规范化

2000 年 9 月 25 日，国务院同日发布《中华人民共和国电信条例》[1]和《互联网信息服务管理办法》[2]两个法规，这也充分说明两者之间的密切关联程度。

---

1 2000 年 9 月 25 日中华人民共和国国务院令第 291 号《中华人民共和国电信条例》，详细参见：国家互联网信息办公室政策法规局编. 中国互联网法律法规汇编第一版[M]. 北京：中国法制出版社，2015:25-46.
2 2000 年 9 月 25 日中华人民共和国国务院令第 291 号《互联网信息服务管理办法》，详细参见：国家互联网信息办公室政策法规局编.中国互联网法律法规汇编第一版[M].北京:中国法制出版社,2015:46-50.

《中华人民共和国电信条例》将电信业务分为基础电信业务和增值电信业务两大块，《互联网信息服务管理办法》将互联网信息服务分为经营性业务和非经营性业务两大类。根据两部法规的相关规定，但凡从事经营性业务的网站，包括门户网站、电商平台、行业网站、网页制作公司等，均需办理增值电信业务许可证。增值电信业务许可证有 ICP 证和 EDI 证两种。经营性 ICP 许可证由当地电信管理局核发。EDI 业务包括交易处理业务、电子数据交换业务、网络/电子设备数据处理业务。这两部法规为互联网产业的发展，特别是为商业网站开展增值电信业务、内容信息服务，为互联网新媒体的发展奠定了重要的法治基础。

2. 互联网新闻信息服务管理

关于互联网新闻信息服务的管理，国务院新闻办公室与当时的信息产业部联合出台过两部规定，第一个是 2000 年 11 月的《互联网站从事登载新闻业务管理暂行规定》，首次将开展互联网新闻业务登载服务纳入许可管理。第二个是 2005 年 9 月的《互联网新闻信息服务管理规定》，首次将互联网新闻信息服务单位做了分类，主要是三种：一是本新闻单位自办的网站，登载范围限于本单位已刊登播发的新闻信息；二是本新闻单位自办的网站，但登载范围超出本单位已刊登播发的信息；三是非新闻单位设立的具有互联网新闻信息服务功能的单位，主要是转载其他单位发布的新闻信息。2000 年 12 月 27 日，北京市新闻办公室发布消息，公布新浪、搜狐两家公司获得"网上从事登载新闻业务的资格"，这是商业网站首次获得该资格。值得注意的是，《互联网新闻信息服务管理规定》明确提出外资不得以任何形式参与经营互联网新闻信息服务，但这条规定后来被一些商业互联网公司采取 VIE 结构[1]予以化解，典型做法就是新浪首次采用了 VIE 结构在美国完成上市。

---

1 VIE 指的是 Variable Interest Entities，直译为"可变利益实体"，在国内被称为"协议控制"，是指境外注册的上市实体与境内的业务运营实体相分离，境外的上市实体通过协议的方式控制境内的业务实体，业务实体就是上市实体的可变利益实体。通俗来讲，就是国内开展互联网信息服务的公司是国内资本，没有境外资本，但境内公司是境外上市公司的全资子公司，按照协议，其所获利益收益完全归上市公司所有。

3. 网络出版管理

2002 年 6 月，《互联网出版管理暂行规定》[1]出台；2016 年 3 月，国家新闻出版广电总局颁发施行《网络出版服务管理规定》[2]，同时废止原来颁布的《互联网出版管理暂行规定》。互联网出版服务管理规定将不属于新闻信息登载服务范畴的出版物上网纳入管理，意味着对网络出版物的认可。更重要的是，这个规定的出台，打开了出版物上网的口子，丰富了新兴媒体的内容，也将新兴媒体从过去相对狭窄的新闻领域拓展开来，变成网络内容建设。因此，网络内容建设和管理就不再只是指新闻信息服务，或者限定在时政报道的范畴，而是包括了新闻信息服务、出版、期刊、电子书等在内的网络内容建设。

4. 网络视听节目管理

2004 年 7 月，针对互联网视频、音频节目日益增加的态势，国家广播电影电视总局制定了《互联网等信息网络传播视听节目管理办法》[3]，对网络视听节目的定义、主管部门、管理范围等做了详细规定，要求从事网络传播视听节目业务应取得许可证。

上述六部法律规定的出台，一方面完善了互联网内容管理制度体系，另一方面也给互联网新闻信息服务、互联网出版服务、网络传播视听服务等网络内容业务发展提供了政策和法律支持，给新媒体丰富服务内容、创新服务方式和产品提供了政策空间和法律条件。

---

1 2002 年 6 月 27 日新闻出版总署、信息产业部令第 17 号《互联网出版管理暂行规定》，详细参见：国家互联网信息办公室政策法规局编. 中国互联网法律法规汇编第一版[M]. 北京：中国法制出版社，2015:97-102.
2 国家新闻出版广电总局、工业和信息化部令第 5 号《网络出版服务管理规定》[EB/OL]. 中华人民共和国工业和信息化部，2016-2-14，http://www.miit.gov.cn/n1146290/n4388791/c4638978/content.html.
3 2004 年 7 月 6 日国家广播电影电视总局令第 39 号《互联网等信息网络传播视听节目管理办法》，详细参见：国家互联网信息办公室政策法规局编. 中国互联网法律法规汇编第一版[M]. 北京：中国法制出版社，2015:109-114.

三、移动互联网时代以新媒体为主导的融合发展阶段的政策与法律

从 2012 年到 2017 年，是中国移动互联网快速发展的五年，客户端、微博、微信等迅速兴起，成为影响舆论的主阵地。国家政策导向是鼓励抓住移动互联网发展机遇，以新媒体为方向，支持传统媒体与新兴媒体融为一体、合而为一，加强和改进网络内容建设，唱响网上主旋律，着力构建和发展现代传播体系，提高传播能力。习近平总书记在全国宣传思想工作会议上旗帜鲜明地提出，宣传思想工作的重点要转到网上，掌握舆论主导权要转向新媒体[1]。

（一）完善互联网管理领导体制

针对重大事件成立组织机构，建立完善管理领导体制机制，采取人力、财力、物力等资源集中配置的方式以便顺利推进工作。随着互联网对政治、经济、文化、社会、军事等各方面建设的影响越来越大，中央因事而谋、顺势而为，及时完善了互联网管理领导体制。

1. 成立中央网络安全和信息化领导小组

2013 年 11 月，中国共产党第十八届中央委员会第三次全体会议审议通过了《中共中央关于全面深化改革若干重大问题的决定》，提出坚持积极利用、科学发展、依法管理、确保安全的方针，加大依法管理网络力度，完善互联网管理领导体制。目的是整合相关机构职能，形成从技术到内容、从日常安全到打击犯罪的互联网管理合力，确保网络正确运用和安全[2]。该决定拉开了全面深化改革的序幕，也加快了互联网管理领导体制改革的步伐。2014 年 2

---

1 习近平. 意识形态工作是党的一项极端重要的工作[EB/OL]. 新华网，2013-08-20，http://www.xinhuanet. com//politics/2013-08/20/c_117021464.htm.
2 习近平. 关于《中共中央关于全面深化改革若干重大问题的决定》的说明[EB/OL]. 人民网，2013-11-15，http://politics.people.com.cn/n/2013/1115/c1001-23559327.html.

月 27 日，中央网络安全和信息化领导小组第一次会议召开，这次会议对外公开宣布成立中央网络安全和信息化领导小组。

2. 设置中央网络安全和信息化领导小组办公室（简称中央网信办）

党中央在成立中央网络安全和信息化领导小组的同时，同步决定组建领导小组办公室，负责统筹协调网络安全和信息化具体工作。2014 年 8 月 26 日，国务院公布的《关于授权国家互联网信息办公室负责互联网信息内容管理工作的通知（国发〔2014〕33 号）》理顺了多年来多头、分散的网络信息内容管理工作，实现了网络信息内容管理的相对集中。2016 年全国人大常委会审议通过的《网络安全法》第五十条对此做了进一步的规定。

3. 在省、市、县设立网信办

中央网信办成立后，大力推动建立全国网信系统组织机构建设。在中央相关部委的大力支持、各省区市的积极推动下，经过三年多努力，中央、省、市三级网信管理工作体系初步建立，部分省市网信办向区县一级延伸，建立完善重大项目会商、重要事项和重大决策督办等机制，网信工作"一盘棋"格局基本形成[1]。一般而言，地方网信机构都承担着本地网络内容管理与网络信息服务发展等双重任务，因此，地方三级网信机构的建立，既加强了网络管理的力量，又增加了推动网络信息服务行业发展的力量。

（二）移动互联网改变新媒体格局

移动互联网的快速发展，使得新媒体进一步成为媒体融合发展的主导方向，让新媒体的呈现形式更加丰富和多元。到 2012 年上半年，通过手机接入互联网的网民数量超过台式计算机用户数量[2]，手机成为我国网民的第一大上网终端，中国网民互联网接入方式呈现出全新格局。这一时期，随着微博、微信两大移动平台的出现，移动互联网迅速成为信息传播的主渠道，很多国

---

1 中央网信办理论学习中心组. 深入贯彻习近平总书记网络强国战略思想, 扎实推进网络安全和信息化工作[J]. 求是，2017(18):11-14.
2 中国互联网络信息中心(CNNIC). 第 30 次中国互联网络发展状况调查统计报告[EB/OL]. 2012-07-20, http://www.cnnic.cn/gywm/xwzx/ rdxw/2012nrd/201207/W020120719405405832029.pdf.

家级媒体和地方媒体开始布局官方微博和微信公众平台账号，一些媒体建立了独立的新闻客户端，以"两微一端"为主导的新媒体格局逐渐形成。

1. 微博打开社交媒体发展空间

2009 年 8 月，新浪微博上线，并持续保持爆炸式增长。2010 年 10 月底，新浪微博注册用户数超过 5000 万，这一年被称为"中国微博元年"[1]。腾讯、搜狐等门户网站纷纷加入微博服务，使微博成为当年中国互联网发展最快的应用。微博以其平民化、粉丝化、即时化三大特点带来了信息传播的一次重大革命。平民化是指传播主体门槛低，人人皆可开微博、上微博，发信息、转信息，人人都有发表言论的权利，这一特点将原本专属于传统媒体和机构的信息采编权彻底草根化了。粉丝化是指微博构建了基于关注与被关注的树形社交关系，使得信息的传播直接依靠粉丝进行，形成了分众、广播、流动、圈层式的信息传播渠道，这一特点打破了传统媒体对信息发布的主导权。即时化是指微博的信息传播多元多样而且随时随地，信息的发送、接收与转发都是即时的，信息扩散速度极快，这一特点打破了传统媒体信息传播的滞后性[2]。目前，微博已成为政府官方信息发布的主渠道之一，成为传统媒体丰富报道形式、提升阅读体验的重要渠道。

2. 微信拓展新媒体发展空间

2011 年 1 月由腾讯推出的微信迅速完成从即时通信软件到社交媒体的转变。跟微博不同，微信的信息传播具有较强的社交属性，一是微信的信息获取与传播是基于熟人或朋友之间的人际传播，而且是互动的；二是微信朋友圈的设置提供了普通人分享信息和生活感悟的空间；三是微信的信息内容分享偏重生活化和私密性。微信已实现对国内移动互联网用户的大面积覆盖[3]。为改变微信信息传播范围局限于朋友圈、不够开放和公开的问题，微信于 2012 年 8 月 23 日正式上线微信公众平台，并分为订阅号和服务号两类，有能够传

---

1 新浪微博数据：截至 2010 年 10 月底新浪微博用户数已达 5000 万[EB/OL]. 互联网数据资讯中心，2010-11-16, http://www.199it.com/ archives/5195.html.
2 马骏，殷秦，李海英，朱阁. 中国的互联网治理[M]. 北京：中国发展出版社，2011:172-173.
3 刘育英. 2018 微信年度数据报告：每天 10.1 亿用户登录微信[EB/OL]. 新华网，2019-01-10, http://www.xinhuanet.com// zgjx/2019-01/10/c_137732668.htm.

播长篇、深度、丰富、多元、互动信息的功能，满足了用户深度阅读和互动交流的需求，形成了一个不同于微博简短、简洁信息的生态循环，迅速成为一个更广阔、更紧密的新媒体发展空间。截至 2017 年 6 月，微信公众平台汇集超过 2800 万个微信公众号，其中政务类公众号达 51.4 万个，新闻类达 25.1 万个[1]，相比政务微博和媒体蓝 V 数量分别增加了 3 倍和 7 倍。

3. 基于算法推荐的互联网新闻信息服务

随着信息技术和人类生产生活交汇融合，互联网快速普及，全球数据呈现爆发增长、海量集聚的特点，对经济发展、社会治理、国家管理、人民生活都产生了重大影响[2]。基于海量数据的大数据分析技术开辟了新的互联网信息服务模式，诞生了新的网络平台。比如，于 2012 年 8 月上线的今日头条通过算法推荐给用户提供信息服务，基于个性化推荐引擎技术，根据每个用户的兴趣、位置等多个维度进行个性化推荐。值得注意的是，虽然基于大数据技术的信息服务因其精准性和匹配度优势，日益受到各类新媒体平台的重视，也得到用户的关注和青睐，但也会带来"信息茧房"、信息窄化等问题。

4. 移动新闻客户端发展热度不减

随着移动互联网和智能手机的兴起和快速发展，越来越多的传统媒体开始开发自己的新闻客户端。2014 年掀起了传统纸媒转型的高潮，《人民日报》等全国性大报纷纷推出新闻客户端，"澎湃新闻""界面""浙江新闻"等地方媒体客户端紧随其后。人民网研究院发布的《2015 中国媒体移动传播指数报告》显示，截至 2015 年 12 月底，排名前 100 的报纸中，只有 11 家没有自有客户端[3]。随着新闻客户端的快速发展和竞争的日益加剧，新闻客户端在自身定位、运营模式等方面越来越注重谋求差异化发展策略，凸显自身特色，力图在激烈的市场竞争中占据一席之地。

---

1 中国互联网络信息中心(CNNIC). 第39次中国互联网络发展状况统计报告[EB/OL]. 2017-01-22，http://www.cac.gov.cn/ 2017-01/22/c_1120352022.htm.
2 习近平在中共中央政治局第二次集体学习时强调审时度势精心谋划超前布局力争主动实施国家大数据战略加快建设数字中国[EB/OL]. 新华网，2017-12-09，http://www.xinhuanet.com/video/2017-12/09/c_129761345.htm.
3 2015 中国媒体移动传播指数报告发布[EB/OL]. 人民网，2016-03-24，http://media.people.com.cn/n1/2016/0324/c14677-28222730.html.

（三）政策鼓励以新媒体化为方向推进媒体融合发展

传统媒体进行新媒体化方向的转型发展得到了中央政策的大力支持和具体指导，一系列相关政策文件相继出台。

1. 媒体融合发展应坚持互联网思维

媒体融合发展最重要的政策文件是 2014 年 8 月中央全面深化改革领导小组第四次会议审议通过的《关于推动传统媒体和新兴媒体融合发展的指导意见》（以下简称《意见》）。它的出台表明了中央关于传统媒体与新兴媒体融合发展四个非常明确的态度。第一，媒体融合发展是一场宣传思想文化领域的深刻改革；第二，媒体融合发展要强化互联网思维，遵循新闻传播规律和新兴媒体发展规律；第三，媒体融合发展要重视技术建设的基础性和紧迫性；第四，媒体融合发展的目标是着力打造一批形态多样、手段先进、具有竞争力的新型主流媒体，建成几家拥有强大实力和传播力、公信力、影响力的新型媒体集团，确保在新形势下占据舆论主动权。《意见》的出台成为传统媒体向新媒体转型发展的指导方针和集结号，2014 年以来的五年是传统媒体新媒体化最快的五年。

2. 媒体融合发展应坚持移动互联网方向

以"两微一端"为主导的新媒体成为内容生产的新平台，成为社会舆论热点的"引爆场"。面对移动互联网发展带来的舆论场域的形势变化，习近平总书记在 2019 年中央政治局就全媒体时代和媒体融合发展举行第十二次集体学习时强调，要坚持移动优先策略，让主流媒体借助移动传播，牢牢占据舆论引导、思想引领、文化传承、服务人民的传播制高点[1]。显然，中央对媒体融合发展提出了很具体的方向性要求，就是要朝着占领移动互联网的目标融合发展，推出适应移动互联网的产品和服务，以飞速增长的用户量和总用

1　习近平主持中共中央政治局第十二次集体学习并发表重要讲话[EB/OL]．中华人民共和国中央人民政府网，2019-01-25，http://www.gov.cn/xinwen/2019-01/25/content_5361197.htm.

户时长，深入影响广大用户的思想和言行，成为影响主流社会价值观塑造的洪流。

3. 广电媒体应加快新媒体化转型

广电媒体的新媒体化转型晚于传统报纸，转型力度也更小。原因在于，相比报纸而言，广播电视因其自身特点受到互联网的冲击更小，但近年来广播电视的发展也面临越来越大的竞争压力。2016 年 7 月，为促进广播电视媒体转型升级，提升广播电视媒体在网络空间的传播力、影响力、公信力和舆论引导能力，国家新闻出版广电总局发布《关于进一步加快广播电视媒体与新兴媒体融合发展的意见》，提出广电媒体转型的总体目标，让广电媒体推进融合发展有了时间表和路线图，对广电媒体加快发展新媒体起到了重要的指导推动作用。随着广播电视行业加快实施"智慧广电"战略，到 2017 年，已经诞生如中国广播云平台、"央视新闻"、芒果 TV 等一系列具有较大影响力和竞争力的新媒体品牌[1]。

4. 新媒体发展得到国家牌照政策支持

我国对互联网新闻信息服务实施许可管理，相关机构所属新媒体平台和产品开展互联网新闻信息服务需申领业务牌照。中央和地方主流媒体在发展新媒体过程中，得到了网信系统的大力支持和鼓励。截至 2018 年 12 月 31 日，经各级网信部门审批的互联网新闻信息服务单位总计 761 家，具体服务形式包括：互联网站 743 个，应用程序 563 个，论坛 119 个，博客 23 个，微博客 3 个，公众账号 2285 个，即时通信工具 1 个，网络直播 13 个，其他 15 个，共计 3765 个服务项[2]。

---

1 中国记协发布《中国新闻事业发展报告（2017 年）》[EB/OL]. 新华网，2018-06-19，http://www.xinhuanet.com/zgjx/2018-06/19/c_137258556.htm.
2 互联网新闻信息服务单位许可信息[EB/OL]. 中国网信网，2019-01-11, http://www.cac.gov.cn/2019-01/11/c_1122842142.htm.

5. 媒体融合发展实践得到业界评奖鼓励支持

中国新闻奖和长江韬奋奖是我国新闻媒体界的最高奖项，是对机构或个人新闻专业能力的高度肯定。近年来，媒体融合发展实践成果在新闻奖评选中得到了直接的体现。第二十八届中国新闻奖和第十五届长江韬奋奖公示显示，包括网络评论、网页专题、网页设计、网络访谈、融媒体短视频、融媒直播、融媒互动、军装照、融媒栏目、融媒创新、融媒界面等在内的媒体融合产品和内容成为中国新闻奖的重要评选对象，这对媒体融合发展是巨大的鼓舞和支持。

（四）中央媒体的融媒体发展实践

党的十八大以来，在党中央部署要求和政策鼓励支持下，为适应互联网对信息传播带来的挑战，中央媒体加快推进融媒体发展实践，经过数年的努力，媒体融合发展成效日益显现，逐步形成了传统媒体与新兴媒体优势互补、此长彼长的局面，深度融合的良好态势正在形成。下面以人民日报、新华社、中央电视台三个主流媒体为例简要分析各家融媒体发展过程。

1. 人民日报首创"中央厨房"媒体融合新模式[1]

人民日报的融媒体体系是"一个旗舰+三大平台+一个新平台"。旗舰是人民日报，三大平台为人民日报、两微一端、户外电子屏，总用户 3.5 亿，旗舰人民日报的用户数只占总用户的 1%，人民日报 99% 的传播阵地已经转移到了互联网。人民日报"中央厨房"模式主要体现在"四个创新"上。

一是顶层设计创新，建立全流程打通采编发完整的媒体融合体系。 人民日报"中央厨房"是适应媒体融合发展趋势的新一代内容生产、传播和运营体系，升级了内容的生产传播流程，不仅适用于人民日报及旗下的各个媒体，

---

1 杨振武. 用好中央厨房机制再造党报传播优势[N/OL]. 人民网，2017-01-14，http://politics.people.com.cn/n1/2017/0114/c1001-29023287.html；李天行，周婷，贾远方. 人民日报中央厨房"融媒体工作室"再探媒体融合新模式[J]. 中国记者，2017(01):9-11；叶蓁蓁. 人民日报"中央厨房"有什么不一样[J]. 新闻战线，2017(3).

也为整个媒体行业树立了标杆,形成融合发展合力。"中央厨房"打通整个采编发流程,整体由总编调度中心、采编联动平台、总编室构成(如图 9-1 所示)。其中,采编联动平台由采访、编辑和技术三个中心组成,根据总编调度中心指挥进行全媒体新闻产品的生产加工,并直接发到后台新闻稿库。总编室(包括人民日报、人民网和新媒体中心三个总编室)根据需求从稿库中直接取用或者二次加工相关稿件。在发布上,所有的产品均以社属媒体为首发平台,然后推广至国内外合作媒体,进行二次传播,扩大产品影响力。

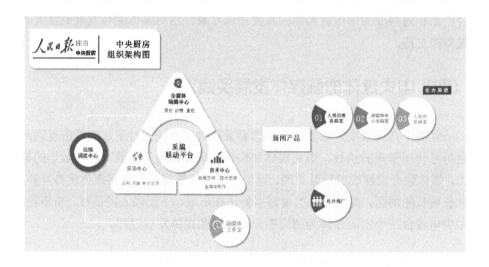

图 9-1　中央厨房组织架构图[1]

二是工作机制创新,新建融媒体工作室。融媒体工作室采取"四跨"+"五支持"机制,打破部门、平台、地域、专业限制,鼓励报、网、端、微采编人员按兴趣组成项目小组,资源共享,跨界生产,充分释放全媒体内容生产能力。

三是技术体系创新,搭建数据化、移动化、智能化的融合云。搭建技术系统,旨在让新闻生产和传播的每个流程都有数据支撑。通过分析全网抓取的实时数据,可以捕捉新闻线索和选题;通过分析传播数据,可以有效评估每一篇稿件的效果;通过分析用户数据,可以深入了解用户的阅读习惯和行

---

1 叶蓁蓁. 人民日报"中央厨房"有什么不一样[J]. 新闻战线,2017(03):14-16.

为特征，为运营提供参考。这些功能都实现了移动化，只要有网络就可以办公，让新闻生产、传播、推广运营变得更简单、更方便和更经济。

四是生态体系创新，构建大开放、大协作的全新内容生态环境。"中央厨房"围绕内容、技术、传播等，与《四川日报》等地方媒体建立战略合作，以实现互通内容、共享技术、联动传播。

2. 新华社推动媒体融合发展，构建现代传播体系

2017 年 8 月 18 日，新华社副社长刘思扬在"2017 媒体融合发展论坛"上做主旨演讲，阐述新华社在媒体融合方面的主要做法。新华社聚焦通讯社主体业务，开创具有通讯社特点的融合发展新模式，形成立体多样、手段先进的现代传播体系，打造具有强大传播力、竞争力的新型主流媒体，加快建成国际一流的新型世界性通讯社。具体而言，就是加快实施以"五大拓展"为主体的系统化创新工程，即内容创新方面，由单纯注重新闻价值向新闻价值与传播价值并重拓展；产品创新方面，由新闻报道向新闻产品拓展；平台终端方面，由一体化发展向移动端优先拓展；体制机制方面，由传统采编架构向新型融合采编架构拓展；保障机制方面，由以传统通讯社业务保障为主向适应媒体深度融合的一体化支撑体系拓展[1]。

3. 中央电视台以媒体融合发展推动二次创业

中央电视台专门制定《改革发展战略规划实施方案》，出台《加快推进传统媒体与新兴媒体融合发展的意见》，扎实推进媒体融合工作[2]。中央电视台从 2012 年 11 月上线"央视新闻"，全力打造内容丰富、载体多样、传播广泛的新闻宣传新格局，到 2014 年年底用户数突破 1 亿[3]。主要做法，一是落实新媒体首发制，确保第一时间传播信息；二是放大独家视频优势，创新报道样态，推出系列"V 观"视频，阅读量猛增；三是发挥全国、全球记者站布

1 燕帅，宋心蕊，刘思扬. 打造具有通讯社特点的融合发展新模式[EB/OL]. 人民网，2017-08-19，http://media.people.com.cn/ n1/2017/0819/c14677-29481002.html.
2 中央电视台. 媒体融合让好内容更抓眼球[M]. //中共中央宣传部新闻局编. 中国媒体融合发展的实践与探索，北京：学习出版社，2015:88.
3 杨继红. "央视新闻"新媒体用户达到 1.65 亿[EB/OL]. 人民网，2015-06-24，http://media.people.com.cn/n/ 2015/0624/c120837-27201956.html.

局硬实力，提供独家报道；四是加强自主策划，打造原创品牌；五是坚持正确新闻观和创新媒体语态并举；六是靠技术引领，拓展互动形式和产品样态；七是整合内外资源，形成媒体融合发展合力。以上举措使其策划打造了一系列融媒体品牌栏目，推出了一系列现象级融媒体产品，有效提升了新闻舆论的传播力、影响力、引导力、公信力，发展壮大了主流思想舆论。

（五）地方主流媒体的融媒体发展实践

在党中央的号召下，在中宣部、中央网信办等部委的指导支持下，各省区市在媒体融合发展上蹄疾步稳、各显神通，立足实际推出当地媒体融合发展的总体规划和支持计划，使地方主流媒体的融媒体发展成效显著。下文将对浙江省、上海市、湖南省的媒体融合实践进行简要介绍。

1. 浙江日报报业集团（以下简称"浙报集团"）媒体融合的"互联网+"多元化模式

浙报集团在媒体融合实践上的成功源于其对互联网的深刻洞察与理解。在他们眼中，互联网不仅仅是一种工具，更意味着一种全新的世界结构和操作方式。根据互联网规律彻底重构传播矩阵成为发展的唯一路径，由此形成"互联网+"的多元发展模式，在优化整合已有资源的同时，建立起所谓的"三圈环流"[1]新媒体矩阵。此外，浙报集团尤为重视新媒体专业技术人才的培养。为了解决人才队伍薄弱的问题，浙报集团出台了《互联网技术人员管理办法》，参照互联网企业相关管理经验，对技术人员晋升设计了技术通道、管理通道双向畅通的职业通道，激发技术人员创新创造活力。

2. 上海市媒体融合的"整体规划+项目推进"模式

上海主流媒体的媒体融合实践从一开始就打破了媒体形态限制，通过强有力的顶层设计，以项目推进为战术来培育具有全国影响力的新媒体项目。在顶层设计上，上海市不仅制定了"十三五"媒体融合和新媒体发展战略，

---

1 三圈指的是协同圈、紧密圈、核心圈。

明确了主流媒体转型指标、新媒体发展指标、媒体集团发展指标等，还全面加大资金、政策、技术扶持力度，推动战略计划的逐步落地。比如，在资金扶持上，上海市从 2013 年开始设立"主流媒体发展新媒体专项资金"，并出台《上海市主流媒体发展新媒体专项资金实施办法》予以保障。又如，在技术支持上，既重视平台搭建又重视效果评估，同时启动上海新媒体云计算平台服务标准构建和新媒体传播影响力评估系统建设两项工作，在为本市新媒体单位提供云服务的同时实现对传播效果的跟踪评估。

3. 湖南省媒体融合的重点突破模式

湖南省传统主流媒体实力十分雄厚，拥有一批广受欢迎的品牌节目和内容。因此，湖南省在媒体融合实践中采取重点突破策略，加快新湖南、芒果TV、时刻新闻等媒体融合发展，着重培养了红网与芒果 TV 两大新媒体品牌。

除了上海、湖南、浙江之外，北京、重庆、江西等省区市也都在媒体融合发展上有自己的独特优势和新的创造。比如，北京以新京报为龙头整合千龙网、北京晨报等打造新的客户端品牌，重庆以华龙网为龙头整合区县融媒体形成客户端矩阵，江西以"赣鄱云"为数据中心整合市县媒体资源、提供数据服务平台，等等，各省区市创新推出了各具特色、丰富多样的媒体融合发展渠道和平台。

四、媒体融合发展的规律与启示

梳理 24 年来我国传统媒体与新兴媒体融合发展的历程，分析党和国家在互联网发展不同阶段出台的政策与法律，可以概括总结出一些普遍适用的媒体融合规律与启示，用以指导县级融媒体中心建设。

（一）党和政府高度重视是互联网和新媒体发展最大的政策保障

互联网进入中国已经 25 年。经过 25 年的飞速发展，中国已经成为实实在在的网络大国。在这 25 年中，党和国家领导人一直高度重视互联网，始终秉承鼓励支持的态度。党的十八大以来，习近平总书记大力推动互联网管理领导体制改革，不仅亲自担任中央网络安全和信息化领导小组组长，还主持召开中央网络安全和信息化领导小组会议、网络安全和信息化工作座谈会等事关互联网发展的重要会议，在许多重要场合多次就互联网发展与治理、媒体融合发展等发表重要讲话和做出重要指示。这些重要指示非常具体、专业，富有思想性、前瞻性，充分体现了习近平总书记对互联网新技术和媒体融合发展形势的深刻洞察、深邃思考、深远谋划，在指导推动互联网发展与管理上亲力亲为、不遗余力。李克强总理同样十分关心和支持互联网的发展，在十八大以来的历年政府工作报告中都有专门篇幅部署互联网方面的工作，在全国大力推广"大众创业、万众创新"活动，对推动我国互联网发展发挥了重要作用。正是因为有中央领导的顺势而为、因势而谋、与时俱进，我国互联网新媒体的发展才有了强大的政治保证和政策保障。

（二）政策制定应把握互联网的意识形态与经济双重属性

互联网是信息技术发展的产物，从诞生之日起就具有意识形态属性和经济属性。只有充分认识和深刻认知互联网的双重属性，才能在互联网的发展与管理上把握规律、抓住关键。新闻媒体网站的发展不能仅仅局限在互联网新闻信息服务上，而需要拓展到互联网信息服务方面，只有通过多元多样的互联网信息服务吸引用户，增强用户黏性和网站活力，才能提高新闻网站的实用性、用户关注度及影响力。如果只是提供新闻信息服务，那就难以满足群众多样化的信息服务需求，发展前景将受到极大的限制，实际舆论引导作用也难以有效发挥。比如，北京市的千龙网与上海市的东方网都是地方重点新闻网站，但在发展方向上采取了不同的定位，前者定位为主要提供互联网新闻信息服务，而东方网定位为包括新闻服务在内的信息服务，业务范围更加广泛。两者不同的定位也带来了不同的发展结果。单一的互联网新闻信息服务不能满足新媒体独立发展的需要，而应该把新媒体的业务范围拓展到整个互联网信息服务领域，根据用户和市场来进行业务策划与发展规划。各部门、各地区的政策制定应该充分认识到互联网的双重属性问题，以"互联网+"而不是"新闻+"的理念来谋划推进媒体融合发展，否则就会自我受限，难以获得真正的突破，难以赢得群众的认可。

（三）政策法规制定应把握互联网等现代信息技术的新变化、新特点

从中国互联网相关的政策法规制定出台的过程可以看到，党中央、国务院对互联网发展持相当包容开放的态度，互联网主管部门也是不拘泥于制度规定的现状，能够及时根据实际情况对政策、法律与制度做出相应的调整，甚至是创新性的政策突破。创新始终是中国互联网发展的根本动力。顺应互联网技术的发展和变化，不断制定或修改互联网相关政策和管理规定，应该成为我国互联网法律、政策与制度演进的常态。从中国几千年的历史来看，中华民族是最乐于接受新鲜事物、乐于吸收外来的先进科技与文明成果的民族。共产党的立党之本马克思主义，就是从德国和苏联吸收学习过来的。所以，对于互联网这个新鲜事物，中国政府和人民采取了接受互联网、拥抱互联网、发展互联网的态度，这也是为什么中国成为除美国本土之外互联网最为发达的国家的重要原因。中央领导对互联网新技术的高度重视和体现出的专业思考，也改变了过去西方一些媒体认为中国共产党忌惮新兴技术的陈旧观点，体现了中国共产党对新兴科技发展的深刻认识和有效管理。

（四）政策制定应把握媒体融合发展的方向是新媒体化

从媒体融合发展不同时期的政策侧重点可以看到，媒体融合的实质就是新媒体化，就是用新兴网络信息技术对传统媒体的采、编、发流程进行网络化、在线化、可视化，并且增加与用户的互动往来，提升用户积极性，增强用户黏性，丰富网络媒体平台的服务内容和服务功能。从新媒体的发展来看，互动性是新媒体区别于传统媒体的特有属性。比如，微信、微博以互动功能

见长，在平台与用户之间、用户与用户之间增加了互动功能，平台的活跃性因此明显增加。按照梅特卡夫定律，互联网用户每增加一倍，互联网的价值会实现翻倍增长。互动功能的增加使得同样的用户从单向传播变成了双向交流，实际上相当于增加了一倍的用户，平台价值就会实现倍增。

（五）政策制定应把握媒体融合发展的内容范畴是全覆盖

通过梳理媒体融合发展的政策与制度脉络，可以看到，网络内容建设的范畴在不断扩大，一开始是互联网登载新闻信息内容，然后增加了互联网出版的内容，接着增加了网络视听节目的内容，最后又增加了网络文化服务、网络游戏服务内容等。网络内容的主管部门也在不断增加，一开始是中央外宣办，后来增加信息产业部，又逐步增加国家新闻出版广电总局、文化部、中宣部、国家互联网信息办公室，后来经过机构改革，由中央网信办统筹协调网络内容建设与管理工作。互联网发展一开始就涉及网络安全问题，所以公安部一直负责网络安全管理工作。后来由于网络安全问题涉及政治、经济、文化、社会、军事等各个领域，层次更高，范围更广，需要增加网络安全工作协调部门，就给中央网信办增加了网络安全统筹协调职能。所以，对于媒体融合发展来说，网络内容建设应该包括互联网新闻信息内容、互联网出版、互联网文化服务、网络视听节目等，丰富和拓展融媒体平台的内容生产与传播。同时，需要建设好网络安全制度，包括网络技术安全、网络内容安全两个方面，确保不出重大网络安全问题。从事这些业务，需要具备相应的资质和条件，以下九种资格证或许可证是必要的：

（1）ICP 证，由工业和信息化部电信管理局颁发。

（2）互联网新闻信息服务许可证，由网信部门颁发。

（3）信息网络传播视听节目许可证，由广电部门颁发。

（4）网络安全备案证，由公安部门颁发。

（5）网络文化经营许可证，由文化部门颁发。

（6）出版物经营许可证，由新闻出版部门颁发。

（7）网络出版服务许可证，由新闻出版部门颁发。

（8）广播电视节目制作许可证，由广电部门颁发。

（9）广告经营许可证，由工商部门颁发。

（六）政策法规制定应充分尊重和维护知识产权

　　网络内容建设需要充分尊重和维护知识产权，建立原创内容生产与回报机制，鼓励和支持内容原创。互联网平台在内容建设中侵犯知识产权问题一直是业界极为关心关注的焦点问题。其中的难点在于，内容生产机构或者个人既希望通过网络平台来扩大内容传播渠道和创新传播方式，增加内容原创者的影响力和收益，同时又不希望网络平台无偿使用自身的原创作品。网络平台则相反，既希望在平台上汇聚展现更多优质的网络内容，增加平台的影响力和收益，又不想付出过高的成本。门户网站兴起初期，商业网站没有新闻采访权，大量的新闻资讯都是直接从传统媒体及其新闻网站获取的，既不注明出处，也没有支付费用，还争夺传统媒体的广告客户，引发传统媒体的不满。1999 年 4 月，国内 23 家上网新闻媒体召开会议，通过了《中国新闻界网络媒体公约》，对转载授权、支付费用等重大问题做出约定[1]。这是中国传统媒体机构对商业新媒体发展做出的正面回应，也是中国媒体网上信息产权保护的开始。从我国新媒体发展历程来看，《中国新闻界网络媒体公约》不是传统媒体与商业网站等新媒体对立的开始，相反，这是一次合作的开始。所谓不打不相识，商业网站看到了传统媒体的价值和优势，也看到了传统媒体的利益和诉求，开始利用商业网站的资本优势加强与传统媒体的合作，推动了优秀新闻内容在网上的传播，提升了网络新媒体的信息服务价值，也从此开启了中国的门户网站之路。从目前的实际来看，网络平台的渠道优势还是占据上风，虽然尊重内容生产者的著作权，但在收益回报上仍然很不够，也在一定程度上抑制了优秀内容的产生。

---

1 王润珏. 媒介融合的制度安排与政策选择[M]. 北京：社会科学文献出版社，2014:73.

第十章 县级融媒体中心发展的未来走向

互联网是信息技术发展的产物,从诞生之日起就具有意识形态属性和经济属性。只有充分认识和把握互联网的双重属性,才能建设好、发展好、运用好县级融媒体中心。中央加强县级融媒体中心建设虽然是从媒体角度切入的,但绝不仅仅限于新闻报道、时政信息、网络文化娱乐等内容建设,必将根据县域基层的治理实践和群众需要,不断扩大县级融媒体中心的业务范围和发展触角,使之成为县域互联网发展的重要战略支点,对县域经济社会发展起到重要动力源作用。可以预见,县级融媒体中心未来将是主线突出、业务多元、服务多样、功能齐全的县域互联网发展平台,成为数字中国、智慧社会、网络强国建设在县域基层的重要战略支点。

一、规划发展统筹有力,形成融媒体集群效应

各省区市的县级融媒体中心建设绝大部分还处于试行和摸索状态,各自独立发展、野蛮生长的情况将难以避免,有必要从省一级层面规划和部署县级融媒体建设,在省委宣传部的统一指导和支持下建设全省融媒体集群,以分级管理和维护为原则,打破地区、媒体间相互割裂的状态,使省、市、县三级融媒体在组织架构、技术架构、内容架构、分发渠道、数据中台[1]等方面实现无缝衔接、协调统一,促进协作共赢,形成规模效应和宣传合力,成为全省乃至全国舆论场的重要阵地。以吉林省的县级融媒体集群建设为例,农安县已接入省网络电视台的总指挥系统,实现了和吉林省委宣传部、吉林省网络电视台的实时互动。纵向上打造省到县的媒体通路,帮助农安县方便获取全省的信息资源,减轻内容生产压力,同时又能加强省对县市新闻舆论工

---

[1] "数据中台"一词是由阿里巴巴首先提出来的概念,指的是实现数据的分层与水平解耦,沉淀公共的数据能力,可分为数据模型、数据服务与数据开发三层。具体参见:车品觉. 建设数据中台,赋能创新改革[J]. 新经济导刊,2018(10):22-24.

作的集中把控和管理，确保主流声音传达到基层，基层的优质声音唱响在更
广阔的空间；横向上可以借鉴学习其他兄弟县市，在对比参照中共同进步、
协作共赢，形成规模效应和宣传合力，最终构建形成中央、省、市、县四级
媒体上下贯通、横向联通的现代信息传播体系。

二、内容建设开放互动，县域主流舆论发展壮大

为增强县级融媒体的传播声量，发挥其在县级宣传中的核心引领作用，
需要深度整合县级广播、电视、网站等传统媒体和"两微一端"等新媒体资
源，优势互补、扬优去劣，达到"1+1>2"的效果，形成有统一标识的强势媒
体矩阵，推动县级媒体完成功能转变和传播力的升级。县级融媒体中心的内
容建设需要充分利用现代信息技术、编辑生成技术、内容分发技术、互动分
享技术等创作、编辑、传播、分发各种作品，搭建一站式内容建设平台，包
括内容采集、转码、分发、优化等核心功能，为内容生产者提供广阔空间。
县级融媒体中心在内容建设上不应局限在自产自销或者包产包销方面，而应
该坚持开放建设内容，建立针对性强、可操作、易执行的规则和标准体系，
指引社会机构或者基层网民的内容生产过程，反映基层群众的美好生活，展
示县域基层的经济社会发展成就，激励引导基层群众积极投身乡村振兴、脱
贫攻坚、生态文明建设，为建设绿水青山的美好家园不懈奋斗。

三、新兴技术创新发展，数字乡村建设激发社会活力

技术进步永无止境，互联网的前进永不停歇。2016 年 6 月，3GPP 组织[1]将
"NB 的物联网协议"（即 NB-IoT 标准协议）确定为全球统一标准；同年 11

---

1 3GPP 组织是一个移动通信标准化团体的简称，成立之初的目的是推进《第三代伙伴计划协议》，制定全
  球适用的技术规范和技术报告。随后 3GPP 的工作范围得到了扩展，增加了对 UTRA 长期演进系统的研
  究和标准制定。目前涵盖了欧洲 ETSI、美国 TIA、日本 TTC 和 ARIB、韩国 TTA 及我国 CCSA 共 6 个
  3GPP 的组织伙伴（OP），独立成员有 300 多家。

月，3GPP 组织将华为提出的极化码方案确定为 5G 短码的最终方案。随着 5G 通信技术的日益成熟与商用部署的推进，下一个超级风口——物联网将迎来爆发式增长。美国市场研究公司 Gartner 预测，到 2020 年全球物联网市场规模将达 1.9 万亿美元[1]。

　　互联网是流量经济、技术经济、年轻人经济，过去这三点在县域基层都不具备，县城人流少、技术缺、年轻人留不住。但随着"数字乡村"行动的深入推进，县域互联网基础设施将更加完善，提速降费将进一步深入推进，县域乡镇的互联网人口规模会大幅增加，人口流、信息流会大幅增长，需求会迅速扩大。特别是随着城市经济增长趋缓，人流回归县城是必然的，很多年轻人的回归将带去信息技术和互联网经验，带去新的需求和消费市场。可以说，信息革命将深入县域基层，数字技术将在县域基层得到广泛应用，深刻改变县域经济社会发展格局。县级融媒体中心应抓住数字技术转移和下沉的机会，全面承担起"数字乡村"行动的倡导者、规划者、建设者的角色，加快搭建县域网络平台，整合各大网络平台的在地机构和业务，引领推动县域数字经济发展，激发县域经济活力，为返县、返乡年轻人及当地贫困人口就业、创业提供机遇。县级融媒体中心应在充分用好现有 4G 传输、流媒体、移动直播、无人机采集、全景拍摄、算法推荐等技术的同时，紧盯数字技术的前沿变化，关注 5G 传输、物联网、智能音箱、增强现实、人工智能、大数据等技术发展动态，积极谋划未来技术布局，用先进技术支撑县级融媒体中心的内容建设和社会服务。

　　资金保障上，坚持政府"输血"和平台"造血"双管齐下。除了设立专项资金外，也要坚持在采编经营两分开的基础上增强融媒体中心自身的"造血"功能，延伸融媒体的产业链，在旅游、商务、会展、文创等不同领域寻找盈利点，谋求经济效益，通过市场化运营实现价值变现，提高整体实力。

---

1 Gartner. 预计 2020 年全球物联网终端将达到 260 亿台[EB/OL]. 中文互联网数据资讯中心，2014-03-01，http://www.199it.com/archives/198618.html.

四、引导与服务群众紧密结合，让融媒体发展更好造福人民

县级融媒体作为党的媒体，首要职能是舆论引导功能。县级融媒体中心的紧迫性和必要性在于如果只做内容生产，很难与更高层级的媒体或者市场化的商业媒体竞争，势必会面临受众流失的困局。县级媒体最大的特色在于近地区位优势，即与基层群众的紧密联结性。县级融媒体中心应当充分发挥这一优势，弥补上级媒体难以嵌入社区生活的缺憾，在丰富服务功能上加强设计，紧密结合当地经济社会发展实际，把握群众实际需求，以服务本地群众为重要目标确定融媒体的具体服务功能。可以着力打造出平台型、入口型的产品，新闻发布只是其中的一项功能，更多地是提供移动化、场景化的政务服务和生活服务，方便群众办事，增强用户黏性，并不断拓展项目，引入本地电子商务、在线教育、在线医疗、在线网络文化活动等服务功能，提升服务质量和水平，让融媒体中心建设与发展更好地造福当地人民群众。

五、管理体制机制运转顺畅，人才队伍充满活力

互联网行业对教育和技术水平要求比较高，相对应的人员薪酬比传统行业也高得多，没有一定的薪酬竞争力，难以留住优秀人才。互联网公司之所以发展迅速，与其市场运作方式灵活、对接社会资本迅速是分不开的，可吸引风投资金加入，高薪聘请高端稀缺人才，共同形成技术持续领先、产品迅速迭代、市场广泛覆盖的发展态势。针对基层人才不足的问题，从编制、薪资待遇、发展机会等方面增强对高素质人才的吸引力，加强人才储备，在选用育留各个方面发力，培养一支业务能力强、创新意识强、对生产流程的各个环节都比较熟稔的全能型融媒体工作团队。

县级融媒体中心可以考虑采取复合管理机制，按照采编与经营分离的原则，一方面，组建事业单位，将记者、编辑等传统媒体内容生产人员纳入其中；另一方面，与互联网公司合资，在事业单位之外成立公司，以企业化运营方式全权打理经营业务与技术建设。这种组织架构既可以解决传统媒体转型中一些老人的身份安排问题，也可以解决招录年轻技术和经营骨干人才的薪酬待遇问题，从而为县域互联网的发展培育形成一支稳定的人才队伍。

技术人才缺乏是县级融媒体中心面临的最大难题之一，比较可行的方式是，技术人才队伍建设采取"在地制+流动制"模式。"在地制"就是一般性、专业性要求不是很高的技术人才可以采取公司聘任制模式，作为县级融媒体中心的正式员工，承担中心的日常技术维护和一般问题的处理解决。"流动制"就是针对技术水平要求高、专业性很强的岗位，采取派遣制或者任务制模式聘请专业技术人员提供定期或不定期技术服务，及时处理或者化解中心建设发展过程中遇到的重大技术难题。

总之，灵活高效的管理体制和用人机制将为县级融媒体中心建设带来良好的信息流、资金流、人才流，让人们的聪明才智得以充分发展，让创新创造活力得到充分释放。

附 录 A

1.《县级融媒体中心建设规范》

（扫一扫，查看全文）

2.《县级融媒体中心省级技术平台规范要求》

（扫一扫，查看全文）

参 考 文 献

[1] 习近平谈治国理政[M]. 北京：外文出版社，2014.

[2] 习近平谈治国理政（第二卷）[M]. 北京：外文出版社，2017.

[3] 谢新洲. 网络传播理论与实践[M]. 北京：北京大学出版社，2004.

[4] 克劳斯·布鲁恩·延森. 媒介融合：网络传播、大众传播和人际传播的三重维度[M]. 上海：复旦大学出版社，2012.

[5] 蔡雯. 媒体融合与融合新闻[M]. 北京：人民出版社，2012.

[6] 喻国明. 中国大众媒介的传播效果与公信力研究：基础理论、评测方法与实证分析[M]. 北京：经济科学出版社，2009.

[7] 北京市新闻工作者协会，梅宁华，宋建武. 中国媒体融合发展报告（2015）[M]. 北京：社会科学文献出版社，2015.

[8] 杨溟. 媒介融合导论[M]. 北京：北京大学出版社，2013.

[9] 伍刚. 传统媒体和新兴媒体融合发展的愿景与路径[M]. 北京：社会科学文献出版社，2014.

[10] 马涛. 中国报业数字化 30 年[M]. 北京：中国传媒大学出版社，2014.

[11] 哈罗德·拉斯韦尔. 何道宽译. 社会传播的结构与功能[M].北京：中国传媒大学出版社，2015.

[12] 谭天. 媒介平台论——新兴媒体的组织形态研究[M]. 北京：中国人民大学出版社，2016.

[13] 傅玉辉. 大媒体产业：从媒介融合到产业融合——中美电信业和传媒业关系研究[M]. 北京：中国广播电视出版社，2008.

[14] 胡正荣. 媒介融合时代的电视新闻创新[M]. 北京：中国传媒大学出版社，2011.

[15] 中共上海市委宣传部新闻阅评督查组. 媒体融合与主流价值[M]. 上海：上海人民出版社，2015.

[16] 田丽. 媒体竞争力评价研究[M]. 北京：北京大学出版社，2012.

[17] 刘学义. 比较视野下的中美媒介公信力研究[M]. 北京：中国传媒大学出版社，2014.

[18] 赵焕臣. 层次分析法[M]. 北京：科学出版社，1986.

[19] 詹姆斯·库兰，米切尔·古尔维奇. 杨击译. 大众媒介与社会[M]. 北京：华夏出版社，2006.

[20] 谢新洲. 数字出版技术[M]. 北京：北京大学出版社，2002.

[21] 马骏，殷秦，李海英，朱阁. 中国的互联网治理[M]. 北京：中国发展出版社，2011.

[22] 中共中央宣传部新闻局. 中国媒体融合发展的实践与探索[M]. 北京：学习出版社，2015.

[23] 姜华宣，张蔚萍，肖甡. 中国共产党重要会议纪事（1921—2006）[M]. 北京：中央文献出版社，2006.

[24] 王润珏. 媒介融合的制度安排与政策选择[M]. 北京：社会科学文献出版社，2014.

[25] 熊澄宇. 媒介史纲[M]. 北京：清华大学出版社，2011.

[26] 李春. 当代中国传媒史（下）[M]. 广西：漓江出版社，2014.

[27] 中国网络空间研究院. 中国互联网发展报告（2017）[M]. 北京：电子工业出版社，2018.

[28] 胥柳曼. 公共空间背景下的政务微博传播效果研究[D]. 上海交通大学，2011.

[29] 李志伟. 政府绩效评价的主体选择及体制构建[D]. 浙江大学，2005.

[30] 郭燕芬. 治理转型视域下我国地方政府效能评价研究[D]. 东北师范大学，2018.

[31] 谢新洲. 我国媒体融合的困境与出路[J]. 新闻与写作，2017(1): 32-35.

[32] 谢新洲. 媒体联盟，实现了三个层面的融合[J]. 传媒观察，2014(10): 13-14.

[33] 谢新洲，黄杨. 当理想照进现实——媒介融合的问题、原因及路径研究[J]. 出版发行研究，2018, 317(04):14-18.

[34] 谢新洲，黄杨. 我国县级融媒体建设的现状与问题[J]. 中国记者，2018, 538(10):55-58.

[35] 谢新洲，柏小林. 全国县级新媒体发展调查分析[J]. 出版发行研究，2018(12).

[36] 谢新洲，朱垚颖. 县级媒体融合的管理模式探索——以 A 省 N 县融媒体中心为例[J]. 中国报业，2019(03):33-37.

[37] 谢新洲，朱垚颖. 县级融媒体中心技术应用与发展趋势[J]. 青年记者，

2019(04):9-11.

[38] 谢新洲. 县级融媒体中心建设的四梁八柱——融合、创新、引导、服务 [J]. 新闻战线，2019(03):45-47.

[39] 谢新洲. 用发展的理论解决发展中的问题[J]. 青年记者，2018(28):33.

[40] 谢新洲. 推进网络新闻舆论工作创新[J]. 青年记者，2018(19):30.

[41] 谢新洲. 发挥新媒体凝聚社会共识的重要作用[N]. 人民日报，2016-08-29(007).

[42] 谢新洲. 推动媒体融合向纵深发展（人民要论）[N]. 人民日报，2019-03-26(010).

[43] 谢新洲. 扎实抓好县级融媒体中心建设[N].人民日报，2018-11-08(008).

[44] 谢新洲，李冰. 新媒体在凝聚共识中的主渠道作用与实现路径[J]. 新闻与传播研究，2016,23(05):5-11+126.

[45] 黄楚新，王丹，任芳言. 试论习近平的新媒体观[J]. 新闻与传播研究，2016,23(03):7-17+126.

[46] 谢新洲，李冰. 新媒体研究的困境及发展[J]. 新闻与写作，2016(02):29-32.

[47] 彭兰. 文化隔阂：新老媒体融合中的关键障碍[J]. 国际新闻界，2015,37(12):125-139.

[48] 黄楚新. "互联网+媒体"——融合时代的传媒发展路径[J]. 新闻与传播研究，2015,22(09):107-116+128.

[49] 姚丽亚. 基于"中央厨房"模式的新闻生产理念创新[J]. 新闻界，2015(14):63-67.

[50] 刘珊，黄升民. 解读中国式媒体融合[J]. 现代传播（中国传媒大学学报），2015,37(07):1-5.

[51] 朱鸿军，农涛. 媒体融合的关键：传媒制度的现代化[J]. 现代传播（中国传媒大学学报），2015,37(07):6-11.

[52] 胡正荣. 传统媒体与新兴媒体融合的关键与路径[J]. 新闻与写作，2015(05):22-26.

[53] 谭天. 从渠道争夺到终端制胜，从受众场景到用户场景——传统媒体融合转型的关键[J]. 新闻记者，2015(04):15-20.

[54] 方兴东，胡智锋，潘可武. 媒介融合与网络强国：互联网改变中国——2015《现代传播》年度对话[J]. 现代传播（中国传媒大学学报），2015,37(01):1-12.

[55] 王维佳. 传播治理的市场化困境——从媒体融合政策谈起[J]. 新闻记者，2015(01):15-20.

[56] 陈力丹. 用互联网思维推进媒介融合[J]. 当代传播，2014(06):1.

[57] 蔡雯. 媒体融合：面对国家战略布局的机遇及问题[J]. 当代传播，2014(06):8-10.

[58] 朱春阳，刘心怡，杨海. 如何塑造媒体融合时代的新型主流媒体与现代传播体系? [J]. 新闻大学，2014(06):9-15.

[59] 朱春阳. 政治沟通视野下的媒体融合——核心议题、价值取向与传播特征[J]. 新闻记者，2014(11):9-16.

[60] 朱春阳，张亮宇，杨海. 当前我国传统媒体融合发展的问题、目标与路径[J]. 新闻爱好者，2014(10):25-30.

[61] 喻国明，姚飞. 媒体融合：媒体转型的一场革命[J]. 青年记者，2014(24):26-28.

[62] 朱春阳，张亮宇. 澎湃新闻：时政类报纸新媒体融合的上海模式[J]. 中国报业，2014(15):46-48.

[63] 李良荣，周宽玮. 媒体融合：老套路和新探索[J]. 新闻记者，2014(08):16-20.

[64] 刘奇葆. 加快推动传统媒体和新兴媒体融合发展[J]. 党建，2014(05):9-12.

[65] 吴玉辉，谢新洲. 互联网等新媒体对社会舆论的影响[J]. 当代传播，2013(03):69-72.

[66] 王长潇. 传统电视与视听新媒体融合发展路径的选择与拓展[J]. 国际新闻界，2011,33(12):11-16+119.

[67] 高钢. 媒体融合：追求信息传播理想境界的过程[J]. 国际新闻界，2007(03):54-59.

[68] 蔡雯. 从"超级记者"到"超级团队"——西方媒体"融合新闻"的实践和理论[J]. 中国记者，2007(01):80-82.

[69] 陈绚. 论媒体融合的功能[J]. 国际新闻界，2006(12):72-76.

[70] 高钢，陈绚. 关于媒体融合的几点思索[J]. 国际新闻界，2006(09): 51-56.

[71] 许颖. 互动·整合·大融合——媒体融合的三个层次[J]. 国际新闻界，2006(07):32-36.

[72] 宋昭勋. 新闻传播学中 Convergence 一词溯源及内涵[J]. 现代传播（中国传媒大学学报），2006(01):51-53.

[73] 彭兰. 媒介融合时代的合与分[J]. 中国记者，2007(2):22-22.

[74] 丁柏铨. 媒介融合：概念、动因及利弊[J]. 南京社会科学，2011(11):92-99.

[75] 蔡雯. 媒介融合发展与新闻资源开发[J]. 今传媒，2006, 28(7):11-13.

[76] 彭兰. 从新一代电子报刊看媒介融合走向[J]. 国际新闻界，2006(7): 12-17.

[77] 蔡雯. 媒介融合前景下的新闻传播变革——试论"融合新闻"及其挑战[J]. 国际新闻界，2006(5):31-35.

[78] 彭兰. 如何从全媒体化走向媒介融合——对全媒体化业务四个关键问题的思考[J]. 新闻与写作，2009(7):18-21.

[79] 孟建，赵元珂. 媒介融合：作为一种媒介社会发展理论的阐释[J]. 新闻传播，2007(2):16-19.

[80] 高钢. 迎接媒介融合的时代[J]. 新闻与写作，2009(7):1-1.

[81] 谢新洲，刘京雷，王强. 社会化媒体中品牌传播效果评价研究[J]. 图书情报工作，2014,58(14):6-11.

[82] 王秀丽，赵雯雯，袁天添. 社会化媒体效果测量与评估指标研究综述[J]. 国际新闻界，2017,39(4):6-24.

[83] 彭兰. 网络新闻传播效果评估的作用及方法[J]. 中国编辑，2008,(06): 47-51.

[84] 冯锐，李闻. 社交媒体影响力评价指标体系的构建[J]. 现代传播（中国传媒大学学报），2017(3):63-69.

[85] 田丽，石林，朱垚颖. 县级融媒体中心"全省部署"和"县级探索"建设模式对比——以 A 省 Q 县和 B 省 Y 县为例[J]. 出版发行研究，2018(12):12-17.

[86] 周勇，赵璇. 融媒体环境下视听传播效果评估的指标体系建构——基于VAR 模型的大数据计算及分析[J]. 国际新闻界，2017,39(10): 125-148.

[87] 黄楚新，任芳言. 试论媒体融合发展综合评价指标体系的构建[J]. 新闻论坛，2017(04):7-11.

[88] 孙光磊. 传统媒体与新兴媒体融合指标体系构建及评价分析[J]. 中国出版，2017(02):30-34.

[89] 向安玲，沈阳，罗茜. 媒体两微一端融合策略研究——基于国内 110 家主流媒体的调查分析[J]. 现代传播（中国传媒大学学报），2016, 38(04):64-69.

[90] 尚虎平. 合理配置政治监督评估与"内控评估"的持续探索——中国 40

年政府绩效评估体制改革的反思与进路[J]. 管理世界，2018,34(10):105-117.

[91] 李垚林. 陕西基层管理体制改革及其绩效评价体系研究[J]. 经贸实践，2018(06):61-62.

[92] 郑丹妮. 网站影响力评价指标体系与方法述评[J]. 新闻世界，2011(7):117-118.

[93] 栾瑞英，初景利. 4种智库影响力评价指标体系评介与比较[J]. 图书情报工作，2017(12):1-8.

[94] 雷佳丽，郑军卫. 国内外智库评价方法比较分析[J]. 情报理论与实践，2019(03):1-8.

[95] 曹政，王宁，杨学成. 基于层次分析法和模糊综合评判的政务微信影响力评估研究[J]. 电子政务，2016(07):42-49.

[96] 刘健，孙小明. 新浪微博信息传播效果评价及实证研究——基于DEA方法的分析[J]. 现代情报，2016,36(9):88-94.

[97] 王晓光，袁毅. 微博用户影响力构成因素分析——以媒体微博为例[J]. 情报科学，2016,34(8):78-82.

[98] 杨长春，王天允，叶施仁. 微博意见领袖影响力评价指标体系研究——基于媒介影响力视角[J]. 情报杂志，2014,33(8):178-183.

[99] 林琛. 微博个体信息传播影响力评价模型研究[J]. 现代图书情报技术，2014(2):79-85.

[100] 毕凌燕，张镇鹏，左文明. 基于微博传播信息流的微博效果评价模型及实证研究[J]. 情报杂志，2013,32(7):69-73.

[101] 刘清，彭赓，吕本富. 基于主成分分析法的微博影响力评估方法及实证分析——以"新浪微博"为例[J]. 数学的实践与认识,2014,44(04):49-56.

[102] 刘健，毕强，李瑞. 微博舆情信息传播效果评价指标体系构建研究——基于模糊数据包络分析法[J]. 情报理论与实践，2016,39(12): 31-38.

[103] 李明德，高如. 媒体微信公众号传播力评价研究——基于20个陕西媒体微信公众号的考察[J]. 情报杂志，2015, 34(07):141-147.

[104] 闫奕文，张海涛，孙思阳，宋拓. 基于BP神经网络的政务微信公众号信息传播效果评价研究[J]. 图书情报工作，2017,61(20):53-62.

[105] 岳淼，黄琬丽.《人民日报》微信公众平台的传播与用户行为研究[J]. 现代传播（中国传媒大学学报），2017, 39(05):133-136.

[106] 姜吉栋，彭洁，赵辉. 网站影响力评价研究现状综述[J]. 情报科学，

2015,33(9):157-161.

[107] 朱瑞. 上海推动媒体融合的战略与战术[J]. 网络传播杂志，2016(12).

[108] 汤代禄，贾立平. 媒体融合中技术的发展趋势与未来之策[J]. 青年记者，2018(33):47-48.

[109] 王向前，江汉文，郑妍，蔡宏伍. 基于省级媒体融合云平台构建省域县级融媒体中心一体化技术框架设想[J]. 中国有线电视，2018(11):1247-1252.

[110] 张君昌. 广电媒体融合发展的模式分析[J]. 新闻战线，2017(05):43-45.

[111] 张君昌，熊英. 广电媒体融合发展路径与前景探析[J]. 传媒，2017(05):41-44.

[112] 叶蓁蓁. 人民日报"中央厨房"有什么不一样[J]. 新闻战线，2017(03):14-16.

[113] 李天行，周婷，贾远方. 人民日报中央厨房"融媒体工作室"再探媒体融合新模式[J]. 中国记者，2017(01):9-11.

[114] 朱虹. 改革开放和中国电视[J]. 有线电视技术，2008,15(12):1-3.

[115] 张海涛. 按照科学发展观的要求推进"十一五"广播影视科技创新和事业发展——张海涛副局长在国家广电总局科技委七届三次会议上的报告[J]. 广播与电视技术，2006(01):12-18+6+8.

[116] 孙悦，东生，一宪，余波. 一件减轻全国基层和农民负担的大事——中央治理党政部门报刊散滥和利用职权发行工作侧记[J]. 中国出版，2003(12):13-18.

[117] 孙家正. 在全国有线电视台台长会议上的讲话摘要[J]. 西部广播电视，1997(05):42-44.

[118] Tryon C. Reinventing Cinema: Movies in the Age of Media Convergence [M]. Rutgers University Press, 2009.

[119] Denward M. Designing, Implementing and Producing for Participation: Media Convergence in Practice [M]. Media Convergence Handbook - Vol. 2. Springer Berlin Heidelberg, 2016.

[120] Sarikakis K, Rodriguezamat J R. Regulating Media Convergence: Supranational and Global Paradigms [M]. Media and Convergence Management. Springer Berlin Heidelberg, 2013.

[121] Jenkins, Henry. Convergence Culture: Where Old and New Media Collide [M]. New York University Press, 2008.

[122] Meikle, Graham, Sherman Young. Media Convergence: Networked Digital Media in Everyday Life [M].Palgrave Macmillan, New York; Houndmills, Basingstoke, Hampshire, England;, 2011.

[123] Lawson-Borders, Gracie. Media Organizations and Convergence: Case Studies of Media Convergence Pioneers [M]. Lawrence Erlbaum Associates, Mahwah, N.J, 2006.

[124] Evans L C. Weak Convergence Methods for Nonlinear Partial Differential Equations[M]. American Mathematical Society, 1990.

[125] Jenkins, H. Ford, S. Green, J. Spreadable Media: Creating Value and Meaning in a Networked Culture [M]. New York University Press, 2013.

[126] Linthicum D S. Cloud Computing and SOA Convergence in Your Enterprise: A Step-by-Step Guide [M]. Pearson Education, Inc., 2010.

[127] Roco M C, Bainbridge W, Tonn B, et al. Convergence of Knowledge, Technology and Society: Beyond Convergence of Nano-Bio-Info- Cognitive Technologies [M]. Springer Publishing Company, Incorporated, 2014.

[128] Graham S, Kumar P R. The Convergence of Control, Communication, and Computation [M]. Personal Wireless Communications, 2003.

[129] Neuman, W.R. Guggenheim L. The Evolution of Media Effects Theory: A Six-Stage Model of Cumulative Research [J]. Communication Theory, 2011, 21(2):169-196.

[130] DeAndrea DC, Walther JB. Attributions for Inconsistencies Between Online and Offline Self-presentations [J]. Communication Research, 2011, 38(6): 805-825.

[131] Valenzuela S, Park N and Kee KF.Is There Social Capital in a Social Network Site? Facebook Use and College Students' Life Satisfaction, Trust, and Participation[J]. Journal of Computer-Mediated Communication, 2009, 14(4): 875-901.

[132] Vergeer M, Pelzer B. Consequences of Media and Internet Use for Offline and Online Network Capital and Well-being. A Causal Model Approach [J]. Journal of Computer-Mediated Communication, 2009, 15(1): 189-210.

[133] Christopher E. Beaudoin, Hongliang Chen, Sohail Agha. Estimating Causal Effects with Propensity Score Models: An Evaluation of the Touch Condom Media Campaign in Pakistan [J]. Journal of Health Communication,

2016(21): 415-423.

[134] Justine E. Leavy, Fiona C. Bull, Michael Rosenberg, Adrian Bauman. Physical Activity Mass Media Campaigns and Their Evaluation: A Systematic Review of the Literature 2003—2010[J]. Health Education Research, 2011, Vol.26, No.6:1060-1085.

[135] Murdough C. Social Media Measurement: It's Not Impossible [J]. Journal of Interactive Advertising, 2009(10): 94-95.

[136] Hassan S. Identifying Criteria for Measuring Influence of Social Media [J]. International Journal of Information Technology & Computer Science, Vol, No.3, 2013.

[137] Latzer M. Media Convergence [J]. SSRN Electronic Journal, 2013(5444): 834-835.

[138] Meikle G, Young S. Media Convergence: Networked Digital Media in Everyday Life [J]. Media Culture & Society, 2013, 35(5):666-667.

[139] Mcphillips S, Merlo O. Media Convergence and the Evolving Media Business Model: An Overview and Strategic Opportunities [J]. Marketing Review, 2008, 8(3).

[140] Chon B S, Choi J H, Barnett G A, et al. A Structural Analysis of Media Convergence: Cross-Industry Mergers and Acquisitions in the Information Industries [J]. Journal of Media Economics, 2003, 16(3):141-157.

[141] Kocher D. Convergence Culture: Where Old and New Media Collide by Henry Jenkins [J]. Journal of Popular Culture, 2007, 40(4):731-733.

[142] Yenimazman, Deniz. Convergence Culture: Where Old and New Media Collide [J]. Information, Communication & Society, 2008, 11(7):1034-1035.

[143] An O. Green Paper on the Convergence of the Telecommunications, Media and Information Technology Sectors, and the Implications for Regulation [J]. Information Society Project Office Eu, 1997.

[144] Sui D, Goodchild M. The Convergence of GIS and Social Media: Challenges for GI Science [J]. International Journal of Geographical Information Science, 2011, 25(11):1737-1748.

[145] Boykoff M T. From Convergence to Contention: United States Mass Media Representations of Anthropogenic Climate Change Science [J]. Transactions

of the Institute of British Geographers, 2010, 32(4):477-489.

[146] Ewing R. Convergence Analysis of An Approximation of Miscible Displacement in Porous Media by Mixed Finite Elements and A Modified Method of Characteristics [J]. Computer Methods in Applied Mechanics & Engineering, 2015, 47(1):73-92.

[147] Nettleton S, Burrows R, O"Malley L. The Mundane Realities of the Everyday Lay Use of the Internet for Health, and Their Consequences for Media Convergence [J]. Sociology of Health & Illness, 2005, 27(7): 972-992.

[148] Dailey L, Demo L, Spillman M. The Convergence Continuum: A Model for Studying Collaboration between Media Newsrooms [J]. Atlantic Journal of Communication, 2005, 13(3):150-168.

[149] Blackman C R. Convergence between Telecommunications and Other Media: How Should Regulation Adapt? [J]. Telecommunications Policy, 1998, 22(3):163-170.

[150] King D, Delfabbro P, Griffiths M. The Convergence of Gambling and Digital Media: Implications for Gambling in Young People [J]. Journal of Gambling Studies, 2010, 26(2):175-187.

[151] Fish J, Belsky V. Multigrid Method for Periodic Heterogeneous Media Part 1: Convergence Studies for One-dimensional Case [J]. Computer Methods in Applied Mechanics and Engineering, 1995, 126(1).

[152] Meikle G, Young S. Media Convergence: Networked Digital Media in Everyday Life [J]. Media Culture & Society, 2013, 35(5):666-667.

[153] Manzerolle, Vincent. Media Convergence: The Three Degrees of Network, Mass and Interpersonal Communication [J]. Information, Communication & Society, 2013, 16(1):148-149.

[154] Chon B S, Choi J H, Barnett G A, et al. A Structural Analysis of Media Convergence: Cross-Industry Mergers and Acquisitions in the Information Industries [J]. Journal of Media Economics, 2003, 16(3):141-157.

[155] De Freitas S. The Convergence of Gaming Practices with other Media Forms: What Potential for Learning? [J]. Learning Media & Technology, 2008, 33(1):11-20.

[156] José Alberto García Avilés, Carvajal M. Integrated and Cross-Media

Newsroom Convergence Two Models of Multimedia News Production —
The Cases of Novotécnica and La Verdad Multimedia in Spain [J].
Convergence, 2008, 14(2):221-239.

[157] Lin Q, Li J. Super Convergence Analysis for Maxwell's Equations in
Dispersive Media [J]. Mathematics of Computation, 2008, 77.

[158] Lawson - Borders, Gracie. Integrating New Media and Old Media: Seven
Observations of Convergence as a Strategy for Best Practices in Media
Organizations [J]. International Journal on Media Management, 2003,
5(2):91-99.

[159] Griffiths M, Light B. Social Networking and Digital Gaming Media
Convergence: Classification and Its Consequences for Appropriation [J].
Information Systems Frontiers, 2008, 10(4):447-459.

[160] Mcphillips S, Merlo O. Media Convergence and the Evolving Media
Business Model: An Overview and Strategic Opportunities [J]. Marketing
Review, 2008.

[161] Tryon C. Reinventing Cinema: Movies in the Age of Media Convergence [J].
Reinventing Cinema, 2009.

[162] Zavoina S, Reichert T. Media Convergence/Management Change: The
Evolving Workflow for Visual Journalists [J]. Journal of Media Economics,
2000, 13(2):143-151.

[163] Saltzis K, Dickinson R. Inside the Changing Newsroom: Journalists
Responses to Media Convergence [J]. Aslib Proceedings, 2008, 60(3):216-228.

[164] Hayes, D. Does the Messenger Matter? Candidate-Media Agenda
Convergence and Its Effects on Voter Issue Salience [J]. Political Research
Quarterly, 2008, 61(1):134-146.

后　记

2018 年 8 月 21 日，中共中央总书记、国家主席、中央军委主席习近平在全国宣传思想工作会议上发表重要讲话，强调"要扎实抓好县级融媒体中心建设，更好引导群众、服务群众"，这意味着中央决定把媒体融合发展延伸到县域层面，并将抓好县级融媒体中心建设上升为国家战略。

谢新洲教授研究团队长期关注和深入开展媒体融合发展研究。2017 年 3 月至 5 月，团队受国家互联网信息办公室移动网络管理局委托，对"全国县级'两微一端'等新媒体平台建设情况"进行了全国性问卷调查，旨在对全国县级新媒体平台建设情况进行摸底，从整体上把握其发展现状。随后，2018 年 3 月至 12 月，团队承担了国家互联网信息办公室网络评论工作局委托项目"整合县域媒体资源，集中力量打造县级融媒体中心，进一步推动党的声音在基层传播研究"，对四个不同省的县级融媒体中心建设展开实地调研和深度访谈，并在全国范围内随机抽样 600 个县发放《县级融媒体中心建设情况》调查问卷。两次调研形成的研究报告为中央推进我国县级融媒体中心建设提供了参考。2018 年 11 月，在国家互联网信息办公室指导下，北京大学新媒体研究院举办了首届全国县级融媒体中心建设高峰论坛，邀请政府、学界、业界 300 多名专家学者与从业人员参加论坛，围绕县级融媒体中心的建设与发展进行交流研讨。应业界热烈呼声，结合研究实际，我们认为，有必要就加强县级融媒体中心建设这个重大课题撰写一本兼具理论价值与实践价值的学术著作，系统阐述有关理论问题和具体实施路径，以更好地促进我国各地方的县级融媒体中心建设。

本书是国家自然科学基金会重点项目"新媒体发展管理理论与政策研究"（项目编号：71633001）的成果之一。整本书凝聚了很多人的努力与心血，从构想到完成，经过多次专家研讨，团队成员本着认真、严谨的态度开展研究，精心写作，反复修改，最终成稿。本书主要撰稿人为谢新洲、徐运红、黄杨、柏小林、朱垚颖、石林、宋琢。全书由谢新洲总体策划构思，确定写作思路，指导具体撰写，审阅把关定稿。耿瑞林老师对本书写作提供了宝贵意见，博士研究生杜燕、温婧参与本书部分内容的校对和修改，在此一并对大家的辛勤努力和付出表示衷心的感谢！

衷心感谢长兴县委宣传部、长兴传媒集团、分宜县委宣传部、分宜县融媒体中心、玉门市委宣传部、玉门市广播电视台、农安县委宣传部、农安县融媒体中心对本书案例部分提供的大力支持，并对成稿进行了认真的校对和修正。感谢电子工业出版社齐岳先生为本书出版所做的大量深入细致、卓有成效的工作。

我们深知新兴技术发展日新月异，媒体融合不断向纵深发展，深刻影响着政治、经济、社会生活的方方面面。《县级融媒体中心建设理论与实践》全书虽已完成，但仍有许多不足，望广大读者给予宝贵的意见与批评指正。我们希望能抛砖引玉，为媒体融合研究、为基层媒体工作、为新媒体发展提供新的思考与思路。

反侵权盗版声明